浙江省哲学社会科学规划课题"乡风文明建设中文化治理的逻辑困境、路径及浙江实践"(项目编号：22NDJC095YB)研究成果

公共文化服务现代化的 浙江探索

虞华君 吴丽 霍荣棉 ◎ 著

上海交通大学出版社
SHANGHAI JIAO TONG UNIVERSITY PRESS

图书在版编目(CIP)数据

公共文化服务现代化的浙江探索 / 虞华君,吴丽,
霍荣棉著. —上海: 上海交通大学出版社,2024.5
ISBN 978-7-313-30432-2

Ⅰ.①公… Ⅱ.①虞…②吴…③霍… Ⅲ.①公共管
理—文化工作—研究—浙江 Ⅳ.①G127.55

中国国家版本馆 CIP 数据核字(2024)第 056806 号

公共文化服务现代化的浙江探索
GONGGONG WENHUA FUWU XIANDAIHUA DE ZHEJIANG TANSUO

著　　者：虞华君　吴　丽　霍荣棉
出版发行：上海交通大学出版社　　　　　　　地　　址：上海市番禺路 951 号
邮政编码：200030　　　　　　　　　　　　　电　　话：021-64071208
印　　制：上海万卷印刷股份有限公司　　　　经　　销：全国新华书店
开　　本：710 mm×1000 mm　1/16　　　　　印　　张：17.75
字　　数：278 千字
版　　次：2024 年 5 月第 1 版　　　　　　　印　　次：2024 年 5 月第 1 次印刷
书　　号：ISBN 978-7-313-30432-2
定　　价：88.00 元

前 言
FOREWORD

2021年,中央赋予浙江高质量发展建设共同富裕示范区的重大使命,在文化和旅游部的指导下,浙江省牢牢把握公共文化发展这一精神富裕的"关键变量",脚踏实地推进公共文化服务现代化建设,积极探索公共文化服务现代化建设的新路径,让美好精神文化生活成为共富靓丽图景。本书汇编的案例集中展现部分优秀实践探索的成果,这些公共文化服务现代化探索的优秀案例主要依据当前群众的关切,以及该案例在建设中的成熟程度和取得的实际成效进行遴选、排序,本书共分11章,涵盖了浙江省在公共文化领域创新发展、新型文化空间建设、社会力量参与、文旅融合服务、文化惠民创新等方面的生动实践,展示了浙江省近年来在公共文化服务现代化探索过程中的成果经验。

创新是浙江探索的永恒主题,浙江省作为公共文化服务现代化探索地,在公共文化服务现代化建设方面,一直走在"探索—实践—再探索—再实践"的螺旋式上升发展的道路上,在机制创新、理论创新、实践创新等方面都取得了较多的成果。如"15分钟品质文化生活精品圈"建设、文化管家模式、公共文化人才培育、文旅融合、场馆融合,以及社会化运营等探索,这些内容展示了浙江省在公共文化现代化发展探索中的具体实践,也丰富了当前全国范围内开展公共文化现代化探索的经验成果。

新型公共文化空间建设方面,浙江省持续深化"从有到优"的探索。早在2020年,浙江省已全部完成基本公共文化服务标准化建设认定,但浙江省不断自我加压,以更高标准自我要求,提出打造新时代文化高地,在公共文化供给过程中,坚持从有到优,凸显品质,在新型公共文化空间建设方面不断探索,除建设地标性公共文化场馆外,还立足城乡特色,打造有特色、有品位的小而美的公共文化空间,使自然之美和人文之美高度融合,满足人民群众日益增长的文化需求。笔者总结梳理了浙江省在新型公共文化空间建设方面的探索,如杭州市临平区将老城进行有机更新,打造"一轴多点、多元开放"的文化艺术长廊;温州将街头巷尾的迷你空间挖掘利用,打造 24 小时无人值守的城市书房,让书香氤氲满城芳;温岭市则将农村院落、海边民宿、临街茶室等空间进行功能叠加,建成乡村文化客厅,使得高品质的文化空间遍布城乡。

社会力量参与公共文化建设方面,各级文化行政主管部门积极引导各类社会力量参与公共文化建设,不断探索公共文化主体多元参与模式。近年来,社会力量已逐渐渗透到浙江省公共文化服务的每一个环节,包括公共文化空间建设、公共文化空间运营、公共文化服务提供等,地方政府在引导社会力量参与公共文化建设的经费投入、激励政策的力度持续加大,个人、家庭、企业、社会团体、专业文化公司等纷纷参与到公共文化服务现代化建设中来。本书中温岭市的乡村文化客厅就是个人、家庭参与公共文化建设的典型代表,打通公共文化服务最后一公里;萧山区通过政府购买服务的方式率先提出文化管家模式,体现了专业文化公司办文化,提升基层公共文化服务品质;海宁市企业文化分馆则通过借助企业的力量,推行图书馆、文化馆总分馆建设,将丰富的公共文化资源下沉到基层,提升企业职工和外来务工人员的文化获得感和幸福感。

文化和旅游的融合发展方面,浙江深入推动文旅深度融合,打造文旅共富新局面。促进文化和旅游的融合发展,推动供给侧结构性改革,是公共文化服务提质增效的客观要求。浙江省文化和旅游资源极为丰富,文旅融合是提升公共文化服务效能的有效路径,浙江省也牢牢把握这一契机,将公共文化服务现代化发展推上一个新高度,杭州市临平区的艺术长廊、义乌市文旅融合的"城市礼盒"、温岭市的乡村文化客厅等都集中体现了文旅融合对公共文化服务的推动作用。

文化品质及创新发展方面,浙江省在公共文化服务现代化建设中不断深入推动公共文化服务均等化、优质化。杭州市西湖区的"15 分钟品质文化生活精品圈"建设,让居民在家门口即可享受"诗和远方";绍兴市柯桥区的社区文化剧场让高雅艺术走出围墙,走近大众;天台县推进公共文化场馆功能拓展,让场馆尽可能服务更多人群。多措并举的创新措施深入推动文化惠民,提升公共文化服务的覆盖面和可及性。

《公共文化服务现代化的浙江探索》体现了政府、社会、市场等多方面力量的共同参与和努力,这种多元共治的模式,使得浙江在公共文化服务现代化建设中走出一条"有为政府"与"有效市场"相结合的路径,汇聚的实践探索成果也为全国其他地区提供有益的借鉴和启示。

目 录
CONTENTS

第一章　杭州市临平区文化艺术长廊建设

一、新型公共文化空间的功能及类型探索

（一）研究背景

"十三五"时期，我国公共文化服务体系建设取得了重要成就，现代公共文化服务体系"四梁八柱"的制度框架基本建立，基本公共文化服务标准化、均等化建设全面推进，覆盖城乡的公共文化设施网络更加健全，优质公共文化产品和服务日趋丰富。随着"十四五"开局，现代公共文化服务体系建设进入新阶段、面临新任务。党的十九届五中全会通过的《中共中央关于制定国民经济和社会发展第十四个五年规划和二〇三五年远景目标的建议》中，明确提出"提升公共文化服务水平"，并作出一系列重大部署。《国家基本公共服务标准（2021年版）》《"十四五"文化和旅游发展规划》《关于推动公共文化服务高质量发展的意见》《"十四五"公共文化服务体系建设规划》一系列重要文件相继出台，明确了基本公共文化服务的重要内容。其中，创新拓展城乡公共文化空间被列为重要任务。文旅部组织召开的全国公共文化领域重点改革工作总结部署会议，更是将着力构筑公共文化新型空间列为未来文化建设工作的重点之一，提出要及时总结"城市书房""文化驿站"等建设发展经验，在更大范围推进改革，以构建公共文化新型空间为抓手，在建设标准、设施布局、建设主体、功能设置方面进行创新。

随着现代公共文化服务体系步入高质量发展新阶段，公共文化空间提档升级已上升到战略层面，成为促进公共文化服务高质量发展的重要内容。新型公共文化空间建设正从基层试点探索向全国推广普及，将会形成新的局面。

（二）公共文化空间的内涵及发展趋势

公共文化空间是一个较为宽泛的概念，它可以是物质上的空间场所，也可以是虚拟的空间环境，没有绝对的环境大小，规模限制。通常，大众和学术论文中使用的"公共文化空间"与公共文化服务、公共文化产品密切相关，是指物理层面的公共文化服务设施。

2016年颁布的《中华人民共和国公共文化服务保障法》指出，公共文化设施是指提供公共文化服务的建筑物、场地和设备，主要包括图书馆、博物馆、文化馆（站）等15类场所。在市场环境下，由于公共文化服务更注重社会公益属性，我国的公共文化服务设施大部分由政府建设维护。近年来，随着文化市场逐渐壮大，政府供给以外的各类文化供给主体和公共文化空间也逐渐成为人民群众生活中的重要组成部分，包括大众喜闻乐见的经营性书店、艺术画廊、影院、剧场等，多样的文化空间和文化供给主体承担起了大众文化的创作、传播、交流等功能。

2021年由文化和旅游部、国家发展和改革委员会、财政部联合发布的《关于推动公共文化服务高质量发展的意见》明确了布局优化和空间提升的要求，鼓励在都市商圈、文化园区等区域，引入社会力量，按照规模适当、布局科学、业态多元、特色鲜明的要求，创新打造一批融合图书阅读、艺术展览、文化沙龙、轻食餐饮等服务的"城市书房""文化驿站"类新型文化空间，营造"小而美"的公共阅读和艺术空间。鼓励将符合条件的新型公共文化空间作为公共图书馆、文化馆分馆。文化和旅游部发布的《"十四五"文化和旅游发展规划》指出要健全基层公共文化设施网络，并明确将新型公共文化空间建设作为重要任务，提出创新打造一批"小而美"的城市书房、文化驿站、文化礼堂。

迈入新时代，人民群众精神文化需求的增长与公共文化空间数量不足、服务不全之间的矛盾亟待解决。各地也将创新打造公共文化空间作为公共文化服务领域的改革重点之一，以国家政策提到的空间业态为范例，因地制宜，在建设主体、空间标准、设施布局、功能设置等多方面创新实践，不断刷新人们对公共文化空间的认识，各地深入贯彻落实，积极推进新型公共文化空间建设。

《中共中央关于制定国民经济和社会发展第十四个五年规划和2035年远

景目标的建议》明确将打造公共文化空间纳入城市品牌建设,并将其作为公共文化服务体系示范区建设的重要方面;提出打造国际级文化展示平台,鼓励社会力量兴办博物馆,建设博物馆之城,细化了提高公共文化设施运营效率的要求,提出促进公共文化供给多元化、服务方式智能化。

《上海市"十四五"规划和 2035 年远景目标纲要》则定位公共文化服务高质量发展先行区建设,推动公共文化基础设施建设向郊区倾斜,推动更多城市公共空间建设中融入文化元素、增添体育功能,打造更多群众家门口的"文化客厅""健康驿站",让市民拥有更多文化体育休闲的好去处。《上海市社会主义国际文化大都市建设"十四五"规划》更是将优化城市文化设施空间布局置于城市人文气息营造的高度,着力激发城市公共空间文化活力,对于增强文化场馆、文化设施的使用效能以及文化"微更新"改造提供了路径指引。

《成都市中优"十四五"规划》以公园城市建设为重点,全面推进城区、片区、街区、社区四级文化空间建设,推出 200 个以上"最成都·生活美学新场景",培育 50 个以上文化街区和天府绿道"沉浸式文化空间",在绿道、景区、景点和公共场所以艺术审美形式展示"天府文化",确立了大型公共文化设施的建设目标,提出构建可阅读、可感知、可欣赏、可参与的文化生态。

浙江省 2020 年发布了《高质量打造未来社区公共文化空间的实施意见》,对社区公共文化空间进行了精准谋划,从空间形式、建设要求、管理运行等多个方面实施政策引领,提出文化解码、规划布局、规模标准、智慧服务,计划实现资源分享化、监管网格化、运维社会化、参与全面化,全面发挥当地文化与科技优势,体现了早实践、早打样、早发展的思路。

山东、江苏等地"十四五"规划都将构建主客共享的文化和旅游新空间作为工作重点,在功能、外观、服务、产品等多方面凸显灵活性和创新性,延伸公共文化服务触角。安徽、广东等多地则在公共文化服务相关专项规划中,列明新型公共文化空间或新型阅读空间的建设要求,涵括了公共服务供给和数字化公共文化服务建设的细化指标,并将其作为推进省级文化和旅游高质量发展的重要举措,配套一定的政策和资金扶持。

新型公共文化空间建设已经得到了有力推进,在完善文化空间功能、打造文化服务品质、提升文化服务效能等方面取得较好成效。各地或将其纳入经济社会发展大局,或结合城市发展目标系统构建,或为空间建设赋予新的内涵,或引入社会力量打造融合业态,希望在重构实体空间的过程中,丰富文化供给,拓展服务功能,创新运营管理,形成与群众日益增长的美好生活需求相匹配,与城市更新相适应,与经济社会发展相协调的新格局。

表 1-1　政策文件中关于新型公共文化空间的相关表述(2017—2021 年)

发布时间 (年份)	范围	文件名称	重 点 内 容
2017	全国	《"十三五"推进基本公共服务均等化规划》	有效匹配公共文化供给与群众文化需求,体现地方和民族特色的文化设施网络基本形成。
2017	全国	《国家"十三五"时期文化发展改革规划纲要》	自主制定富有特色的地方实施办法,健全各级各类公共文化基础设施。
2021	全国	《"十四五"文化和旅游发展规划》	健全基层公共文化设施网络,打造一批新型公共文化空间。
2021	全国	《关于推动公共文化服务高质量发展的意见》	创新拓展城乡公共文化空间,立足城乡特点,打造有特色、有品位的公共文化空间;鼓励将符合条件的新型公共文化空间作为公共图书馆、文化馆分馆。
2021	北京市	《北京市"十四五"时期文化和旅游发展规划》	拓展新型公共文化服务空间,实施"城市文化会客厅"项目,打造一批融合互联网、数字阅读、艺术展览、文化沙龙等内容于一体的新型公共文化服务空间。
2021	上海市	《上海市国民经济和社会发展第十四个五年规划和二〇三五年远景目标纲要》	支持对公共空间实施文化"微更新"改造,打造一批公共文化运动新空间,营造更多开放共享的生态文化空间。
2020	浙江省	《高质量打造未来社区公共文化空间的实施意见》	整合未来社区内各类资源,打造"场景混合""跨界融合"的公共文化空间。
2021	浙江省	《关于高质量打造新时代文化高地推进共同富裕示范区建设行动方案(2021—2025 年)》	推进城市文化空间建设,建设"城市书房";依托商业综合体、综合交通枢纽等场地,创新打造"嵌入式"新型公共文化空间。

续　表

发布时间 （年份）	范围	文　件　名　称	重　点　内　容
2021	成都市	《成都市中优"十四五"规划》	以公园城市建设为重点，全面推进城区、片区、街区、社区四级文化空间建设，在绿道、景区、景点和公共场所以艺术审美形式展示"天府文化"；并确立了大型公共文化设施的建设目标，提出构建可阅读可感知可欣赏可参与的文化生态。

（三）新型公共文化空间的概念诠释

我国公共文化空间建设与人民群众的公共文化服务需求息息相关，随着各类优质的政府主导、民营、试点等多种类型的新型公共文化空间逐渐承担起公共文化服务功能，传统公共文化空间转型升级以及新型公共文化空间的建设成为公共文化服务领域改革的重点之一。从时间线上来看，在2021年，我国多项重要政策和会议提出了关于新型公共文化空间建设的思路。

2021年3月8日，文化和旅游部、国家发展改革委、财政部发布了《关于推动公共文化服务高质量发展的意见》，鼓励在都市商圈、文化园区等区域，引入社会力量，按照规模适当、布局科学、业态多元、特色鲜明的要求，创新打造一批融合图书阅读、艺术展览、文化沙龙、轻食餐饮等服务的"城市书房""文化驿站"等新型文化业态，营造"小而美"的公共阅读和艺术空间，鼓励将符合条件的新型公共文化空间作为公共图书馆、文化馆分馆。《意见》中并未明确定义新型公共文化空间，但提出了具体要求"按照规模适当、布局科学、业态多元、特色鲜明"，并明确指出是融合多种行业的新型业态的艺术和公共阅读空间，"城市书房""文化驿站"成为新型公共文化空间的范例。

2021年4月22日至24日，文化和旅游部在江苏省苏州市召开公共文化领域重点改革工作总结部署会议。会议明确了公共文化领域未来工作重点之一是着力构筑公共文化新型空间。会议提出了着力构筑公共文化新型空间的方式，即以"城市书房""文化驿站"等为主体，提炼经验，在建设标准、设施布局、建设主体、功能设置等几个方面上进行创新,以公共文化新型空间推动更大范围的改革。2021年6月4日,文旅部发布《"十四五"文化和旅游发展规划》,明确提出结合老旧小区和厂房改造等,创新打造一批"小而美"的城市书房、文化驿站、文化礼堂、文化广场等城乡新型公共文化空间。《规划》明确了新型公共文化空间的典型是"小而美"的城市书房、文化驿站、文化礼堂、文化广场等。上述政策及会议明确了"十四五"时期构建新型公共文化空间的目标,并以城市书房等文化空间作为示范,鼓励社会力量参与空间构建。

这些新型公共文化空间多设置在都市商圈、文化园区等人群密集的地方,破除了以往公共文化空间以社区为单位或以公共文化场馆(博物馆、图书馆等)为载体的传统建设模式,突破人群圈层与行业壁垒,融合各类资源,有利于扩大受众覆盖面,增强空间可及性。这些空间又不同于书店、博物馆、文化馆、公园等传统公共文化空间聚焦于某一业态,新型公共文化空间融合了阅读、艺术、展览、餐饮等多维业态的优势,实现多业态跨界融合发展。

由此可见,新型公共文化空间,既不同于历史文化街区、城市雕塑、主题公园等常见的城市文化空间,也不同于文化馆、博物馆、美术馆、大剧院等大型公共文化场馆,而是在实体空间建设上深入城市的肌体,在有限的空间内展现出强烈的现代人文关怀和文化体验,集中体现着文化设施的公益性、开放性、现代性、便利性,是一种具有时代气息,强调文化氛围,与大型公共文化设施功能类似但又具备更多拓展可能,对图书馆、文化馆、美术馆、博物馆等大型公共文化设施和场馆功能起到有效补充作用的微型的现代城市文化空间。

综上,新型公共文化空间不再囿于传统定义,而是用场景重新书写空间,是以城乡公共空间为载体,围绕公共文化服务供给,融合地域特色和新型文化业态,以空间美化、功能优化、服务优质和运营创新为重点内容,不断拓宽公共文化服务阵地和场景,形成更具人文关怀、审美品位、文化内涵和社会影响力的公共文化空间。它是在全国各地实践基础上发展而来的,并在一定程度上提升了公共文化服务水平,拉近了公共文化服务供给与人民群众需求的距离,不仅为"十四五"时期公共文化服务效能提升打通了现实路径,也为未来远景时期公共文化服务效能逐渐提升,建设高质量的公共文化服务体系提供了有力抓手。

（四）新型公共文化空间的类型

1. 多元素融合公共文化空间

新型公共文化空间可以是涵盖公共文化服务体系中的基层文化场馆与设施，包括县区文化馆、乡镇（街道）文化站、村（社区）综合文化活动室等，也可以是包含面向公众提供文献资源与数字资源的阅览、流通服务，并开展阅读推广、教育培训、文化交流等活动的公益性场所；更可以设置在都市商圈、文化园区等人群密集的地方，这样有利于破除以往公共文化空间以社区为单位或以公共文化场馆（博物馆、图书馆等）为载体的传统建设模式，突破人群圈层与行业壁垒，融合各类资源，扩大受众覆盖面，增强空间可及性。文化、消费、科技……都是新型公共文化空间建设的元素，与自然元素不一样，这些文化元素不受逻辑或形而上的束缚，能以任何可能的方式进行组合，而任意几种元素的融合碰撞都将发挥独特的化学反应从而营造出不同的场景氛围。如北京的角楼图书馆、砖读空间、宸冰书房、天空图书馆、中华书局、伯鸿书店等，逐渐形成"书店＋"的特色公共文化空间品牌；上海徐汇滨江岸线的"水岸汇"聚焦了休憩、便民、资讯、旅游、应急、党群6大核心功能，打造西岸空间特色；浙江温州的"城市书房""文化驿站"，杭州的"运河书房"等，无论何种场景，都能带给公众沉浸式新体验。

2. 社会力量参与公共文化空间运营

社会力量参与公共文化空间运营改变了运营主体的单一化，拓宽了参与主体。社会力量包括文化相关的企业、协会、社团组织、志愿者等，其参与公共文化空间运营的方式包括空间更新、提供文化服务、运营空间、组织文化活动等，社会力量参与是融合多业态的公共文化空间以及嵌入式公共文化服务的重要保障。政府通过放权，吸纳文化企业、协会、个人等社会力量参与新型公共文化空间的投资和运营，这不仅有利于激发主体的发展活力、竞争活力、创新活力，更有利于打造满足市场需求的"有用且美"的新型公共文化空间。如广州"粤书吧"则是由广东省文化和旅游厅发起，吸引多方力量共同参与建设的，根据"小而美"的城乡新型公共文化空间建设要求，坚持"一吧一特色"原则，在街区、公园、机场、高铁等人群密集区打造的属于广州的新型公共文化空间；上海市浦东新区潍坊街道社区文化活动中心在设计改造完成后，引入了专业运营团队，以公益标准收费，确保多类免费服务项目开放的同时，又开展各类文艺演出活动及多种爆款特色项目,如旗袍制作、书法培训等,吸引不少年轻人走进文化中心。

3. 复合型公共文化服务形态

无论是城市书房、文化驿站,还是"咖啡＋阅读""数字化阅读＋24 小时开放",新型公共文化空间都不再是传统意义上单纯的公共文化设施。它以更加现代包容的方式,在开放性、公益性的基础上,兼容图书出版、艺术展览、影视放映、创意设计等文化产业和互联网、餐饮、地铁等其他产业业态,因而其管理运行机制也体现出多种方式,可以是政府单一投入和管理模式,也可以是政府和社会合作模式;可以是购买社会专业公共文化服务模式,也可以是以奖代补鼓励社会参与模式等,体现出复合型的公共文化服务形态。从这个意义上讲,新

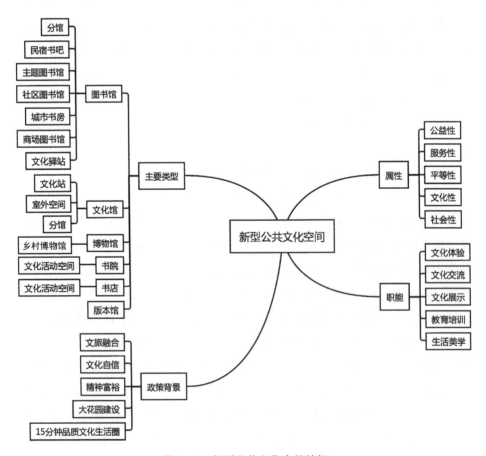

图 1-1　新型公共文化空间特征

型公共文化空间要立足群众现代文化需求，敢于善于积极探索复合型的公共文化服务，以多元、多样、精品、跨业态的功能服务，不断提升现代公共文化服务的水平和质量。

（五）新型公共文化空间建设的现实意义

1. 提升公共文化空间的审美品位

新型公共文化空间以新的审美品质呼应了城市居民审美水平的提升，以空间设计的美学力量唤醒不同区域的文化记忆。一个时代有一个时代的审美，审美特点形成的背后是文明素养的长期积累。从这个角度来讲，全民美育不仅事关个人的文化生活，更承担着文化强国的时代责任。新型公共文化空间正是全民美育的有效载体，在日常生活审美化的具体践行中塑造每个个体的审美趣味。

2. 提升公共文化空间的文化品质

不同的区域有不同的文化资源和文化形态，积淀了丰厚的人文资源，如何传承和彰显城市的特色文化品质是提升城市文化软实力的重要路径。新型公共文化空间的产生基本承载了不同区域的文化特色，无论是各类公共文化生活的开展，还是文化创意服务和产品的打造都凝聚了丰富的特色文化滋养，无形之中使人文关怀更具温情和温度。

3. 提高公共文化空间的城市品位

新型公共文化空间是城市精神文明建设和文化建设的新载体、新平台。一方面，能够对提高城市文明程度起到重要的推动和促进作用，提高和彰显城市文明程度；另一方面，也能体现城市的崭新形象和城市精神文明建设在新时代所抵达的高度。

二、临平老城区新型公共文化空间建设的现实探索

（一）临平城区概况

杭州市临平区地处长江三角洲圆心地，坐落于G60科创大走廊和杭州城东智造大走廊的战略交汇点，区域面积286平方千米，辖7个街道、1个镇，常住人口117.58万人，是全国文化先进地区、浙江省首批公共文化服务体系示范区、中国民间文化艺术之乡和中国曲艺之乡、首批浙江省公共文化服务现代化

先行区创建单位。近年来,临平区公共文化服务体系建设坚持以满足群众精神文化需求为出发点和落脚点,全面加强文化设施建设,大力推进品牌文化建设,努力繁荣文艺精品创作,深入推广公共文化数字化运用,坚持创新驱动、文旅融合,建设以人为核心的高质量公共文化服务体系,让人民群众享受更优质、更丰富、更便捷的文化服务,为临平区建设融沪桥头堡、未来制造城、品质新城区,争当浙江高质量发展建设共同富裕示范区样板贡献文化力量。

"十三五"期间,临平区已建成完善三级公共文化设施网络,"国家一级图书馆"和"国家一级文化馆"先后入选中宣部评选的"全国服务农民、服务基层文化建设先进集体"。临平区以区图书馆为龙头构建的公共阅读服务体系,辖有8个镇街图书分馆,13个24小时自助图书馆,10个杭州书房,10个汽车图书馆。截至2023年底,全区8个镇街综合文化站面积达4.7万平方米,拥有全国优秀文化站1个,省级文化强镇6个,省级文化示范村(社区)6个,农村文化礼堂覆盖率达到100%。为进一步满足群众需求,提升城市空间品质,突出城市文化品位,在国家3A级景区艺尚小镇内建成国际一流的临平大剧院,国内领先的文化馆新馆,时尚潮流聚集地国际秀场和云中艺术广场等文化新地标,实现了文化设施的"靓丽转身",推进公共文化设施与"全域旅游"相融相通。为杭州亚运会打造的亚运场馆——临平体育中心,体育中心建筑总面积95000平方米,其中体育馆观众座位4300个,体育场观众席位10200个,成为临平区公共文化高品质文化设施又一标志性建筑。结合城市有机更新,临平区街道利用老城区区位特点,建成集聚智慧图书馆、艺术交流中心、戏曲交流中心、文化公园等文旅基因的艺术长廊,同时将"牛拖船""九曲营""大圆井"等历史遗迹进行提升改造,建设家门口的"口袋"公园,串联成具有老城记忆的旅游景点,为居民群众和游客了解临平历史风情打造出一批可看、可听、可复制推广的基层文旅体验点。

（二）公共文化空间建设的现实瓶颈

1. 公共文化空间需求困境

文化设施是文化服务的基础保障,文化服务的水平彰显了当地文明的发展,对城市具有一定的象征意义。乡镇(街道)综合文化站作为最基层的文化机构,多年来一直默默地发挥着它在普及和繁荣群众文化中的主导作用,这对加强新农村文化建设、城市文化建设具有重要的现实意义。伴随着临平区的快速发展,城市规模和范围日趋扩大,老城区"公共空间匮乏、环境质量不高、停车位不足、城市记忆散失"等问题日渐凸显。随着人口的愈趋密集,临平老城原有综合文化站设施较为陈旧,功能不全,已经不能满足居民文化生活需求,急需寻找一个新的突破口。

2. 制度空间建设不完善

政府和管理部门对公共文化空间的建设十分重视,也取得了令人瞩目的成就,但在运行中依旧存在一些问题。一是缺少专业的管理者,基层文化人才队伍建设机制不完善,且大多数文化空间的管理者身兼数职,专业性不突出。二是公共文化服务内容与群众需求不匹配,其供给机制是"自上而下"的粗放式的供给模式。政府主导下的公共文化服务供给大多是街道文化站、社区活动室等,而随着社会不断地发展,群众需要的公共文化服务更为丰富,政府供给和群众需求存在一定程度的错位。三是部分公共文化空间的规划不清晰,脱离城市发展的实际情况,缺少系统性和整体性。公共文化空间建设存在同质化现象,不能对地方特色文化资源和自然资源进行合理的开发和利用,导致资源流失和浪费。

3. 公共文化空间数字化开发滞后

随着数字化战略的实施,网络虚拟空间在公共文化服务中的地位越来越突出,并成为文化传播的重要窗口。目前,老城区公共文化空间数字化建设缓慢、数字化水平发展不高、文化供给不充足等问题突出,文化资源的数字化开发仍处于初级阶段。数字化开发多处于数字活动管理、数字图书馆等初级阶段,服务内容多模仿城市数字化平台内容,无法满足群众多元文化偏好,对于群众有效公共数字文化内容服务供给不足。

（三）临平老城区新型公共文化空间建设的探索

临平区打造的新型公共文化空间——临平文化艺术长廊,位于临平老城区核心区域,北靠临平山,南临上塘河,南北长约 600 米,主体建筑由戏曲交流中心、智慧图书馆、艺术交流中心和市民健身广场等组成。该项目通过老城区有机更新,在市民身边打造了高品质公共文化空间,通过智慧化的管理,改善了市民生活品质,推动了城市高质量发展。

1. 优化布局,创造多元开放的主客空间

临平借力文化艺术长廊,以新的审美品质呼应城市居民审美水平快速提升需求,通过"形""音""书""画"四个公共文化空间进行串联,形成流线设计,动静结合的品质文化服务集聚区。文化艺术交流中心占地 2965 平方米,以打造"家门口的美术馆"为宗旨,构建 1000 平方米的展厅,设计长约 250 米的展线,成为居民群众书画摄影作品展览交流的"展陈区",让美育在社区生根发芽;戏曲交流中心占地 1738 平方米,打造以排练厅、戏苑讲坛、临里大舞台等为核心的"悦动区",成为本地居民、外地游客欣赏或参与舞台演出的"打卡地";智慧图书馆占地 2852 平方米,以家门口的智慧化书房为定位,藏书 8 万余册,阅读座席 200 余个,以数字化变革为主线,打造成为读者提供"阅读、活动、展示、休闲"等智慧化多跨场景应用服务的"静享区"。同时文化艺术长廊不是一个封闭的区域,而是一个主客共享的开放式公共文化单元。西侧与临平街道综合文化站以及钱塘画院、小山画室等艺术培训机构形成呼应,东侧与新建成的文创街区、珠宝设计工作室、文创企业等互联互通,为周边的居民及外来游客带来更加丰富的文化生活体验。

图 1-2   临平区文化艺术长廊

2. 品质共享,打造嵌入式公共文化服务

嵌入式公共文化服务意味着服务方式的升级,即新型服务方式。嵌入式公共文化空间进一步缩短了公共文化空间与居民日常生活的距离,让文化服务更加深入人心。嵌入式公共文化服务的重点在于"嵌入",此类嵌入体现在空间与时间的双重维度之中。从空间维度来看,嵌入式公共文化服务呈现出文化服务设施小型化、点位不断增加、服务方式不断创新的特征。从时间维度来看,公共文化空间的增加也使得文化服务内容增多、文化服务供给的总时长增加。新型公共文化空间可以嵌入到社区、景区、交通枢纽、商业综合体等区域,为单一功能区域增加公共文化服务的功能,创新公共文化服务方式。"临品驿站"和"临品书坊"以"嵌入空间"植入各级、各类公共文化场馆,将"临品驿站"打造成一个以区级文化馆为总馆所辖的基层服务点,实现资源共建共享,网络互联互通,开展内容丰富的公共文化服务为组织形式,向社会提供文化分享、艺术普及、互动交流、文旅资讯等多种形式服务的场馆型文化设施,将"临品书坊"打造成一个以区级图书馆为总馆所辖的基层服务点,开展内容丰富的公共阅读服务为组织形式,以更高质量的空间布局、更高品质的服务内容、更高效能的服务管理,让市民在家门口享受到有知识、有温度、有情怀的公共阅读空间及服务。

图 1-3　临平区智慧图书馆

3. 一维多点,创建 15 分钟的品质文化生活圈层

为进一步满足群众需求,临平区针对人群特点、性别结构、年龄层次,深入分析文化空间供给短板,在临平文化艺术长廊周边利用"九曲营""大圆井"等历史遗迹进行提升改造,建成一批家门口的口袋公园、临品艺站(文化驿站)、临品书坊(城市书房),构成"一轴多点"的公共文化服务新格局,建成"5-10-15"分

钟的品质文化生活圈层。社区居民走出家门,步行 5 分钟左右,即可到达口袋公园(如牛拖船记忆公园、洋园春晓口袋公园)、健身苑点等;步行约 10 分钟,可赴文化家园、临品艺站(庙东文化驿站)、临品书坊(西大街 24 小时自助图书馆)、文化艺术长廊等参与小型演出、借阅图书等;步行约 15 分钟,可囊括圈内临平区公园、上塘河文化带、藕花洲剧院等中大型公共文化设施,享受高品质的公共文化服务。

图 1-4   临平区 15 分钟品质文化生活圈(口袋公园)

4. 文化惠民,用原创文艺点亮新区底色

"藕花洲大舞台"其名源于宋代诗僧道潜的诗句"五月临平山下路,藕花无数满汀洲"。它是临平区站在新起点上打造的一项文化品牌活动,是高质量发展建设共同富裕示范区的重要内容,是通过群文力量促进城乡公共服务均等化,提升全民艺术素养,为群众文艺团队提供展示、学习和交流的重要平台。临平区陆续开展了"藕花洲"大舞台文化活动、"藕花洲"故事会、"藕花洲"周末剧场、"藕花洲"文艺轻骑兵下基层、"藕花洲"万册图书进万家等活动。为进一步增强"品牌文化"的影响力,临平区大力推进高水平建设"数智临平·品质城区",为临平绘就共同富裕新篇章注入强大的文化力量,让群众在浓郁的文化氛围里感受生活的幸福，不断提升群众文化获得感、幸福感，为全面助力新时代文化高地建设提供了保障，充分体现群众性、普惠性、实效性，为讲好中国故事、杭州故事，助力杭州亚运会，争创浙江省公共文化服务现代化先行区凸显文化担当。

图 1-5　临平区藕花洲大舞台

（四）临平老城区新型公共文化空间建设的成效

1. 圈出人气，不断提升公共文化空间的利用率

临平文化艺术长廊不仅是临平文化新地标，而且成为居民群众最受欢迎的文化会客厅，还荣获美好生活长三角公共文化空间创新设计大赛"百佳创意空间奖""网络人气奖"、浙江省公共服务大提升典型案例等一系列荣誉，被央视、中国蓝新闻等媒体报道。临平区充分发挥历史文化、绿色生态等资源优势，大力推进以文促游活动，文化艺术长廊年接待游客达 100 万人次。智慧图书馆开馆两年以来，接待到馆读者 20.9 万人次，借还量达 66.3 万余册，刷脸借阅 1.5 万余人次，组织活动 474 场，接待参访 272 批 3936 人次，成功创建"杭州书房"，并被评为十佳最美杭州书房之一。

临平老城区新型公共文化空间建设一方面避免了公共文化设施的重复建

设和浪费,另一方面通过扩展服务功能,使原来只提供休闲的文化艺术长廊变身为提供多样化服务的"综合性文化服务中心"。新型文化空间正成为年轻人交流休闲、儿童学习娱乐的绝佳场所,与临平区建设公共文化服务现代化先行县相适应,满足了人民群众对美好生活向往的文化需求,已然成为临平区的文化名片。

2. 专业化运营,提升公共文化空间的管理效能

新型公共文化空间通过社会化、专业化运营,服务效能不断提升,即使在疫情常态化防控下,各场馆实行线上预约、一进一出,开放服务不停歇。场馆引入第三方运营团队进行专业化运营,在保持高水平公共文化服务的基础上,全年管理运营费用较同级别场馆节省近30%。

探索公共文化机构治理结构改革,建立由党政代表、各界人士代表为成员的理事会,对重大事项进行审议和科学决策,监督规范化运营,组织召开年度发展咨询会议,邀请大学、公共文化业界及相关领域知名专家为场所运营建言献策。

聚合"家门口"文化服务资源,建立公共文化服务"区域联盟",承接周边社区主题党日、文化讲座等活动,拓展社区文化活动阵地;成立"阅读联盟",将书籍流通各社区,延伸"文化服务触角";开展"阅读直通车"服务,构建"馆员(网格员)+用户"帮扶机制,提供"送书上门"服务,实现借还书"一次都不用跑"。定期公告服务开展情况,建立投诉渠道,完善反馈机制,接受社会监督,目前群众对文化空间的满意率均在95%以上。

3. 品牌化驱动,不断提高人民群众的文化参与度

以创品牌、树品牌构建特色文化活动,从公共文化服务品牌项目入手,积极发挥品牌项目的引进和带动作用,满足人民群众对美好生活的新期待,是临平区开展公共文化活动的一大特色。先后举办的中国艺术节、中国戏剧奖、中国曲艺牡丹奖大赛、长三角滚灯艺术大展演和特邀著名胡琴演奏家姜克美、中国音乐最高奖"金钟奖"获得者和文化部艺术类最高奖"文华奖"获得者苏畅、高阳等一大批专业艺术家参演的中国国乐节等国家级赛事,满足群众观看高水平文艺演出的需求。借助临平大剧院引进的多台国内外高水准剧目,如意大利原班歌剧《阿依达》、陈佩斯等主演的话剧《戏台》、陕西人艺的话剧《白鹿原》、老舍的话剧新编《新茶馆》、李宗盛作品音乐剧《当爱已成往事》等,使观众在家门口观

看好戏好剧成为现实,并以此吸引了众多周边城市的观众前来打卡。开展的"临平之春"新年音乐会、元宵灯会、新春迎新演出等新年系列活动和"藕花洲大舞台""藕花洲故事会""藕花洲文艺轻骑兵"等"藕花洲"系列活动成为群众参与度最大的品牌活动,深入人心。此外,围绕庆祝中国共产党成立100周年,举办的"红歌嘹亮,唱响亚运"临平区庆祝中国共产党100周年合唱大赛、"牢记使命心向党"百篇经典诵读、"艺术花开别样红"百场文化活动献礼、"奋斗吧,我是临平人"等系列文化活动,更是收获群众满满点赞。

4. 数字创新,不断提高公共文化的现代传播力

全面加快公共数字文化建设,推广"互联网＋公共文化"的形式,大力发展云展览、云阅读、云视听,推动公共文化服务走上"云端"、进入"指尖"。推进临平数字文化馆、数字图书馆、数字总分馆建设,对原有系统进行迭代升级,优化功能模块和服务体验,提升公共文化服务供需匹配度,建好用好文化云平台,提供一站式、集成式、多媒体覆盖的智能化服务,这也是新型公共文化空间的一大功能。

惠民、生态、科技都是这条长廊的标签,最令人耳目一新的是注入"智慧化",它使老城居民在步行享受文化熏陶之时,还能体验智慧化带来的便利。无人超市、智慧路灯、居民生活环境智慧管理系统等"黑科技"无处不在,成为高新技术产业集聚的城市智慧园区样板。临平区文化艺术长廊的智慧图书分馆,通过数字化手段,颠覆了传统图书馆的概念。通过 AI 人脸识别系统顺利进入图书馆,在图书馆大厅的数据显示屏上,一目了然地查看馆内人员流量、图书借阅次数和读者活动等信息,享受沉浸式阅读、专业电影院、听书等"互联网＋"文化创意服务。阅览区采用 3D 全息投影技术,其全景影像可为小读者们带来身临其境的沉浸式阅读体验;VR 体验区可 360 度全方位、沉浸式地进入不同的阅读场景……投资近千万元的临平数字文化馆,面积 300 多平方米,设有网络云平台、数字体验区、视频体验区、音频体验区四大区块,通过把文化馆公共文化资源以综合文字、图片、音频、视频等多种形式全方位展现后,群众就可以通过软件非常便捷地获得文化信息资源,体验文化活动,亦可以通过网上报名参加线下的各类艺术培训等。仅 2021 年上半年,数字文化馆推送信息达 200 余期,举办线上线下活动 160 余(期)次,参加艺术培训 5000 余人次,实现了以数字化推进公共文化资源共享,把线上文化服务与线下艺术普及教育有机结合,推动

公共文化服务均等化。位于文化艺术长廊北部的艺术交流中心一楼根据展品功能和定位设有不同的空间以及展板、展厅,二楼则是掌控着长廊现代化科技的"大脑中心"。

三、老城区新型公共文化空间"蝶变"的"临品"模式解析

（一）文化为先,重点保障

临平区文化资源极为丰富,世界文化遗产、运河文化、"藕花洲"系列品牌活动等具有深厚的历史意蕴和时代价值。首先,文化元素熔旧铸新。临平区深入挖掘文化资源中蕴含的优秀文化元素,融入新型公共文化空间的设计理念,增强空间的艺术效果、审美韵味和文化品位,以高质量的文化生活满足人民群众高品质的文化需求和审美追求。其次,文化内涵开拓创新。不同地域有不同的文化内涵,不同文化内涵积淀不同的人文精神。打造新型公共文化空间,既着眼于新时代文化建设全局,又善于探索不同区域文化的内涵,彰显临平老城区的魅力,提升文化软实力,肩负起赓续、弘扬公共文化的新时代使命和新时代责任。最后,文化特色历久弥新。整合临平区文化资源,立足优秀文化特色优势,打造知名文化品牌,逐步建立以文化产品质量为内核的品牌自信,以群众消费口碑为标准的品牌信誉。在此基础上,增强特色文化品牌的影响力,增加特色文化产品的附加值,打造临平区新型公共文化空间的文化产业集群,并逐步形成集群化效应。"藕花洲"大舞台旨在打造一个百姓参与文化活动,展现自我风采的平台,后期通过提升演出质量,丰富演出内容等多种途径,使藕花洲大舞台成为既是临平地域特色文化的展现舞台,也是临平市民感受温暖,享受生活的主要载体,更是提升广大群众文化获得感、幸福感的重要支撑。

（二）以人为本,方便群众

打造新型公共文化空间,要充分考虑当地群众的生活方式、心理需求和审美观念。在公共文化空间布局上,综合考量交通、周边环境、社区人群分布等多种因素,在公共文化空间设计中,充分挖掘当地特色文化和民俗文化,形成空间中可感可亲的文化元素和文化符号,满足民众渴望社会交往,寻求归属感和认同感的心理诉求。回应民众审美水平的提升,增强新型公共文化空间的审美韵味和文化品位,以空间设计的美学力量唤醒不同区域的文化记忆。将新型公共

文化空间作为有效载体，在日常生活的审美实践中塑造个体的文化品位和审美趣味。临平老城区以挖掘历史文化和创造美好生活为理念，在老城核心区域，优化公共文化空间布局，启动老城有机更新文化艺术长廊项目，最终打造出"一山一水一长廊"的临平城市空间新格局：北启临平山文化公园，南通上塘古运河，中间临平文化艺术长廊贯通南北。通过挖掘运河文化、山水文化，新建戏曲交流中心、图书馆、文化艺术交流中心三组建筑。同时完善沿线生活配套，新增小舞台、活动广场、地下车位、过街天桥等配套设施，从根本上改善老城区居民文化生活品质，实现居民共生、文化共生。优化个性化服务，在配备无障碍电梯、共享雨伞、共享充电宝、智能饮水机、智慧厕所等设备的基础上，拓展双创空间、市民小剧场、三点半学校、便民服务点等 X 项特色功能。推出儿童看护系统"电子围栏"以及"华龄直通车"适老化公共文化服务，尽可能为特殊群体提供更为周到的服务。长廊所有文化场地、活动均可通过智慧文化云、"临里有约"等线上平台预约、参与和评价。同时，文化艺术长廊建有地下空间，设计了 158 个停车位，可以有效缓解老城停车难问题。

（三）品质为重，空间延展

"十三五"期间，临平区已建成完善三级公共文化设施网络，为进一步满足群众需求，提升城市空间品质，突出城市文化品位，临平区在艺尚小镇内建成国际一流的临平大剧院、国内领先的文化馆、时尚潮流聚集地国际秀场和云中艺术广场等文化新地标，实现文化设施的华丽转身，推进公共文化设施与全域旅游相融相通。"高大上"的文化场馆固然是城市亮丽的风景，"小而精"颇具特色的文化场所也是城市文化的体现。同时，以创品牌、树品牌构建特色文化活动，从公共文化服务品牌项目入手，积极发挥品牌项目的引进和带动作用，满足人民群众对美好生活的新期待，是临平区开展公共文化活动的一大特色。

（四）创新为魂，焕发生机

新型公共文化空间的创新之处在于实体空间的延伸。传统意义上的公共文化服务空间拓展体现在图书馆、文化馆、基层公共文化服务中心等固定场馆的总分馆建设方面。而柔性延伸包括了两类空间的拓展延伸，一是原有街区、社区空间、城市空闲空间的再利用，二是与全国乃至世界范围内的其他场馆、社会休闲空间、第三空间的合作,以灵活、柔性的方式拓展文化空间的物理范围。柔性拓展的理念体现在公共文化服务设施从原有的单体大型场馆转为多元空间的中小微型空间建设,临平区的"临品书房""临品驿站"等品牌就是实体空间柔性拓展的具体体现。

四、临平老城区新型公共文化空间建设的下一步建议

（一）点面结合,扩大覆盖面

新型公共文化空间建设的过程中,应坚持内容为主、品质为先的原则,既重视硬件,又重视软件,注重查漏补缺,补齐公共文化空间的短板,切实保障城市居民的基本公共文化权益。一是"抓点"。对区域内已建综合性设施进行盘点,厘清为群众提供图书、电影、文艺培训等文化服务的设施点,将各个设施点融入公共文化空间中,丰富公共文化内涵。在新建大中型、综合性的公共文化设施时,要特别注意强化其鲜明的形象特征,形成有活力、高标识度的文化新地标、新空间。二是"连线"。加强与镇街文化站、区级公共文化场馆的对接连线,运用"馆中馆"的运营模式,将公共图书馆、美术馆、艺术馆和商业配套设施等引入其他公共文化场馆,丰富区域内居民的观展、游览体验。三是"扩面"。公共文化新型空间的产生基本承载了城市不同区域的文化特色,无论是各类公共文化生活的开展,还是文化创意服务和产品的打造都凝聚了丰富的特色文化,无形之中使城市的人文关怀更具温情和温度。正是有了大量形态各异、类型多样的公共文化新型空间,公共文化才有了广泛的空间承载,文化内涵得以不断丰富和提升。

（二）内外兼修,扩大好评率

新型文化空间的出现使得文化空间不再只是物理空间,更是生活休闲、交流文化的空间。文化空间从有"文化"的场所转变为生产文化、创造文化、传播文化的场所,使更多群众参与到空间建设,衍生出更多大众喜闻乐见的文化内容,甚至文化活动本身也成了"文化的空间",文化空间的内涵在此过程中逐渐扩展、丰富。随着新型公共文化空间的建设,符合人民群众需求的多样文化活动逐渐增多,线上的云课堂、线下的有书共读、传统手工课堂等,公共文化空间本身的内涵进一步拓宽,意味着新型公共文化空间的建设要求不断深化升级。

新型文化空间对内要更好地结合本地区人民群众的文化需求和习俗风俗,促进在地文化保护的传承,对外要构建特色文化空间IP和品牌建设思维,与城市形象打造相结合,促进公共文化服务效能提升。在理解好双向深化公共文化服务的基础上,更要稳固公共文化服务的建设根基,通过整合公共文化资源,结合产品思维建设好公共文化空间,将新型公共文化空间建设标准化、品牌化,把公共文化服务更好地传达到人民群众中。新型公共文化空间的建设不仅要着眼于物理空间的改造升级,更要推动人民群众参与公共文化空间的建设和文化活动,让群众成为创造者、传播者,进一步扩大文化的传播范围,提升文化服务的水平。

（三）社会参与,扩大影响力

在共同推进公共文化服务高质量发展的过程中,新型公共文化空间要实现良性循环发展,政府和社会承接主体需携手同行。第一,强化政府引导。适应新型文化空间发展的新趋势和新潮流,政府要适时作出准确的文化需求调查,在方向把控、政策扶持、规划制定、方案实施等方面,构建多层次、易实施的引导机制。第二,强化多元参与。公共文化服务的社会化发展是一个系统工程,内涵十分丰富,不能简单把社会化发展等同于政府购买服务。社会化发展的核心是如何充分发挥社会主体的积极性和优势,要广泛采用政府购买、PPP合作（政府和社会资本合作）、社会捐赠、机构自办、政府扶持、志愿者团队等多种方式,汇聚更多资源参与公共文化服务,更好地激发和提升公共文化服务的活力与效能,持续扩大公共文化服务朋友圈,孵化、培育和凝聚优质社会主体,让符合要求的社会企业和组织参与进来,围绕百姓需求提供丰富的文化内容,推动公共文化服务高质量发展。第三,出台相关指导政策。要创新管理体制与运行机制,探索改革法人治理结构,吸收各方力量组建理事会,推进公共文化事业社会化发展和规范化运作。建立公共文化服务社会化运营激励机制,对于超量、高质完成任务指标的运营方给予奖励。最后,深化文化空间共建共享。新型公共文化空间建设目的是实现人民群众的文化共享,没有人民群众广泛参与的新型公共文化空间,是失掉"灵魂"的物质摆设。要坚持以人民为中心的共建共享,进一步调动广大人民群众的积极性、主动性、创造性,让人民群众在新型公共文化空间中获得更多的参与感和幸福感。

（四）数字赋能，扩大便利度

以社会效益为导向，拥抱新技术新业态，盘活公共文化空间，充分释放文化资源使用效率，扩大优质内容供给，提高社会效益。文化空间从传统意义上的物理空间，变成了链接各类云上出口、孵化多样文化产品的网络节点，搭建起形式更为多样、内容更加丰富的立体式文化体系。与此同时，线上文化空间还可以反哺线下，进一步促进艺术传播和文化传承。新型公共文化空间与传统文化空间相较而言，其优势集中体现在现代化核心技术的运用上，突出数字化、智能化的特点。一方面，搭建全程、全链的数字化平台。以 5G 赋能 AR、VR 等一批新技术、新手段，将数字技术广泛应用于文化创意、文化生产、文化传播、文化体验的全过程。同时，贯穿文化产业链、版权价值链、科技创新链的各个环节，在数字化保护、数字化展览、数字化娱乐等诸多方面，形成主题鲜明、内容丰富、形式多样、内涵深刻的数字文化产品，逐步构建全过程、全产业链的新型公共文化空间数字化体系。另一方面，拓展活态、互动的智能化空间。构建新型公共文化空间应充分发挥人工智能、大数据、云计算乃至元宇宙在文化服务中的作用，通过对文化底蕴深厚和特色鲜明的空间进行升级改造，使之成为全新的美学空间和网红打卡地，开启活态文化创意空间。此外，对于传统文化、非遗项目，可利用全息投影、数字孪生等新智能技术，打造多维虚拟空间，实现时空交流、时空交换，促进新型公共文化空间在"云"空间的互动。数字赋能文化产业发展，线上线下双向发力、互相融通，加深了文化与人的联结，用群众喜闻乐见的形式以文化人，让文化融入日常生活，为引领社会风尚、传承文化发展汇聚新动能。

第二章　温州市城市书房建设

一、城市书房建设的缘起

（一）政策背景分析

1. 共同富裕、精神富有的现代公共文化服务体系建设需求

党的二十大报告指出，"中国式现代化是全体人民共同富裕的现代化。共同富裕是中国特色社会主义的本质要求，也是一个长期的历史过程""坚持把实现人民对美好生活的向往作为现代化建设的出发点和落脚点""健全现代公共文化服务体系，创新实施文化惠民工程"。《文化和旅游部 国家发展改革委 财政部关于推动公共文化服务高质量发展的意见》提出推动公共文化服务高质量发展，是进一步深化文化体制改革，发展社会主义先进文化的重要任务，也是让人民享有更加充实、更为丰富、更高质量的精神文化生活，保障人民群众基本文化权益，满足对美好生活新期待的必然要求。近几年，浙江省把公共文化设施空间布局纳入各级国土空间总体规划；把公共文化服务现代化建设纳入国民经济和社会发展规划；把充分满足人民群众日益增长的精神文化需求纳入为民办实事民生工程，不断推进公共文化服务保障体系建设。

2. 新型公共文化空间建设的进程节点

2021年《文化和旅游部 国家发展改革委 财政部关于推动公共文化服务高质量发展的意见》提出"创新拓展城乡公共文化空间"：立足城乡特点，打造有特色、有品位的公共文化空间，扩大公共文化服务覆盖面，增强实效性。适应城乡居民对高品质文化生活的期待，对公共图书馆、文化馆（站）功能布局进行创意性改造，实现设施空间的美化、舒适化。支持各地加强对具有历史意义的公共图书馆、文化馆的保护利用。鼓励在都市商圈、文化园区等区域，引入社会力量，按照规模适当、布局科学、业态多元、特色鲜明的要求，创新打造一批融合图

书阅读、艺术展览、文化沙龙、轻食餐饮等服务的"城市书房""文化驿站"等新型文化业态,营造小而美的公共阅读和艺术空间。着眼于乡村优秀传统文化的活化利用和创新发展,因地制宜建设文化礼堂、乡村戏台、文化广场、非遗传习场所等主题功能空间。鼓励将符合条件的新型公共文化空间作为公共图书馆、文化馆分馆。积极推进社区文化"嵌入式"服务,将文化创意融入社区生活场景,提高环境的美观性和服务的便捷性。鼓励社区养老、文化等公共服务设施共建共享。2022年,《浙江省城乡现代社区服务体系建设"十四五"规划》提出打造"15分钟品质文化生活圈",建设"城市书房""文化驿站"等新型公共文化空间。

3. 图书馆总分馆制进一步发展的特色亮点

早在2017年,针对县级馆服务能力不强、县域内公共文化资源缺乏整合、城乡公共文化服务发展不均衡等突出问题,经国务院同意,文化部、新闻出版广电总局、体育总局、国家发展改革委、财政部等五部委共同印发《关于推进县级文化馆图书馆总分馆制建设的指导意见》,提出全国具备条件的地区应因地制宜建立起上下联通、服务优质、有效覆盖的县级文化馆、图书馆总分馆制。这标志着,一场让文化资源流动起来以增加服务供给、提高服务效能的基层公共文化体制机制改革全面启动。城市书房、城市书巴、农家书屋等新型阅读空间纷纷涌现。

（二）理论学术基础

城市书房的出现是新型公共文化空间发展的一个节点,城市书房本质上是新型公共文化空间的类型之一。新型公共文化空间多为通过社会化合作的方式设立的公共文化服务空间。创新拓展城乡公共文化空间是"十四五"时期文化和旅游部作出的重要部署,先后被列入《文化和旅游部 国家发展改革委 财政部关于推动公共文化服务高质量发展的意见》《"十四五"公共文化服务体系建设规划》《国家公共文化服务体系示范区公共文化服务体系绩效评价指标》重点任务。关于新型公共文化空间,很多专家学者也都做了大量的理论学术研究工作,从多方面给出了具有深度的专业理论支撑。

1. 场景理论：城市公共文化空间建设的新视角

场景理论代表人物是美国芝加哥大学社会学系终身教授、新芝加哥学派城市研究团队领军人的特里·克拉克。场景理论出现的社会背景是后工业社会，制造业从中心城市撤离，文化创意、休闲娱乐在城市中兴起，城市形态从生产性向消费型转变，从消费的视角去看城市，城市不再仅仅是一个个的居住区，也不再是生产区，而是众多由"城市舒适物"（都市生活娱乐设施）组成的场景。场景理论的核心思想是整体而不是个体定义着一个区域的场景，场景的特质与城市本身的产业，以及由此形成的性格一脉相承，要将城市的"场景"视作一种软实力。

场景是可测量可描述的，公共文化空间作为一个场景，是一个提供知识消费、社交消费和认同消费的"场所"和"意义"的集合体，不同类型的公共文化空间在塑造场景中的作用不同，这也是温州城市书房在发展过程中由单纯借阅型书房向主题型书房或"城市书房＋"模式发展的理论基础。在城市公共文化空间建设中体现场景思维需注意以下因素：充分考虑区域之间的差异性。仔细考察区域内设施的价值维度，将差异体现在公共文化建筑设计、针对人群、活动设计、价值观等多个方面；重视区域内价值观维度的适当平衡。发挥公共文化的价值引导作用，考虑强化或增加哪些维度；充分重视本地资源。立足于本地的特色资源，锚定可持续发展，警惕"网红""打卡"等不可持续的短期行为。另外，地方政策制定者的文化政策会有力影响区域场景，这也是温州城市书房一系列标准、立法出现的理论基础。

2. SWOT 分析：社会力量参与公共阅读空间建设战略

公共阅读空间是由政府或企业、社会组织、个人在社区独办或合办，主要通过文献资源为公众提供知识服务的公益性开放场所。党的十八大以来，随着公共文化服务体系建设的不断推进和全民阅读活动的深入开展，公共阅读空间如雨后春笋般在我国许多城市遍地开花，温州城市书房就是典型代表之一。社会力量作为一股重要力量积极参与公共阅读空间建设，在我国公共文化服务体系建设中发挥着重要作用，但也存在一些问题亟待解决。SWOT 分析围绕组织内部和外部环境进行分析，列举研究对象的优势和劣势、机遇和挑战，将各因素依照矩阵形式排列并相互匹配，经过系统思维的综合概括，制订合适的发展策略。

3. 社会力量参与公共阅读空间建设分析

① 优势因素（Strengths）分析：实现社会优质资源整合；丰富公共文化产

品供给。② 劣势因素(Weaknesses)分析：专业人员能力不足；公益性质成色不足；阅读区定位不清；缺乏持续的资金投入。③ 机遇因素(Opportunities)分析：国家政策支持；公众追求优雅阅读环境需求不断增长；社交化的空间需求。④ 威胁因素(Threats)分析：准入条件不够明确；政府主导作用不足；依赖政策，发展机制先天不足。

4. 社会力量参与公共阅读空间建设战略重点与发展方向

① SO 维持战略：积极探索政府和社会资本合作新模式，通过吸引企业、读者协会、志愿者团体等社会力量参与公共阅读空间建设，开创公共文化服务领域政府与社会资本合作新模式，打破长期以来公共文化服务设施由政府全部供给的局面。引入社会力量，探索公共阅读空间投资、建设、管理分离模式，促进政府向服务型机构转变。② WO 强化战略：对接行业协会，提高专业人员技能；充分利用政府购买服务，打造特色鲜明的公共阅读空间。③ ST 防御战略：转变政府职能，出台社会力量参与公共阅读空间建设准入机制；社会力量积极参与公共阅读空间建设相关文件制订。④ WT 避险战略：政府以购买服务为抓手，确保公共阅读空间以公益性为主、经营性为辅；推动公共阅读空间成为公共图书馆分馆。

温州城市书房的建设发展很好地诠释了场景理论和社会力量参与公共文化空间建设的 SWOT 分析，是这两大理论研究成果的生动实践。

(三) 现实基础支撑

自 2014 年首家 24 小时自助图书馆诞生，到 2023 年共建成 160 家城市书房，城市书房迅速全面融入了温州市民的精神生活，升级为一种城市文化现象，吸引全国各地公共文化考察团，《人民日报》《光明日报》《中国文化报》以及中央电视台"焦点访谈""朝闻天下"等媒体纷纷专题特别报道。2021 年，温州荣获全国首个"全民阅读示范城"荣誉，2023 年，由温州市委宣传部与中国作协社会联络部共同主办的"央地共建全民阅读城市"入选 2022—2023 年全民阅读优秀项目，是国内全民阅读领域的最高荣誉，这也是浙江省首次获得该荣誉。据不完全统计，截至 2021 年，全国已先后有 29 个省、市的 200 多座城市学习复制，114 个城市的 1600 多个城市书房加入全国城市书房合作共享机制大联盟。

二、温州城市书房建设的五个基础

（一）"民营经济看温州"奠定经济基础

温州是中国著名的民营经济之城。改革开放以来，温州开创了一种独特模式，就是举世瞩目的"温州模式"，率先进行市场取向改革，立足民力、依靠民资、发展民营、注重民富、实现民享，创造了生机勃勃的"温州模式"，竖起了一座时代标杆，就是"民营经济看温州"。2018 年 6 月，中国社会科学院和经济日报社发布《中国城市竞争力报告》，对中国 294 个城市 2017 年综合经济竞争力进行研究，温州市是国内 40 个经济发展最成功的城市之一。在 2023 年第一财经研究院最新公布的"城市商业魅力排行榜"中，温州晋级为全国十强地级市，经济实力评估排名第七。"民营经济看温州"成为温州的金名片，民营经济的蓬勃发展为社会力量广泛参与城市书房建设奠定了雄厚的经济基础。

（二）"砥砺奋进、敢为人先"的精神引领

温州地处浙江省东南部，西部为山区，中部多丘陵地带，东部是沿海平原和滩涂，全境资源贫乏、良田稀缺、交通闭塞，人多地少，一方水土难以养活一方人，所以，在温州崛起一个特殊群体，就是独步天下的"温商群体"，以全民经商、全民创业为特色，砥砺奋进、不竭奋斗谋求生存和富裕。几年前，社会娱乐化风气较为严重，年轻人迷恋游戏、追逐泡沫，这种现象在温州引起了深深的忧虑甚至莫名恐慌，在艰苦奋斗中生存的广大企业家或创业者忧虑娱乐化的下一代能否扛起家族企业发展的重任，恐慌民营经济因为城市品质在娱乐进程中的不断劣化而走上持续下滑的"不归路"。正是这种忧患意识，加之"敢为人先、永不言败"的温州人精神，促使处在温州这座民营经济之城文化深层的温州图书馆，及时察觉时代大势、城市脉搏和民众心声，秉承"书香传家久，诗书继世长"的理念，在地方党委和政府的大力支持下，发挥公共图书馆的超强定力，及时创新推出"城市书房""百姓书屋"建设，力挽社会娱乐化的狂澜，引导民众从娱乐的"下坡路"转向"向上向善"的全民阅读，快速有效地引领温州这座城市成功回归"崇文重教"的优良传统，引导民营经济的可持续发展。

（三）四张文化金名片彰显文化底蕴

温州是浙江省区域中心城市之一，下辖 4 区 3 市 5 县，184 个乡镇（街道），3649 个行政村（社区），常住人口 930 万。温州是中国改革之初全国首批 14 个沿海开放城市之一，是中国山水诗和南戏的发祥地，有"戏曲故里、歌舞之都、书画名城、百工之乡"4 张文化金名片。温州商气浓文气更浓，历届温州市委市政府坚持走"文化立市""文化强市"道路，2021 年，《中共温州市委关于激扬新时代温州人精神 高水平推进文化温州建设的决定》为温州加快打造与社会主义现代化先行市、高质量发展建设共同富裕示范区市域样板相适应的新时代文化高地描绘了一条清晰路径：到 2025 年，构筑瓯越文脉薪火相传、千年古城魅力四射、文化地标不断涌现、瓯江山水诗路高标建设的传统文化生态圈；构筑文明素养全面提升、创业创新活力迸发、城市品格不断彰显、东亚文化之都享誉内外的城市文化生态圈；构筑文化经济深度融合、文化供给日臻完善、文化创意引领风尚、数字温州加速崛起的数字文化生态圈。城市书房的建设就是文化自信的成果。

（四）治理结构改革创新法人架构

文化事业单位建立法人治理结构，推动公共图书馆、博物馆、文化馆、科技馆等组建理事会，是党的十八届三中全会部署的构建现代公共文化服务体系的重点任务之一，也是深化文化事业单位改革，创新文化管理体制机制的重要途径之一。温州市图书馆根据文化部、省文化厅要求，于 2014 年 2 月开始法人治理结构试点改革，同年 6 月组建成立第一届理事会，10 月入选文化部试点单位，2017 年 11 月组建第二届理事会。开展试点工作三年多，取得了显著成效，产生了广泛影响。2017 年入镜大型政论专题片《将改革进行到底》，入选《砥砺奋进的五年》大型成就展。2017 年七部委制订出台的《关于深入推进公共文化机构法人治理结构改革的实施方案》凝结了温州市图书馆的法人治理结构改革经验。成立理事会是法人治理结构的核心工作，而理事成员是理事会组建的关键。温州市文广新局紧紧抓住这一核心工作，为确保理事参与主动性、来源广泛性和成员代表性，率全国之先，面向社会公开招募理事，最大限度地吸引各阶层代表加入理事队伍，形成了广泛影响。理事会 13 名成员中，主管局委派 1 名、市图书馆代表 2 名，其余 10 名均为社会代表。理事会成员中社会代表比重大,理事长又由社会知名企业家担任,充分体现了温州市图书馆接纳社会公众参与管理和接受社会监督的决心。改革后的理事会规范运行,大胆实践,广泛参与图书馆的建设和改革,激活了公共文化机构运行效能,推进了公共文化供给侧结构改革,为城市书房率先在温州建成提供了强有力的理事架构支撑。

（五）群众阅读热情提出核心诉求

不管何时,人民群众对阅读的需求从未停止,正是这种自动自发的精神需求催生了温州第一家城市书房的诞生。自温州市图书馆乔迁新址后,越来越多的读者反映晚上八点半闭馆过早,希望适当延长开放时间。温州市图书馆理事会经讨论,决定打造一间"不打烊"的市民自助图书馆。2014 年 4 月,温州市图书馆在县前头分馆馆舍基础上建设了首家馆外场馆型"24 小时自助图书馆",配置办证机、图书借还机、电子图书阅读机等设备。宽松舒适的环境,配以丰富的图书,迅速成为市民看书学习的理想场所,馆内常常座无虚席,引得多家本地媒体争相报道,纷纷冠以"深夜书房"的美誉,成为温州的文化新地标,自此,温州城市书房的发展一路高歌猛进引领全国。

三、温州城市书房建设六大意义

城市书房是新时代新型城乡公共文化空间的有效探索,创新构建了具有温州特色、可复制可推广的新型公共图书馆服务网络,是探索人民精神共富创新机制的生动实践。温州这座城市将因"城市书房""百姓书屋""城市书巴""全民阅读""城市书网"等显得更有人文温度。2022 年 12 月 21 日,在杭州市召开的2022 中国幸福城市论坛上,温州荣获"中国最具幸福感城市"称号,温州连续 4年获此殊荣。温州的幸福,是从千年而来、日益丰润的文化自信,温州的幸福,是民生最优享、共富可感知的美好生活。温州曾在"先富"上走在全国前列,如今正在"共富"上打造市域样板,让幸福成果惠及更多群众。

（一）构建"15 分钟阅读圈",打造共富新场景

城市书房作为智慧化图书馆,融合了纸质资源与数字资源,阅读服务与便民服务,是传统阅读阵地的现代延伸和有益补充。全天候开放、无人值守、低成本运营、多点布局,有效解决公共阅读服务"最后一公里"的问题,构建"15 分钟

阅读圈"。让公共阅读融入百姓生活,在家门口就能享受"市、区、镇、村"四级智慧图书网络的服务,满足人们日益多样的阅读习惯,引领市民百姓文化消费的新时尚。城市书房作为公共图书馆的有机体,还会定期举办一系列阅读推广活动,如亲子绘本、阅读沙龙、分享会等,给喜欢阅读的人创造了"抱团"读书分享的机会,既拓展延伸了图书馆主体的服务,又创设了知识共享、信息交流、文化互动的新空间,打造共富新场景。在空间环境上,城市书房不仅讲究装修得体、布置整洁、环境优雅,而且注重体现文化建筑的氛围特点,充满创意和个性化,提高了城市阅读品位,提升了城市文化品质。

(二)盘活社会资源,创新公共文化交流空间

在选址布局阶段,城市书房面向社会公开招募符合条件的企业、社区、社会团体申报建设,提供场地或承担书房的装修与日常维护。建设前期,城市书房面向社会广泛公开征集意见,参与环境设计与布置。其日常运营与管理,则整合公共文化单位、企业、社会团体、街道社区、志愿者等多方社会力量共同运行,实现服务效益最大化。城市书房建设从选址、设计、文献调拨到日常开放管理,整个过程都引入了社会力量的参与,盘活了社会文化资源,完善了 15 分钟品质文化生活圈建设。

(三)"1+X",提升总分馆特色空间

城市书房改变了"一城一馆"的图书馆建设布局,采取"1+X"的模式,以总馆带动若干个城市书房,构建了高效、便捷的都市公共图书馆服务体系和城市15 分钟品质文化生活圈。城市书房 24 小时全天候开放,突破了传统图书馆辐射范围和开馆时间的限制,节约了读者借阅图书的交通成本和时间成本,开辟了图书馆服务新模式,解决了公共文化服务的最后一公里,打造了一个永不闭馆的图书馆服务体系。城市书房满足了现代人的阅读消费需求,激发了全民阅读的热情,引导市民成为善读书、读好书、会读书之人,打造"书香温州",推动城市向更快更好的目标发展。

(四)协调发展,提升全民共享幸福指数

按照"15 分钟阅读圈"的要求,城市书房科学合理的选址布局,促使广大市

民能够普遍平等地享受图书馆的基本服务。城市书房建设的体量不大,采用网格化建设和嵌入式设计,突出多而精的特点。通过科学选址布点、社会力量参与合作管理等模式,打造市民身边的图书馆,为市民阅读提供极大便利,让"人人享有"图书馆变成现实,基本达到为全民提供普遍平等服务的目的,也让城市书房成为当前一些较大社区、企业等单位的"标配",极大地丰富市民的精神文化生活,提高他们的幸福指数,同时也提升了城市书房所在住宅区及周边地区的商业价值,体现了良好的社会经济价值。

（五）社会参与,变"要我建"为"我要建"

从前期的选址、征名、设计,到后期志愿者参与日常管理,每个环节都有社会力量参与与融入,堪称引进社会力量参与公共文化服务建设的典范,社会力量的引入也改变了公共文化服务体系建设由文化部门"唱独角戏"的局面。特别在城市书房建设方面,社会力量成为推进城市书房建设的主要力量,变"要我建"为"我要建",让全社会创造文化财富的源泉充分涌现。这种通过盘活社会资源,与社区、企事业单位众筹合作、多方共建的模式,整合了社会力量和社会资本参与公共文化服务体系的建设,有利于全市形成上下联动、社会共建,你中有我、我中有你的格局,构建更加广泛的文化利益共同体,既符合了图书馆社会化运作的趋势,使社会资本和力量充分参与图书馆建设、服务与管理,也是当前国家文化体制改革创新的必然要求。

（六）"城市书房＋",培育文旅新空间

在文旅融合的大背景下,温州城市书房以"城市书房＋"的模式,积极培育文旅新空间,如以世纪书房为代表的"城市书房＋非遗"、以钱塘世纪大酒店书房为代表的"城市书房＋酒店"、以三垟湿地书房为代表的"城市书房＋国学"、以中山公园书房为代表的"城市书房＋少儿"、以浙南云谷书房为代表的"城市书房＋书店"等模式,还有不同类型的个性化主题书房,如鹿城区清风社区建设的"温州俚语"主题书房;洞头区在垅头村建设的"渔灯文化"主题书房;乐清市在大荆镇建设的"石斛文化"主题书房;瑞安市在北麂乡建设的"海洋文化"主题书房;平阳县在青街畲族乡建设"畲乡文化"主题书房;泰顺县在南浦溪景区建设"耕读文化"主题书房;苍南县在矾山镇建设"矾矿文化"主题书房。这种"城市书房＋"或突出主题的城市书房，以"诗画山水、温润之州"的主题定位，深入挖掘温州特色文化元素，做强特色、做深内涵、做精品牌。置身其中，可阅读、可游览、可观赏、可休闲，可感受一座城市、一个地区的历史底蕴和风土人情，既是城市的文化灯塔，又是对外展示的城市窗口。

图 2-1   160 余家城市书房成为城市文化新标杆

四、温州城市书房的发展路径

（一）宣传造势，全民参与

2014 年，温州市的县前 24 小时自助图书馆、东瓯智库 24 小时自助图书馆、景山社区 24 小时自助图书馆相继对外开放，为了让 24 小时自助图书馆更具特色，打造品牌效应，2015 年 3 月 9 日，温州市图书馆面向社会为 24 小时自助图书馆征名，引起了社会的广泛关注，市民们踊跃参加，短期内便征集到 280 多个名称，其中"城市书房"脱颖而出。评委们认为"书房"能够带来家庭的温馨感，而"城市"是当下文化建设的关键词，且温州的 24 小时自助图书馆都设置在城区,"城市书房"很好地描绘了温州市 24 小时自助图书馆的特点,因此最终选定该名称作为温州 24 小时自助图书馆的正式名称。城市书房的选址也充分征求民意,公开热线电话,在图书馆主页专门设置"24 小时图书馆,建在哪里好?你来定!"栏目。在后期开展活动时,城市书房也会把握时机,创造全民参与的契机,如在疫情期间,精准把握"线上消费"井喷式爆发的契机,创新打造"阅读王者"等系列线上活动,在主流媒体开辟线上专栏,推介优秀出版物、普及阅读知识等,营造"多读书、读好书、好读书"的浓厚氛围。为迎接亚运会,温州城市书房联合上线"读"家玩法等活动,吸引众多市民参与。此类广泛引导市民参与其中的行为,无形中拉近了书房与市民的距离,让城市书房自然而然融入市民生活。

(二)合理布局,连锁运营

城市书房的设施布局直接影响服务效率,考虑到市民多元精神文化需求,温州城市书房建设充分考虑人口聚集、交通便利、服务半径、周边环境等因素,一般选择在 5 万人口以上的街道社区、交通便利、环境相对安静、市政配套设施良好、附近拥有派出所或保安亭的场所,且位置必须是面向街道的底楼。在确定选址及合作方后,签订 3—5 年的合作协议,规定双方的责任和义务。同时,将其纳入图书馆总分馆体系,进行统一管理、"连锁"运营,与温州市公共图书馆实行数字资源一网通、文献借阅一卡通、借还一站通服务。图书物流经费则由温州市图书馆承担,并发挥总馆技术优势统一进行平台建设,确保各级城市书房有稳定充足的阅读资源。

(三)无人值守,有人管理

温州的城市书房实行"无人值守,有人管理"的运营模式,不配备专门工作人员,采取向相邻单位借用保安等方式,利用合作单位的人力资源对书房进行巡查。而城市书房日常的维护主要依靠志愿者,随着温州城市书房的建设,城市书房无人管理和自助服务的模式,也激发了市民自我管理服务的意识,吸引了越来越多的志愿者加入城市书房建设和管理行列。温州城市书房志愿者服务队成立于 2015 年,通过引进社会志愿力量实现常态化、规范化管理,主要为城市书房读者提供图书上架、阅读推广、读者咨询等服务。目前共有注册志愿者 3434 人,志愿服务团体 300 余支,包括南塘"妈妈团""向阳树"文化志愿者团队、文明使者小海豚等志愿服务队。制定《城市书房志愿者服务管理规范》突出激励,对志愿者进行规范管理,并推出激励政策,激发志愿者的积极性。在设备配备方面,由于城市书房属于无人值守的公共空间,自动化的信息技术成为管理工作的支撑。随着网点日益增多,温州市图书馆对各服务网点的管理问题逐渐显现,如设备运转状态监测、网点设备维护、网点读者行为管理等。为此,温州市图书馆引入了 RFID(射频识别)中央管理平台,采用监控分散、操作和管理集中的基本设计思路,以及多层分级、合作自治的结构形式,实现每一自助服务终端设备监控、管理、业务统计等工作。各城市书房的监控设备,均直接连接温州市图书馆监控室,由保安进行 24 小时监控,可以及时发现和处理突发事件。

(四)三方合力,强化保障

在城市书房规划建设方面,温州市政府以多主体对接多元化,多系列满足多样化,多选项适应多变化,政府主导、专业管理、全社会参与,形成公共文化服务"共建、共享、共赢"良好局面。① 以政府主导强化制度保障:温州出台《城市书房建设和管理办法》《温州城市书房补助办法》《温州市全民阅读促进条例》等,将城市书房纳入市、县基本公共文化服务标准,保障财政投入,2022 年 1 月1 日,《温州市全民阅读促进条例》正式实施,全民阅读的氛围带动城市书房的建设;② 以标准化管理强化服务保障:制定《城市书房服务规范》,将符合条件的新型公共文化空间纳入图书馆总分馆体系,实现标准化专业管理,统一标识设计、统一服务规范、统一资源调配、统一考核管理。建立城市书房物联网系统,纳入全市文旅产业经济运行监测体系实现要素配置效率最优化;③ 社会参与注入发展活力:温州出台《关于深化鼓励和引导社会力量参与公共文化服务的实施意见》,广泛吸纳社会力量深度参与建设与管理城市书房,向社会征集意见并招募志愿设计师,采纳各种节能、高效、便民以及有创意的想法和设计思路,凝聚社会集体智慧力量。众人拾柴增亮文化之光,社会力量的广泛参与更为公共文化建设注入源源活力。在温州,90%以上的城市书房由社会力量无偿提供场地、参与运行管理,改变了以往由文化部门单独管理的格局。

**图 2-2 2022 年 1 月 1 日晚,多处地标性大楼同步亮屏祝贺
《温州市全民阅读促进条例》正式实施**

（五）星级评定,注重考核

温州城市书房在建设与运营维护中采取了建章立制、加强绩效管理以及健全激励机制等措施,并实行了严格的考核制度,将一些考核不合格,群众意见较多的城市书房淘汰出局。比如东瓯智库城市书房由于管理不善等原因多次被读者投诉,在 2018 年 6 月合同到期后,温州市图书馆撤销了该城市书房;行政中心城市书房也因与服务规范不符等原因,改成了直属分馆。有了这种淘汰机制,城市书房的管理更加规范。2020 年,《温州市城市书房扶持补助办法》出台,《办法》规定,针对运行满一年的城市书房根据指标每年对服务效能进行考核,评定出三星、四星、五星三个等级,根据不同等级给予 4 万元至 6 万元的补助,考核未达到三星等级的城市书房不予补助。科学合理的考核机制,保障城市书房的长效健康运行。

（六）市县联动,做强品牌

温州城市书房的培育发展与全城"书香氤氲满城芳"的氛围相得益彰,温州市积极打造读书品牌,涵育阅读风尚,让全社会都参与到阅读中来,形成爱读书、读好书、善读书的浓厚氛围。城市书房灵活整合温州各公共图书馆的各类阅读推广活动,吸引温州读书会联盟组织 100 余家会员定期开展文化交流活动,面向社会提供场所预约服务,让更多积极健康的文化活动进驻,致力成为融静态学习与动态交流于一体的"活"的文化空间。温州市还持之以恒举办阅读节。连续十几年举办为期 4 个月的"书香社会,阅读温州"全民阅读节,通过市、县、镇、村四级联动,开展"书香文化礼堂""书香家庭""小手牵大手,爱读一起来"等系列活动,形成全民狂欢爱阅读的态势。按年龄段分类推进阅读活动,针对少儿群体,推行"乡村阅读护苗行动",邀请百位本地专家学者、名师组成巡讲团,策划"籀园讲坛""真人图书馆"等系列主题讲座,培育儿童阅读兴趣。针对老年群体,开展"读书人不老"老年人阅读服务活动,挑选百种大字书和百种鼓词唱片。通过举办各类不同品牌的活动,为市民打造高质量的阅读盛宴。

(七)阅读之城,聚力推广

为了推动全民阅读,温州市广泛吸纳社会力量参与公共阅读服务体系建设,以市图书馆为主阵地,成立温州读书会联盟,重点打造"百家读书会、全城齐联动"主题品牌,开展"把书读出来""众·阅读""易·阅读""享·阅读""籀园品书会"等六大活动,在各行各业推广阅读,吸引更多人找到阅读组织、发现阅读乐趣。很多城市书房以线下活动扩大影响力,定期举办好书推荐、导读品读活动,吸引群众广泛参与。同时,以线上服务扩大覆盖面,阵地活动同步开通网络直播,实行站点"圈粉"行动,通过线上线下互动和站点区域联动,每个场馆开辟了二元活动空间,达到全民参与的阅读效果。2021 年,温州被评为全国首个"全民阅读示范城";2022 年,温州再获全国"全民阅读推广城市";2023 年,温州"央地共建全民阅读城市项目"上榜全国全民阅读优秀推介项目。阅读与城市的双向奔赴,把城市书房推上新高度。

(八)编织书网,创新服务

"城市书网"公共图书馆现代服务模式是以城市书房、城市书站、城市书巴、城市知网"三城一网"建设为主体的现代新型城市图书馆服务体系。为了补齐乡村文化短板,2013 年,温州市图书馆组建了 8 辆"汽车图书馆",每辆车配备图书 2000 余册,集图书借阅、文化传播、社会教育等功能于一体,通过定点定时的"公交路线式"服务和灵活机动的"定制路线式"服务模式,书巴开到家门口、学校内、工厂里、小村口,为乡村(社区)、学校、企业等基层服务网点,提供优质图书资源,满足偏远地区人群的阅读需求。"不方便去图书馆、城市书房的人群,是'流动书巴'必须关照的群体,也是'流动书巴'不断奔跑的使命。"而近几年迅速增长的城市书房、城市书吧等新型阅读空间让市民在转角就能遇到书香。从 2015 年开始,温州又开始布局农家书屋的建设,2017 年,温州首家农村版城市书房——永嘉县岩头百姓书屋正式开放。农家书屋作为城市书房的"下沉版",受到乡村民众欢迎,甚至成为吸引年轻人返乡参与家乡建设的文化地标。如今,80 余家百姓书屋在农村地区延伸,普惠共享、优质均衡的高质量公共文化服务网正加快编织。疫情期间,由于城市书房、汽车图书馆暂停运行,考虑到市民的阅读、借书需求,温州市图书馆还推出"书香门递"服务,"书香门递"是利用"互联网+"思维将线上选书与线下物流配送相结合,创建网上借阅平

图 2-3 作为城市书房"下沉版"的百姓书屋正不断发展

台,通过"线上点单、线下配送"的方式,让市民无需往返公共图书馆就可以享受图书快递到家的便捷,并且可以在市区任何一家城市书房进行线下归还,开发了图书馆借阅新模式。三城一网、农家书屋、书香门递,有效破解了公共文化服务不均衡不充分发展的难题,形成了公共文化服务的"温州模式"和温州经验。

（九）数智赋能,智慧书房

温州城市书房的建设最开始是为了通过延时开放满足市民阅读需求,最初目的达成之后,继续提升品质,打造"城市书房＋"和主题书房,为市民提供更多元化的新型阅读空间,同时促进了文旅融合。随着数字时代的发展,温州城市书房也越来越注重智慧化。近期,温州市图书馆全新上线了"智慧城市书房"数字化改革项目,全面覆盖135家城市书房,为市民提供崭新的知识共享、信息交流、互动阅读的人文空间。该应用引入了元宇宙空间,打造了一个基于数字孪生精准映射的城市书房虚拟空间,可为读者提供虚拟漫游、真人互动、VR导航、VR带看、沉浸阅读、VR活动等线上虚拟服务,不仅可以打破时空限制,与读者之间搭建更加高效、便捷的沟通桥梁,也弥补了城市书房线下开放在时间地域上的限制,让更多读者随时随地"走进"城市书房,享受便捷高效的阅读服务。

（十）共享机制,辐射全国

温州于2020年9月成立了面向全国的城市书房合作共享机制,该共享机制将全国各地城市书房的先进经验和做法汇集起来,传播开去,建设城市书房的地区不仅能从这个共享机制中找思路,还能找方案,该共享机制就像一个百科全书式的城市书房建设数据库,大到顶层设计,小到材料图纸,都能寻到满意的答案。据不完全统计,全国先后有29个省、市的200多座城市学习复制,114个城市1600多个城市书房加入了全国城市书房合作共享机制大联盟。

第三章　杭州市萧山区"文化管家"模式

一、萧山"文化管家"实施背景

（一）国家层面社会力量参与公共文化服务供给基本形式

公共文化服务作为政府职能体系的重要组成部分，其本质是一项建立在公民文化权利话语体系下，以满足公民公共文化需求为目标的具有中国特色的政府公共服务内容。计划经济时代，政府部门遵循"文化统治"逻辑，将政治意识形态的建构为主要目标，通过行政体系及其下属的事业单位长期垄断着各类公共文化服务的供给。习近平总书记在党的十九大报告中提出，要持续深入推动文化事业和文化产业的发展，满足人民过上美好生活的新期待；要深化文化体制改革，完善文化管理体制，加快构建把社会效益放在首位、社会效益和经济效益相统一的体制机制；要完善公共文化服务体系，深入实施文化惠民工程，丰富群众性文化活动。国家"十三五"规划中也明确指出："要深化文化体制改革，实施重大文化工程，完善公共文化服务体系、文化产业体系、文化市场体系，推动基本公共文化服务标准化、均等化发展，创新公共文化服务方式，保障人民基本文化权益"。传统公共文化服务主要是由文化主管部门提供的，社会力量处于从属的、补充性的地位。随着经济社会的发展，社会力量在公共文化服务中发挥的作用越来越大。

2002 年，党的十六大报告明确指出"积极发展文化事业和文化产业""国家支持和保障文化公益事业，并鼓励它们增强自身发展活力""健全文化市场体系，完善文化市场管理机制，为繁荣社会主义文化创造良好的社会环境"。2005年，十六届五中全会通过《中共中央关于制定国民经济和社会发展第十一个五年规划的建议》，首次明确提出"加大政府对文化事业的投入，逐步形成覆盖社会的比较完备的公共文化服务体系"。2006 年，中共中央办公厅、国务院办公厅印发的《国家"十一五"时期文化发展规划纲要》明确指出"支持民办公益性文化机构的发展……积极引导社会力量提供公共文化服务"。2007年,党的十七大报告中进一步指出,"深化文化体制改革,完善扶持公益性文化事业、发展文化产业、鼓励文化创新的政策,营造有利于出精品、出人才、出效益的环境"。2013年,党的十八届三中全会明确指出,"鼓励社会力量、社会资本参与公共文化服务体系建设"。2015年,党的十八届三中全会审议通过的《关于加快构建现代公共文化服务体系的意见》指出"引入市场机制,激发各类社会主体参与公共文化服务的积极性,提供多样化的产品和服务,增强发展活力,积极培育和引导群众文化消费需求"。同年,国务院办公厅转发《关于做好政府向社会力量购买公共文化服务工作意见的通知》,再次提出加快政府职能转变,推进政府向社会力量购买公共文化服务。2017年3月1日起实施的《中华人民共和国公共文化服务保障法》则从法律层面肯定了社会力量在公共文化服务中的重要作用。

随着职能的转变,政府角色逐渐由"办文化"向"管文化"转换。社会力量开始参与公共文化服务供给,供给主体呈现多元化趋势,公共文化服务供给效率提升。

(二)浙江省"政府主导、社会共建"的公共文化服务体系初步建成

近年来,浙江省公共文化服务体系建设已初步形成"政府主导、多样供给、全民参与"的良好态势。各级文化行政管理部门在公共文化服务社会力量参与机制上进行了有益的探索,通过统筹"放"与"管",着力做好简政放权和加强监管,公共文化服务供给方式从系统"内循环"逐步迈向社会"大循环",有效实现了从"办文化"向"管文化"的职能转变,为全面构建浙江现代公共文化服务体系提供了生动样本和有益借鉴。

各级文化主管部门依托浙江民营经济快速发展的优势,从公共文化设施建设和运营管理、公共文化活动、公共文化服务等方面入手,探索建立社会力量参与公共文化服务补偿机制,形成了较为完善且具操作性的政策支撑体系。比如杭州市先后制定印发了《杭州市政府办公厅关于政府向社会力量购买服务的指导意见》《关于引导和鼓励社会力量兴办公共文化的实施办法》等文件,通过对场地设施、产品服务和人才队伍建设等方面的奖励扶持,来保障社会力量投入公共文化服务。宁波市制定了《全民艺术普及社会化运行方案》,对全民艺术普及社会化运

行进行了详细部署。嘉兴市出台了《"文化有约"项目资金管理暂行办法》,针对展览、讲座、培训、演出、提供场地、主题活动六类文化活动,根据参与人数、活动地点、活动形式,对公益性文化场馆采用经费补助,对社会力量实施"以奖代补"……通过一系列政策、文件的出台,吸引了众多社会力量积极参与公共文化建设,有效促进了文化市场的繁荣。同时,引入竞争机制,积极培育非营利性文化组织,不断丰富文化产品数量和服务类型,有效推动了公共文化服务社会化发展。

此外,浙江省大力推行公共文化服务和产品社会化运作,吸引了大量民间文艺团体、文化企业等社会力量共同参与公共文化产品和服务的供给,打破了长期以来公共文化服务和产品供给由政府垄断的局面,公共文化产品和服务供给主体变得更加多元,公共文化发展活力进一步增强。比如杭州推出"你点我演"模式,将送戏下乡、文化进社区、公益演出等公共文化服务项目面向社会公开采购,具备提供文艺演出能力的事业单位、民间剧团和社会文艺团体都可以报名参加投标。宁波探索公共文化设施"所有权"和"经营权"分离的市场经营管理模式,对已建成的文化艺术中心、体育馆等公共文化设施以面向全国公开招标的方式进行委托经营管理。舟山运用网络创新政府向社会力量购买公共文化服务的方式,推出"淘文化网"公共文化产品和服务社会化运作平台,将群众评价差的项目定期"清退",保证政府资金投入的精准性。

受传统体制影响,文化行政管理部门对公共文化服务大包大揽,这在一定程度上压制了文化企业活力,挤占了社会组织发展空间。近年来,浙江省各级文化主管部门积极引入竞争机制,按照"公益性为主,市场化为辅"的原则,以联建、众筹、招募等方式,鼓励社会力量、社会资本参与公共文化服务体系建设,公共文化服务领域进一步拓展。比如杭州市拱墅区推出"联盟、联姻、联群"模式,携手构筑公共文化服务大平台,实现文化设施、信息、人才和产品的共享。温州市在"城市书房""文化驿站"建设上采用社会力量参与的方式,探索文化部门与政府、社会多方合作的建设模式。

二、"文化管家"的现实基础

(一)政府主导规范社会力量参与

《中华人民共和国公共文化服务保障法》明确由政府主导、社会力量参与,以满足公民基本文化需求为主要目的而提供的公共文化设施、文化产品、文化活动以及其他相关服务都属于公共文化服务。同时,明确提出国家鼓励和支持公民、法人和其他组织参与公共文化服务,并采取政府购买服务等措施,支持公民、法人和其他组织参与提供公共文化服务。因此,各级政府是实施公共文化的主体,但在方式上鼓励引入社会力量以提升效能。2015年,中共浙江省委办公厅、浙江省人民政府办公厅印发《关于加快构建现代公共文化服务体系的实施意见》,明确鼓励社会力量参与、培育和规范文化类社会组织、大力开展文化志愿服务。2016年初,浙江省人民政府办公厅转发省文化厅等四部门《关于政府向社会力量购买公共文体服务的实施意见》,明确要求创新公共文化服务提供方式,由政府面向社会购买公共文化服务。2017年杭州市人民政府办公厅印发《杭州市人民政府办公厅关于政府向社会力量购买服务的指导意见》。2019年年底杭州市财政局印发《杭州市政府向社会力量购买服务指导目录(2020版)》。2021年,浙江省文化和旅游厅印发《浙江省文化和旅游厅业务主管社会组织管理办法(试行)》,促进文化和旅游领域社会组织规范健康发展。这些政策为引导社会力量参与公共文化服务体系建设提供了坚实保障。文化管家这一服务模式,本质上是用市场思维进行文化内容和服务的供给侧改革,就是政府出钱聘请专业的文化团队,点对点为乡村提供文化服务,从而把优质文化资源更多引入基层。经过几年努力,"文化管家"模式已充分得到杭州市、浙江省的认可,进行广泛宣传推广。杭州出台了《关于推进农村文化礼堂"文化管家"社会化服务的意见》,同时也被写入《浙江高质量发展建设共同富裕示范区实施方案(2021—2025年)》。

(二)结合实际量身引入社会力量

2018年初,萧山区申报的"引导社会多元投入,提升公共文化服务效能"项目被列入第四批国家级公共文化服务体系示范项目创建名单。2019年12月6日,浙江省杭州市萧山区"文化管家"项目正式签约,萧山区文旅局计划每年投入500万元采购"文化管家"服务,持续提升萧山区公共文化服务整体水平。为有效推进创建工作,全力打造公共文化服务领域社会多元投入机制的"萧山样本",经国家公共文化服务体系建设专家领导小组的现场调研指导,萧山区文旅局和区内专业文艺团队新青年歌舞团股份有限公司合作探索"文化管家"试点,先后在戴村镇、河上镇、闻堰街道进行试点,为他们提供宣传教育、阵地服务、团队建设、辅导培训、活动开展等一揽子公共文化服务。从 2018 年的试点探索，到 2019 年的全区推广，再到 2022 年的全域化推进，"文化管家"项目与文化馆总分馆机制相融合，助力镇（街道）、村（社区）组建文化团队 973 支，开展各类活动 3320 余场，挖掘打造特色文化品牌 30 余项，线上线下累计艺术培训超 10000 课时，服务群众近 450 万人次。有效破解了基层文化专业人才和资源的缺乏、文化设施利用率不高、群众参与度低等基层公共文化服务共性问题，把文化管家模式向村（社区）延伸，形成机动灵活、效能突出的上下联动公共文化服务，大大提升了萧山区公共文化服务的全面保障力度，使公共文化服务示范创建和规范化建设实现了有机统一。从一个区出发，文化管家服务模式逐渐被推广到全省各地。以杭州为例，2022 年，杭州各区（县、市）农村文化礼堂入驻文化管家 409 名，共投入资金 2497 万元，举办辅导培训等活动 7314 场次，参与群众 213 万人次，同比增长 291%。全面推广和不断完善"文化管家"运行模式，让这些花大力气建成的文化设施有效地用起来、活起来、火起来，并且使其供给的文化活动更丰富、更有内涵和品质，满足人民群众对美好生活的需求，"文化管家"无疑是非常有效的解决途径。同时，"文化管家"在推动基层公共文化服务，以文化助力乡村振兴、助推乡村治理体系建设也是大有可为。

（三）财政托底保障高效运行

政府购买公共文化服务、购买公共文化设施管理与运营，将国有资源委托给民营机构运营。政府拥有场地、资金、硬件等多种资源的所有权，民营机构作为文化管家负责服务点的日常运营工作。为了确保社会力量高效运行，财政自己的支持必不可少。2019 年年底，萧山区文旅局与管家公司正式签订协议，投入 500 万元采购"文化管家"服务。往后每年投入 500 万元，通过文化馆总分馆体系向镇、街道派送专业人员和服务，社会文化机构每年为每个乡镇提供 80 课时文化培训课，并为每个乡镇建立起三团三社（即艺术团、民乐团、合唱团、摄影社、文学社、书画社）六支队伍。

三、"文化管家"职能与运行机构设置

（一）"文化管家"运行机构设置

"文化管家"既是从事文化服务的社会机构的代名词，也是具体委派到基层

的文化服务专业人员的专称。"文化管家"主要分为机构类文化管家和个人类文化管家。

1. 机构类"文化管家"

承接"文化管家"服务的机构类主体是指具备公共文化服务提供和管理能力,依法在登记管理部门登记或经国务院批准免予登记的社会组织和符合条件的事业单位,以及依法在工商管理或行业主管部门登记成立的企业、机构等社会力量。

具体包括:① 依法成立的并且具备提供综合性公共文化服务能力的文化类企业;② 民办非企业单位;③ 社会团体;④ 公益二类和从事生产经营活动的事业单位;⑤ 农村集体经济组织和基层群众性自治组织。

2. 个人类"文化管家"

个人类"文化管家"分为"专职文化管家"和"社会文化管家"两类。个人类"文化管家"主要包括:① "文化管家"承接机构聘用的专职工作人员;② 委托主体聘用的以个人身份担任"文化管家"工作的专职或兼职人员;③ 有意愿成为"文化管家"的文化爱好者。

(二)"文化管家"职能设置

1. 机构类"文化管家"服务内容

机构类"文化管家"需协助服务场馆保证开放时间,落实公示标识、场馆环境、安全管理等相关规范。配备专职或兼职"文化管家"服务人员,组织展览展示、文体活动、文艺演出、群众文艺活动指导、文化教育培训、全民阅读推广等公益性活动,具体可包括:

(1)场馆运营。

① 根据购买方要求每周开放固定时长,因故无法开放,提前7日发布公告。

② 落实公共文化设施户外公示标识。在户外明显处悬挂机构牌匾、标识和开放时间,并在设施周边以及服务辐射半径末端处设置引导标识,为群众提供路径指引。

③ 在运营设施室内显著位置张贴设施各功能室(区)分布图、开放时间、规章制度、活动安排、工作人员名录、无线网络登录方式、群众意见反馈手册和咨

询监督电话等。

④ 保持设施空气流通、温度适宜、采光照明良好、环境整洁卫生,定期对设施设备进行消毒。

⑤ 建立安全管理制度,健全紧急预案和安保措施。确保消防设施良好、通道畅通、标识清晰完整。

（2）服务项目。

主要围绕展览展示、文体活动、文艺演出、群众文艺活动指导、文化教育培训、全民阅读推广等公益性活动,具体包括：

① 贯彻落实党的方针、政策,对居民进行时政宣传教育。

② 结合群众需求,开展公益演出,组织演员为每乡镇(街道)提供高水平的公益性文化演出。

③ 培植"三团三社",由具有专业水平与资质的教师对群众文化团队进行业务指导。

④ 提供基础性文化艺术知识普及培训服务,如舞蹈、声乐、器乐、曲艺等。

⑤ 满足群众文化需求,利用多功能厅、小剧场开展文艺排练和演出等活动。鼓励群众开展文化创作活动,开展群众性文化作品创作与传播。

⑥ 针对居民常年开展各类读书活动及知识讲座。开展盲人阅读指导、专家讲座、读书分享会、名师讲堂、教育培训等活动。

⑦ 利用重要节日,开展以群众参与为主的文化活动,举办以民俗文化为主体的表演、展览等活动。

⑧ 组织非物质文化遗产的保护与传承,挖掘区域非遗文化资源,进行非遗巡展。

⑨ 充分利用设施平台,积极发掘和培育辖区文化志愿者,鼓励引导文化志愿者参与公共文化服务,培育文化志愿服务品牌。

⑩ 采集基层公共文化服务相关数据信息,提供数字化公共文化服务内容;配合做好"文化管家"数字平台使用、填报与宣传推广工作。

⑪ 提供其他"大文化"口径服务：如旅游公共服务、全民体育健身服务、全民科普服务、全民美育服务等。

⑫ 提供其他相关便民服务：广播电视收听观看、无线 wifi 网络,并提供存包、饮用水、雨伞租借、失物招领等服务。

（3）人员配备。

① 承接单位应保障每个乡镇（街道）配置 1 名专职"文化管家"服务人员，每个村（社区）配置 1 名专职或兼职"文化管家"服务人员。

② 承接单位须按要求认真做好工作人员选聘方案和管理机制，选聘人员须经过街道审核通过后准予上岗。承接方按国家规定与选聘工作人员签订规范的劳动合同，执行社保缴纳等相关规定，保障劳动者权益。

③ 承接单位的工作人员按时免费开放文化设施，维护运营秩序，为群众提供基本公共文化服务，组织开展群众文化需求调查和满意度评价统计工作，及时上报各类文化活动信息、基础数据、统计报表，按要求做好工作档案等。

④ 承接单位的工作人员负责日常设施设备使用操作和管理维护，并掌握基本的卫生急救技能和安全应急知识，遇突发情况，应及时启动应急预案，确保设施安全、人身安全。

⑤ 承接单位的工作人员在岗服务应主动热情，微笑服务，使用普通话，用语文明。佩戴的工作证上须标明姓名和监督电话。

（4）创新示范。

① 协助乡镇（街道）、村（社区）挖掘、培育、创建富有影响力的特色文化品牌，打造"一镇一品"。

② 积极探索基层公共文化服务内容、模式的创新、创优，并有相关成果。

③ 协助乡镇（街道）、村（社区）挖掘、培育、创建富有影响力的文化艺术精品创作，至少完成每个乡镇（街道）一个精品原创节目。

④ 协助挖掘、打造新型公共文化空间。

2. 个人类"文化管家"服务内容

个人类"文化管家"由"文化管家"承接机构聘用的专职工作人员和委托主体聘用的以个人身份担任"文化管家"工作的专职或兼职人员组成。

个人类"文化管家"服务内容具体包括：

① 积极协助所在镇街和村社策划组织各类文化活动。

② 协助各镇街和村社建立健全基层公共文化场馆开放制度、设施管理制度、人员服务制度等，督促场馆正常开放。

③ 充分挖掘当地文化人才，抓好"三团三社"等文化队伍建设，协助镇街和村社因地制宜建立文化团队。

④ 积极开展舞蹈、音乐、书法、美术及其他各类艺术培训。

⑤ 注重收集素材,联系实际创作群众喜闻乐见的文艺作品,参与各类群众文化演出和比赛。

⑥ 协助镇街和村社创作和排练富有影响力的文化艺术精品。

⑦ 参与对当地特色文化资源的挖掘、整理、研究和保护。

⑧ 协助调查研究工作,积极撰写理论调研文章与宣传信息。

⑨ 协助挖掘、打造新型公共文化空间。

⑩ 采集基层公共文化服务相关数据信息,提供数字化公共文化服务内容。

⑪ 配合做好"文化管家"数字平台的使用、填报与宣传推广工作。

⑫ 完成委托方交办的其他相关任务。

四、萧山"文化管家"服务效能分析

(一)唤醒基层文化内生动力

一个"管家"背后,是一个集创新、融合、协同和共享于一体的"师资中央厨房",多达 300 余名优质师资,服务萧山 23 个乡镇(街道),由此促成一种紧密型的供求合作。这无疑唤醒了基层蓬勃的内生文化需求,并撬动基层文化消费需求。2018 年底从戴村镇、义桥等 3 个镇街试点文化管家开始,文化管家项目实施 4 年以来,共助力镇、村组建文化团队 643 支,开展各类活动 470 余场,挖掘打造特色文化品牌近 20 项,线上线下累计艺术培训超 12000 小时,服务群众 55 万人次。目前,萧山区"文化管家"已形成区、镇街、村社、团队、个人五级采购,而区、镇街层面的采购项目绝大多数又下沉到村一级,由此不断激活乡村的文化活力,真正形成了"镇镇有文化管家、村村文化有人管"的基层公共文化服务新态势。

(二)孵化培植多级市场主体

萧山区不断引进和培育各类市场主体,鼓励更多社会力量参与提供基层公共文化服务。通过"优胜劣汰""激励机制"营造市场主体良性竞争环境,提高市场主体服务能力。自项目实施初期,文化管家项目服务只由最忆文化有限公司 1 家市场主体承接。2023 年,为满足群众多元文化需求,萧山区通过公开招标,在原有一家服务主体的基础上,引进 2 家新的市场主体。除此之外,在镇街、村社自行采购中，又增添了 7 家市场主体为基层提供公共文化服务，市场由此呈现多元化发展趋势，为项目的下一步发展与创新注入新的生机与活力。同时，萧山区对已引进市场主体加强培育工作，助力市场主体提供精准优质服务，从而在推进市场主体多元化的同时，保障文化服务质量，保证市场良性竞争，拓宽未来项目全域推广的阳光大道。

（三）推动传统文化传承创新

文化管家服务把发掘当地的文化内涵作为重要任务，从自身工作职能出发，利用自身优势特长，助力"一镇一品"文化品牌以群众喜闻乐见、广泛参与的形式表现出来，赋予镇街文化品牌新的生机和活力。如南阳街道根据省级非遗"钱江观潮"为主题编创的舞蹈节目《渔娘》登上央视屏幕；蜀山街道深入挖掘"贺知章文化"，举办贺知章动漫形象征集大赛、回乡偶书剪纸等各类活动，扩大了"知章故里"的品牌影响力。

（四）持续丰富优质文旅产品供给

高品质的文旅消费内容更需要文化的"塑魂"，积极谋划好"转化""活化"项目，推进"文物＋旅游""非遗＋旅游"融合发展，推出"跟着考古去旅游"等活动，打造文脉传承、文博之旅主题游线。如河上镇强村公司"乡戏进城"项目让农村优质的传统文化展示平台更加畅通；元宵节期间，国家级非遗项目河上龙灯胜会应邀加入城区巡游。

（五）不断提升品牌 IP 知名度

随着品牌的深入挖掘，涌现出越来越多的精品节目，萧山区有四个群文节目——《宋韵蹴鞠》《奶奶篮球》《河上龙灯胜会》《绍剧齐天大圣》入选亚运会开幕式和亚残会的暖场节目，这些节目也成为目前乡村旅游炙手可热的文旅展示保留节目。杭州亚运会作为一个国际性的重大体育赛事，迎来亚洲各国的运动员和观众，本土节目参与亚运会将会增加本土文化曝光度，其他非遗项目、文创品牌也将入驻各大酒店、餐馆、商场、旅游景点，加强品牌知名度，促进文化交流，促进文旅消费。

（六）推动文化空间多元运营

萧山区在原有公共文化服务空间标准体系框架下，通过主体引导、政策推动、需求挖掘等措施手段，积极建设打造种类丰富的新型文化空间，建成城市书房41家；"潮文化Park"8家（政府多部门联合，利用公园闲置辅房，引入社会主体，为群众提供公益性文化服务）；各类型乡村博物馆55家（以重点展示、传播、收藏和传承地域历史文化、特色文化、革命文化及乡村生产生活、非遗保护、产业发展见证物，向公众开放，具有博物馆功能的文化空间）；非遗工坊共18个（依托非遗代表性项目或传统手工艺，开展非遗保护传承，带动当地人群就地就近就业的各类经营主体和生产加工点）；文化驿站23家（以"嵌入空间"形式建设在人民群众身边，为人民群众提供文化分享、艺术普及、互动交流、文旅资讯等多种形式服务的文化空间），总面积约42590平方米。这些新型空间的建设缘由，是对应当下的文化需求，而建设和运营主体，除了各级政府主体之外，更多的是社会主体。

五、深化"文化管家"建设的现实路径

（一）创新"文化管家"服务内容

"文化管家"作为萧山区的一项特色文化品牌，该项目入选省级公共文化服务高质量发展典型案例、省文化和旅游促进共同富裕最佳实践案例。从最初的团队建设、课程培训、活动组织为主，到向本土文化挖掘、特色品牌打造、礼堂机制建设、文化艺术创作、参与社会治理等方面延伸，它为基层公共文化服务发展做了有益探索。精神富有是共同富裕示范区建设的重要目标之一，文化管家作为萧山区创建国家公共文化服务体系示范项目的创新样本，已成为基层公共文化服务发展的重要抓手。文化管家服务的主阵地是镇街综合文体中心和农村文化礼堂等文化场馆。如今，在建设"15分钟品质文化生活圈"、高质量推进公共文化服务现代化的背景下，为能进一步加强上述文化阵地的建设，萧山区一直在积极探索文化场馆的"用法"，而文化管家则带来了一股"新活力"。文化阵地的管理运营，如果没有匹配群众需求，没有充分开展丰富多样的文化活动，文化阵地就会吸引力不足，群众的认同感也就不会产生。文化管家服务进村社后，秉着"进得来、留得住、坐得下、回得来"的运营理念，根据群众需求，提供个性化的文化服务内容，可供镇、村选择。同时文化管家服务也开始延伸到其他

基层文化场馆。例如,文化管家利用城市书房,积极开展文化沙龙、文学分享会、朗诵会等活动。

(二)明确市场主体准入退出机制

由政府牵头,做好现有市场主体的培育扶持工作,提升市场主体的服务水平,确保企业"进得来、行得稳、走得远";拓宽文化管家参与招投标企业类型限制范围,打破行业壁垒,鼓励多元主体广泛参与,形成多元并存的市场格局;通过"优胜劣汰""激励机制"营造市场主体良性竞争环境,倒逼市场主体良性发展,为多元共治的文化管家项目储备充足的专业化社会力量;从制度、政策层面出发,营造良好市场经营环境、市场投资环境,引导更多市场主体加入公共文化服务队伍,并在市场资源配置中公平公正对待各个市场主体,对社会机构的合法权益给予更大程度的保障;鼓励有资质能力兼备的培训机构参与文化管家公益课程,丰富文化管家课程内容,向萧山区输送更多优秀的文化产品;动员高校、文化机构和社会非营利组织等多元主体积极参与,打破现有市场主体创新力匮乏的现状;加强市场参与主体道德修养的培养,提高他们的道德素质,利于推动形成市场自律机制,有效防止市场参与主体走私盗版、宣传不良文化、侵害他人知识产权等不法行为的发生;重视品牌建设,将"文化管家"商标拥有权置换至政府主体,依靠政府扶持、社会力量辅助来打响文化管家的知名度、提高文化管家的辨识度,未来文化管家的全域推广必将依托文化管家这一品牌做大做强做优。

(三)推进"文化管家"数字化改革

数字政府建设是推动经济高质量发展、增进人民福祉的有力抓手,旨在与人民群众"零距离"沟通交流,为人民提供便利。在数字化改革中,政府本身既是核心主体和对象,也是引领数字技术重塑经济社会运行方式的关键行动者。政府通过政策引导和能力支持,推动数字社会建设,促进社会数字化转型,提高基层社会治理的效率,更好地提供公共产品和公共服务。萧山区以数字化为引擎,打造文旅公共资源的集成平台和管家服务主体的孵化平台。一方面,通过资源集成,让群众更便捷地享受文化服务,文化管家更有效地提供服务;另一方面,通过参与积分和绩效评价,让大量乡村文化能人、服务志愿者成长进阶为具有资质的服务人员,提升基层文化自我服务的能力。目前,文化管家项目已完成管家加盟站、管家工作室、文化俱乐部三个场景的建设。后续将分三个阶段推进建设迭代,第一阶段,完成上线,实现不少于 20 万的用户;第二阶段,实现管家动态量化考核,社会力量加盟高效审核,年服务人次达 200 万;第三阶段,数据互通共享更广泛,实现不少于 50 万的用户注册群体。

（四）注重政策规范引领

"文化管家"的发展过程是一个"实践到创新"的反复过程。项目在实施过程中,得到了萧山区政府和各镇街的高度重视,为其提供了体系保障和财政支持。2019 年 8 月萧山区政府出台了《萧山区文化馆总分馆制建设实施方案》,明确规定:总馆向各分馆配备文化下派员一名。在实际运行中,文化管家就是文化下派员,这一做法很好地解决了基层专业文化人员缺乏的困局。萧山区财政每年配套专项资金 100 万元,用于全区文化馆分馆体系化、规范化、标准化、数字化建设。2020 年,在实践基础上制定的《文化管家服务规范》,以杭州市地方标准发布,对服务主体、服务对象、服务内容、组织实施、服务评估等内容进行系统规范界定,强化高质量、专业化服务要求,为文化管家服务模式推广提供标准化指导。2021 年萧山区政府先后出台了《杭州市萧山区关于引导和鼓励社会力量参与公共文化服务实施办法》《杭州市萧山区关于引导和鼓励社会力量参与公共文化服务实施办法》细则,从场馆投入补助、场馆设施开放运行补助、公益文体项目活动补助、对群众文化、体育团队的补助、社会力量运营大型公共文化场馆设施的补助等 5 个方面,为社会力量参与公共文化服务提供入口。实施第一年度,对全区 19 个项目、26 个团体活动进行了补助,金额达 700 余万元,激发了全区社会力量参与公共文化服务的热情。《文化管家案例集》被国家图书馆出版社作为公共文化服务系列丛书发行,为各地"文化管家"社会化服务提供可复制、可操作的主体样本。

（五）突破局限发挥业务优势

"文化管家"的人才队伍经专门招聘,呈现学历高、才艺强、年纪轻的整体特征,并洋溢着文化工作热情。例如,萧山区拥有基层管家 26 人,90 后占 65%,本科学历占 70%,多人曾就读于省内外重点高校的相应专业,在服务公司中更有 32 位获得高级职称的艺术专家。并且,依托总分馆体系构成的文化馆,基层人才每周都将有 1 天时间在区总馆进行交流与培训,以提升工作能力。其余时间,人才队伍会下沉于镇街村社的文化中心或礼堂驻点,进行精准服务,既能构建文艺团队,又能熟悉村民文化需求,更能安排专业的教师开展村民课程。"文化管家"统筹资源,摆脱传统文化场所的"空壳"运转。既立足于自身培训的专业文化服务人才,由相应部门策划文化活动,提供多彩文化服务,又联络当地高校和各类艺术团体或机构,弥补其扩大文化服务范围时暂时性产品供给不足的问题,以较高效能满足群众丰富的文化生活需求。优质公共文化服务呈现多样化特点,文艺活动、文化展览、场馆运营、文艺培训等多种社会公众所需服务存在于任意时间且广泛应用于多层级区域及场馆、街道文化站等地点,促进社会力量发挥专业业务优势。

第四章　嘉兴海宁市"企业分馆"模式

一、海宁市企业分馆建设的背景

（一）深挖资源，持续推进公共文化服务高质量发展

近年来，海宁市深入推进长三角一体化融合发展，对接浙江省大湾区"一环一带一通道"总体布局，深入推进"融杭接沪"发展战略。借力上海大都市圈空间协同规划布局，共筑紧凑开放的空间格局，融入上海新兴产业生态体系；借助杭州城市扩张的溢出效应，加强区域联动协同发展，加大文化事业的共建共享，加快地域融合。创新人才引进机制，完善人才激励机制，加大人才培养力度，加快形成爱才、引才、留才、用才的良好机制，打造文化人才新高地。推进公共文化服务标准化建设，提升公共文化产品供给水平和能力，重点打造文化服务阵地，深入推进打造新时代文化高地、文明高地建设的"海宁样本"。

海宁市抢抓叠加机遇，深入推进公共文化服务现代化，成功列入浙江省首批公共文化服务体系示范区名单，成功创建国家级公共文化服务体系示范区，2021年在浙江省县（市、区）基本公共文化服务现代化发展指数评估中位列全省第一。不断推动公共文化服务高品质供给，做强、做精公共文化活动品牌，高水平打造文化艺术节、"美丽海宁大舞台""潮城"系列等文化活动品牌，先后出台《关于加快构建现代公共文化服务体系的实施意见》《关于推进基层综合性文化服务中心建设实施方案的通知》，全面夯实"三级多元"建设。海宁市持续促进市级场馆品质提升，市文化馆维修改造完成，博物馆新馆建设、伊嘉塘国际文体中心项目逐步启动，推进基层设施建设管理标准化、规范化，长安镇、马桥街道、袁花镇文化中心建成使用，镇（街道）综合文化服务中心实现全覆盖。积极推进以"人"为纽带的文化馆总分馆制建设，是全国首个实现村级文化阵地专职管理员全覆盖的地区，也是率先建成文化馆总分馆体系的县级市。

（二）面向未来，不断创新服务机制提升服务效能

持续发展中蕴含着新的问题，扩大公共文化服务群体覆盖，提升企业员工在公共文化服务中的获得感成为新的议题。《2021年海宁市国民经济和社会发展统计公报》统计数据显示，海宁市三次产业结构比为1.6∶57.8∶40.5，第二产业占比最高。2021年规模以上工业总产值2441.20亿元，增长18.6%，其中轻工业实现产值1360.00亿元，增长23.2%，重工业实现产值1081.20亿元，增长13.4%，劳动力密集型的规模以上机械行业、金属制品业、电子行业和纺织行业实现较快发展。据2021年5‰人口变动抽样调查，年末常住人口109.94万人，比上年末增加2.07万人，年末户籍总人口714079人。可见劳动力密集型产业中的员工群体数量大，流动性强。新时期的企业员工呈现出"三高一低"的新特征，即受教育程度高、职业期望值高、物质和精神享受要求高、工作耐受力低。常规的公共文化服务难以覆盖到在企业务工的外来流动人口。海宁市文化馆总分馆服务体系已实现"1个市级馆＋12个镇（街道）分馆"的运行架构，全面覆盖了镇（街道）分馆和村（社区）支馆。但广大的中青年群体和外来务工人员，大多集中于各类企业，由于工作时间和其他客观条件等原因，难以便捷享受到总分馆提供的公共文化服务。

海宁市重点围绕"拓展公共文化场馆功能、延伸公共文化场馆服务空间、创新公共文化场馆服务方式、推动公共文化数智化发展、公共文化场馆服务内容融合"等五个方面，推进公共文化场馆服务功能拓展先行先试工作。按照政府主导、企业主体、因地制宜的原则，积极探索文化馆企业分馆建设机制，在现有文化管理员、文化下派员"两员"队伍经验基础上，持续完善企业文化员制度，探索建立企业分馆"一长三员"队伍，即每个企业分馆配备一名企业分馆馆长、一名企业文化员、一名企业分馆指导员、一名企业分馆联络员。通过企业文化员制度，畅通渠道，上下联动，按需供给，实现公共文化资源共建共享、企业职工的公共文化服务需求得到有效供给，提升了企业职工特别是外来流动人口的归属感和获得感。

二、海宁市企业分馆实施成效

企业分馆以社会主义核心价值观为引领，以职工为中心，统筹各类文化资源，强化公益属性，延伸了文化馆总分馆制服务链，是社会力量参与公共文化服

务体系的重要载体。海宁市文化馆企业分馆体系建设创新亮点体现在重视公共文化服务社会化、效能化，重视企业职工的获得感和对美好生活的需求，力图做到文化需求供给精准化，有效促进了企业文化建设。具体企业分馆制度创新的成效如下。

（一）"1＋X"标准化服务体系逐步完善

为丰富文化馆企业分馆内涵，建设文化资源融通、文化特色鲜明、服务样式新颖的企业分馆，提升广大企业职工享受公共文化服务的质量与水平，健全文化权益保障制度，海宁市制定下发了《关于推进海宁市文化馆企业分馆实施意见》《海宁市文化馆企业分馆运行管理制度》，积极探索企业分馆建设机制，明确了"绩效评价标准、硬件设施标准、运行管理标准、文化服务标准"，规范运作模式，推动文化馆企业分馆体系的建设、管理和运行。同时，为了激发企业自身活力，深挖企业自身独特的文化资源，海宁市鼓励各街镇企业分馆自主创新，依据自身特性打造具有自身特色的规范，文化馆企业分馆的"1＋X"体系逐步形成。目前，海宁市企业分馆建设的标准化制度体系如表4-1所示。

表 4-1　海宁市企业分馆标准化制度体系

序号	类　别	名　称	内　容
1	文化服务	标准化服务体系	（1）绩效评价标准； （2）硬件设施标准； （3）规范运行标准； （4）提升文化服务标准。
2	人才队伍	标准化人才队伍建设体系	（1）配备企业分馆馆长； （2）选聘企业分馆文化员； （3）落实企业分馆指导员； （4）设立企业分馆联络员。
3	监督管理	标准化管理体系	（1）统一形象标识； （2）统一发布平台； （3）统一调配资源； （4）统一辅导培训； （5）统一服务标准； （6）统一监督管理。

1. 标准化文化服务体系成效显著

首先,绩效评价标准指导下,建立了过程性评价和定期评价有机结合的评价机制,充分听取文化馆镇(街道)分馆、企业主、企业工会、职工代表等意见,将评价与激励挂钩,落实考核资金,用于支持企业分馆日常运行维护,增强公共文化服务对企业职工的辐射率。其次,在"保底准入"原则指导下,企业分馆建设基本空间设置合理,配置了开展公共文化服务必需的设备、器材和相关文化资源。目前,海宁市31个企业分馆现有文体活动设施面积均在300平方米以上,大部分在500平方米至1000平方米,最大的达到3000多平方米,每个分馆都有2000册以上图书流通,有艺术培训、图书阅览、展览展示、多功能培训教室、视觉艺术展示和体育健身等区域等。再次,在规范运行管理标准指导下,总馆、分馆的活动能够通过个性服务、远程服务,把公共文化服务送到职工中去,充分发挥了"总分馆"阵地服务功能。最后,文化服务标准的提升,充分考虑了职工个性化文化需求,切实保障了职工享受文化服务的权利。

2. 标准化人才队伍体系建设充分发挥以人为本效能

海宁市文化馆总分馆体系紧紧围绕"人"这一核心,充分发挥了"总分馆"人员的能动性,驱动总分馆各项服务有序开展。首先,企业分馆馆长从所在企业的管理层中选聘,这加强了与文化馆总馆、文化馆镇(街道)分馆的纵向和横向联系,使得企业分馆决策和协调工作开展有条不紊。其次,从企业分馆所在企业的员工中选聘企业分馆文化员,使其充分发挥文艺专长和管理能力,促使企业分馆的日常开放、活动开展、团队建设等工作效能显著提升。再次,市文化馆总馆专门招聘的企业分馆指导员负责专职统筹指导企业分馆工作,为企业业余文艺队伍的建立和培训、文化活动的策划和开展提供指导、帮助,畅通渠道,使得企业分馆有效运转起来。最后,企业分馆联络员使镇(街道)文化分馆也同步参与到所属辖区内的企业文化分馆的业务培训、活动开展的指导与服务中去,形成了文化馆总馆联系企业制度的有力补充。

3. 标准化统一管理体系提升企业分馆的服务质量

企业分馆在标准化统一管理制度体系建构指导下,统一形象标识、统一发布平台、统一调配资源、统一辅导培训、统一服务标准、统一监督管理。通过建立标准化的企业分馆管理机制,有效提升了企业分馆的服务质量与水平,企业职工能最大化地享受到均等的群众文化服务。

（二）"一轴多元"资源聚合,注入基层文化新力量

首先,海宁市率先建立起以"市总馆→街镇分馆→企业分馆"为主轴的送文化进企业的公共文化服务供给渠道。"一轴"渠道打通后,企业分馆体系化建设得以通行,跨层级、跨行业、跨地域的文化资源得以聚合进入到这一渠道当中。2020年海宁市共评选出企业分馆17家,并开展企业分馆的运营管理、文化馆企业分馆服务体系的建设,以其设施成网、资源共享、人员互通、服务联动的显著优势吸纳了多方的文化资源。其次,在"一轴"的牵引下,"多元化"的资源吸附进入到企业分馆。从多元化资源的内容来看,包括年度送戏、送活动、送服务、送培训等"文化下基层"项目资源。上述项目资源进入企业后有序开展,使得企业分馆被纳入了海宁市"十分钟文化圈",可联结更为广阔的文化资源。通过"一轴多元"的资源整合,为企业注入了丰富的文化力量,实现文化资源要素的免费共享和合理配置,有效解决了企业普遍存在的服务资源不足、服务规范化和标准化欠缺的问题。

（三）"三类联动"平台建设,形成文企互惠新态势

一是进一步强化企业文艺队伍平台联动建设。通过出台文化馆企业分馆考核管理办法,加强对"一长三员"的业务培训,企业文化队伍素质不断提升,甚至一些企业文化员成为企业文化活动骨干,实现了企业分馆人才队伍建设的管理与服务职能的联动。二是文艺展演平台联动建设,极大地丰富了企业文艺作品及其内涵,创新编排了极具企业特色的文艺节目。文艺节目通过企业分馆展演平台,既显著丰富了企业员工文化生活,提升了企业文化水平,又在一定程度上吸收了群众的喜好、偏好以及下派企业分馆的专家的专业性指导意见,不断丰富和完善文艺节目的水平。三是企业与社会联动的平台建设,进一步提升了文化惠民力度。企业文化分馆机制的推进,推动企业文化走出企业,走向社会。如企业员工的文化节目外出参演海宁市、嘉兴市的文化活动竞赛,文化馆企业分馆作为企业与社会的文化联动平台,丰富了广大员工的文化生活和精神生活,同时也树立了企业精神新风貌与文化品牌。

（四）"三方互动"机制设计,实现公共文化服务均等化

企业分馆的建设,引导企业和职工参与公共文化服务,是实现公共文化服

务均等化的重要一步。企业分馆运行的核心是政府、企业、职工三方有效互动体制机制的设计。海宁市企业分馆在标准化制度体系架构下已逐步建立了较为成熟的"三方互动"机制,运行下来对于实现公共文化服务的均等化目标成效显著。首先,海宁市文化馆努力实现保基本、促公平的公共服务供给目标。引导企业分馆,根据自身职能特点,开展与其功能、特点相适应的公益文化服务,丰富公共文化产品和服务的提供。其次,企业在政府搭建的企业分馆体系架构下,承担主要运营功能,强化配套基础设施投入建设,维系企业分馆空间运行功能,积极参与群众文化建设,创造良好的企业分馆环境。广泛动员企业职工参与群众文化服务,有针对性地打造特色文化服务品牌,通过创新服务内容、方式和载体,为企业职工提供各有特色文化服务。最后,企业职工作为文化活动的主要服务对象和参与者,应积极参与企业分馆公共文化服务活动,从而打通实现公共文化服务均等化的"最后一公里"。

(五)"二维双向"服务创新,激发群众文化新动力

群众文化服务内容和形式两个维度的发展和创新是其不断进取的不竭动力。企业分馆外部力量的帮扶与企业职工自身的努力双向作用的发挥,是激发群众文化新动力的关键。企业分馆由于人力、物力、财力上的制约,无法满足多元化群众文化的发展需要。企业总分馆的设立,为企业分馆填补了专业人才、专业活动的缺失,还弥补了其在物力、财力上的不足。同时,企业分馆作为社会力量的加入,使群众文化的触角分布更广泛的同时,更是推动了文化馆总馆在活动机制、服务内容、培训活动等方面的创新,源源不断地推出适合企业职工的群众文化,以满足职工群体这一庞大的群众文化受众人群,激发出群众文化的发展活力。通过海宁市文化和广电旅游体育局《企业文化分馆促进职工精神富有发展报告》的分析结果来看,企业分馆建设后,企业职工参与文化活动的意愿与能力得到显著提升。根据被调查者参与企业分馆的文化艺术活动类型数据显示,参加过知识普及活动,包括公益讲座、阅读推广、音乐分享等活动的占72%,参加过艺术欣赏活动,包括各类艺术展演、展览、展示、电影放映等活动的占57.3%,参加过技能培训活动,包括书画、摄影、舞蹈、传统工艺等技能提升培训的占56.6%,参加过全民艺术活动等各类庆祝活动的占41.3%;被调查者每年参加企业分馆文化活动或接受文化服务次数,其中数量在12次以上的占

12.37％,6—11 次的占 11.59％,3—5 次的占 23.53％,1—2 次的占 29.61％;被调查者喜欢企业分馆提供的文化艺术活动类型显示,音乐类(吉他、古筝、声乐等)占 48.13％,舞蹈类(古典舞蹈、民间舞蹈、现当代舞蹈和芭蕾舞等)占40.35％,戏曲类(京剧、越剧、沪剧、曲艺、小品、相声等)占 28.48％,美术类(国画、油画、沙画、雕刻、插花、剪纸等)占 47.56％。①

（六）"十方内容"舒适调节,企业职工精神富有显著增强

根据海宁市文化和广电旅游体育局《企业文化分馆促进职工精神富有发展报告》分析结果显示,在文化生活方面,被调查者对所在文化馆企业分馆舒适度的总体评价是良好和很好的共占 81.98％;在健康活力方面,被调查者同意或者完全同意使用企业分馆设施或参与活动后对身心放松有帮助的占 89.11％;在自我价值方面,被调查者同意或者完全同意参与企业分馆活动能发挥自己特长和优势的占 84.66％;在个人成长方面,被调查者同意或者完全同意企业参与文化分馆建设是提高员工福利待遇的一种体现的占 86.64％;在友好关系方面,被调查者同意或者完全同意企业分馆建设有利于改善人际关系的占 89.68％;在利他行为方面,被调查者愿意将企业分馆分享、推荐给自己的同事、家人和朋友的占 90.25％;在环境认同方面,被调查者同意或者完全同意企业分馆建设能促进文化认同的占 90.04％。② 具体企业分馆建设提升企业职工精神富有状况统计分析如表 4-2 所示。通过参加企业分馆的活动,大部分企业员工的精神生活都有大幅度改善与提高,绝大多数企业员工的精神状态是积极向上、符合社会发展潮流的,关注个人及其家庭生活的精神富有美满;注重将精神富有与道德、理想结合起来,具有较强的集体荣誉感和竞争意识;懂得用合理的手段追求幸福,对精神富有涵义的理解、精神富有目标取向和预期以及幸福观培育的认识秉持客观、辩证的态度,大力支持企业通过文化馆分馆促进企业员工精神富有的工作。

---

① 海宁市文化和广电旅游体育局:《职工盈心——企业文化分馆促进职工精神富有发展报告——以海宁市为例》,2022 年。
② 海宁市文化和广电旅游体育局:《职工盈心——企业文化分馆促进职工精神富有发展报告——以海宁市为例》,2022 年。

表 4 - 2　企业分馆建设提升企业职工精神富有状况统计分析

调　查　内　容		分布情况 （人数）	分布比例 （%）
文化生活	对舒适度的总体评价是良好和很好	1160	81.98
	对活动丰富度的总体评价是良好和很好	1164	82.26
	有助于丰富精神文化生活	1234	87.21
	使得自己的生产生活方式得到改善	1205	85.16
健康活力	对身心放松有帮助	1261	89.11
	能排解负面情绪	1245	87.99
	能促进工作效率的提高	1231	87
自我价值	能发挥自己的特长和优势	1198	84.66
	赢得了更多的尊重,提升了个人魅力	1186	83.81
	可以不断超越自我,取得更大更多成就	1207	85.3
个人成长	提高员工福利待遇的一种体现	1226	86.64
	能促进知识结构、业务技能、沟通协作、逻辑思维等能力的提高	1247	88.13
	促进职业发展,创造更多的发展机会	1224	86.5
友好关系	有利于改善人际关系	1269	89.68
	有利于产生群体归属感,从而创造良好的工作环境	1273	89.97
	有利于促进工作协同、团队协作	1274	90.04
利他行为	愿意分享、推荐给自己的同事、家人和朋友	1277	90.25
	使自己更愿意帮助他人排忧解难,解决一些工作、生活、学习或情感问题	1253	88.55
	愿意为企业分馆建设作出自己的贡献	1261	89.11

续 表

调 查 内 容		分布情况（人数）	分布比例（%）
环境认同	能促进文化认同	1274	90.04
	增进了企业自豪感	1248	88.2
	有利于企业文化的发展	1276	90.17
理想信念	有利于培育理想信念	1257	88.83
	有利于培育和践行社会主义核心价值观	1266	89.47
	有利于弘扬改革创新精神	1268	89.61
	有利于传承弘扬中华优秀传统文化	1279	90.39
道德品行	有利于培养社会公德	1276	90.17
	有利于提升社会诚信水平	1263	89.26
	有利于培养职业道德	1270	89.76
	有利于促进家庭和睦	1219	86.15
	有利于养成文明好习惯	1273	89.96
社会风尚	有利于提高公民人文素养	1280	90.46
	有利于促进社会文明	1280	90.45
	更愿意投身社会志愿服务	1275	90.11

表格源自：海宁市文化和广电旅游体育局：《职工盈心——企业文化分馆促进职工精神富有发展报告——以海宁市为例》，2022 年。

三、"双侧四驱"的海宁模式

为丰富文化馆总分馆体系内涵，建设文化资源融通、文化特色鲜明、服务样式新颖的企业分馆，海宁市积极探索企业分馆建设机制，推动文化馆企业分馆体系的建设、管理和运行。构建了面向全市的"1＋X"标准化制度体系，取得了制度运行的良好成效，逐步形成了"双侧四驱"的海宁模式。具体海宁市文化馆企业分馆"双侧四驱"运行模式的路径框架参见图4-1。

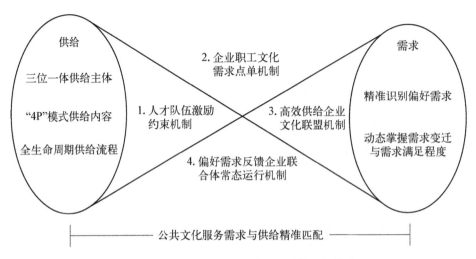

图4-1　海宁市"双侧四驱"企业分馆运行模式

文化馆企业分馆"双侧四驱"的运行模式围绕公共文化服务进入企业的"供给侧与需求侧"双侧主轴展开,在供给侧与需求侧双边阵地内把各自的主体、流程理顺。而后在复杂的双侧互动过程中,以"四驱"机制打通、理顺供给与需求的精准匹配难点。"双侧四驱"的运行模式实践中开展的操作化路径分为以下三点:三维框架,丰富和提升公共文化服务供给侧改革;双重反馈,精准识别和动态把握公共文化服务需求侧的变迁;以人为本,破解公共文化服务与需求难以精准匹配的难题;实现公共文化服务精准满足企业职工多元化需求的"四驱"机制。

首先,从"供给侧"三维框架改革来看,海宁市为丰富和提升进入企业的公共文化服务供给侧改革,分别从供给主体、供给内容与供给流程三个步骤展开。第一,三位一体的公共文化服务供给主体。政府力量统筹整合各方资源,为企业分馆建设提供人、财、物等基础设施配套建设,企业力量介入公共文化服务持续供给,职工或第三方运营组织发挥自主性与专业性优势。第二,"4P"关键要素供给内容。全方位打造文化分馆公共文化服务空间(Place),全要素建构公共文化服务平台(Platform),"全领域"培育公共文化服务项目(Project),全梯队建设企业分馆公共文化服务队伍(Personnel)。第三,"全生命周期"的整流程供给。全周期整流程供给按照流程的顺序分为:资源整合流程、标准质量规范流程、四级联动流程与监督管理流程。

其次,从"需求侧"双重识别来看,海宁市分别从精准识别职工需求偏好、动态把握职工需求变迁与需求满足程度两个步骤展开。第一个环节,精准识别职工偏好需求共分三个操作路径有序识别企业职工的公共文化服务需求,即联动式识别、分类式识别与沉浸式识别。第二个环节,动态把握职工需求变迁与需求满足程度操作路径共分两个:① 通过文化空间阵地内的政、企与职工互动动态掌握职工文化需求变迁;② 通过过程性评价与定期评价有机结合的双重绩效评估动态掌握职工文化需求满足程度。

最后,从以人为本的"四驱"运行模式的机制来看,海宁市企业分馆坚持以"人"为纽带,破解进入企业的公共文化服务供给与需求难以精准匹配的难题。分别从人才队伍激励机制、企业职工文化需求点单机制、企业文化需求规模化高效供给的文化联盟机制与企业职工文化偏好需求精准动态反馈的文化联合体常态化运行机制四重机制,着手破解供给与需求难以精准匹配的困境。

四、三维框架:"供给侧"运行模式

(一)"三位一体"的供给主体

"三位一体"指的是以政府、企业与职工或第三方运营组织的三方力量为代表组成的一体化的公共文化服务供给主体,为"供给侧"制度创新路径廓清了公共文化服务供给的主体边界。

1. 政府力量统筹整合各方资源

海宁市文化总馆、各街镇文化分馆,为文化馆企业分馆享受公共文化服务资源提供人力、财力与物力资源的配套支撑。首先,海宁市文化与旅游部门整体统筹企业分馆,并开展企业分馆的运营管理,基本建成了设施成网、资源共享、人员互通、服务联动的文化馆企业分馆服务体系。其次,政府在企业分馆文化体系建构过程中深度整合项目资源。企业分馆建立后,年度送戏、送活动、送服务等"文化下基层"项目有序开展。最后,政府通过整合体系内的培训、演出、创作资源,基本解决了企业普遍存在的服务资源不足、服务规范化和标准化欠缺的问题。

2. 企业力量介入持续激活运营

首先,企业力量介入的申报与责任厘定。在申报环节,符合企业分馆创建要求的企业自主申报，获得创建授权。具体的责任厘定，企业需要后续承担基础设施建设、维修，公共文化空间运营的主体责任，依托企业分馆建设契机，更好地满足企业自身职工的文化需求，营造企业自身特色企业文化。其次，企业力量介入分馆运营过程中自主安排分类服务项目供给。一方面，企业提供的基本公共文化服务全部免费开放，以免费项目为主，重点突出公共文化服务的社会化、效能化，企业职工的获得感和对美好生活需求。另一方面，企业在提供部分高档文化服务项目过程中，会适当向职工收取部分费用，当然，收费标准需低于同类活动的市场平均价格，收取的费用后续会用于补充企业分馆持续运营发展。

3. 职工或第三方运营组织发挥自主性与专业性优势

公共文化服务透过企业分馆输送进入企业之后，满足企业职工文化需求的同时，激活企业职工自发参与企业文化的主动性与积极性，自主地建构文化营造的自组织兴趣团体。另外，特殊的、规模较大的公共文化服务项目输入企业，企业分馆可以向第三方组织购买服务，运用第三方组织的专业化的力量运营建设企业分馆。

（二）"4P 要素"的供给内容

"4P"指的是企业分馆公共文化服务供给的四个关键要素内容，即公共文化服务空间（Place）、公共文化服务平台（Platform）、公共文化服务项目（Project）与公共文化服务队伍（Personnel）。围绕"4P"关键要素供给内容，进行丰富、调试，实现企业分馆公共文化服务的高质量内容供给。

1. 全方位打造企业分馆公共文化服务空间

政府与企业共同搭建企业分馆这一整体公共文化服务空间，政府创建标准化制度体系，在标准体系指导下企业结合自身现实状况自主创新搭配特色的公共文化服务空间。全方位打造符合企业自身特色的企业分馆公共文化空间，依照企业分馆各自的区块划分，发挥出各个区块不同的功能效用。依据企业分馆的公共文化空间与各自所承担的功能进行划分，可把公共文化服务空间分为三类。首先，基本服务空间。企业分馆基本服务空间所提供的基本服务包括免费艺术培训、图书阅览、视觉艺术展览、免费的无线网络服务，以图书室、展览室等空间载体形式呈现。其次，自选服务空间。自选服务空间所承担的服务活动，包括乒乓球、台球、篮球、健身器材等文体服务，以健身房、台球馆等空间载体形式呈现。最后，特色服务空间。企业分馆特色服务空间是根据职工需求和发展定位，为员工提供具有个性化或较高艺术水准的文化服务，如电影院、音乐厅、美术馆等，以KTV、展览厅等空间载体呈现。

2. 全要素建构公共文化服务平台

全要素建构公共文化服务平台囊括人、产品、展演三要素平台建构。首先，以"人"为核心要素建构平台。一方面，"一长三员"的人才队伍平台建设实现对企业分馆公共文化服务供给的有效组织管理；另一方面，选派相应项目活动专家对企业分馆文化活动提供指导，有效提升平台专业性或活动质量。其次，以"产品"为核心要素建构平台。一方面，政府整合各种文化产品进入到企业分馆，企业依托此机会平台，挖掘自身特色的文化产品，使得企业职工受益；另一方面，文化产品资源共享的平台建构过程中，文化产品的质量在活动开展中获得提升，在多方交流中获得创新活力。最后，以"展演"为要素建构平台。一方面，功能比较类似的企业建构企业文化联盟，规模化平台范围内均等化地享受公共文化服务资源，打通企业界限，构建联合企业分馆；另一方面，企业职工组织的文化活动参加各层级文化展演活动。比如，开展文化走亲活动，企业有自己的文娱表演团队，可作为参赛队伍参加进行项目评比，取得荣誉对企业职工而言可以形成荣誉激励。

3. "全领域"培育公共文化服务项目

"全领域"培育公共文化服务项目是指政府依托本土文化与旅游资源筛选优质项目送入企业，且优质项目再依据企业职工的差异化需求，匹配性地落地到具体的企业分馆。依托企业所在辖区的文化旅游资源，推动多种类型项目的开发，输送进入企业分馆；匹配不同企业差异化的需求与企业职工的个性化需求，设计多种项目的受众体验设计，改进完善项目，优化输送进入企业；多层次、多类型项目进企，包括"普通惠企类"服务项目、"文旅精品类"创作项目、"文旅品牌类"服务项目等。尤其是品牌类项目建设有利于企业文化品牌树立，企业文化与品牌都深远地影响着企业长远发展。企业分馆建设能够帮助企业文化进行精准定位，明确企业文化建设的方向与特色，构建独具特色的企业文化理念体系，通过独特的策略和形式，推进理念的有效落地，助力打造企业品牌。

4. 全梯队建设企业分馆公共文化服务队伍

全梯队建设企业分馆公共文化服务队伍,是指从组织架构上,县市、街镇到企业纵向层级人才队伍建设保障企业分馆建设有序推进;从组织激励内容上,对人才队伍进行有效激励动员,保障人才服务队伍的可持续性。具体来说,首先,紧紧围绕"人"这一核心,通过发挥"总分馆"人员的能动性,驱动总分馆各项服务的开展。企业分馆制度通过建立相应人员队伍进行推进,形成了企业分馆"一长三员"队伍。建立文化馆镇(街道)分馆参与联动制度,由各镇(街道)配备企业分馆联络员,让镇(街道)文化分馆也同步参与到所属辖区内的企业文化分馆的业务培训、活动开展的指导与服务中去,形成文化馆总馆联系企业制度的有力补充。

(三)"全生命周期"的整流程供给

"全生命周期"的整流程供给是指文化馆企业分馆项目运作纳入海宁市"总分馆"系统内,实现"申报—标准—运营—监管"的"全生命周期"的整流程供给。具体的全周期整流程供给按照流程的顺序分为:沉浸式排摸申报流程、标准质量规范流程、多中心力量联动运营与监督管理流程。

1. 沉浸式排摸申报流程

首先,企业分馆创建的前置环节需要对企业的文化活动基础、基础设施配套状况进行细致的排摸调研。一方面,海宁市依托文化馆总分馆建设的先进经验,积极排摸,对申报创建企业分馆的企业资质进行判断;另一方面,文化下派员沉浸式排摸,深入了解企业的空间设施、企业文化品牌、职工需求等状况,作为判断企业申报创建资质的基础信息。其次,对于暂时无法达到申报创建标准的企业,政府择优进行培育,为其提供基础设施配套建设,促进企业达到创建申报标准,以此来提升创建申报的增量。最后,在沉浸式排摸的基础上,整合企业内部"职工书屋""职工文化活动中心""职工之家"等各类文体设施资源,强化制度效能提升。

2. 标准质量规范流程

海宁市通过制定绩效评价标准、出台硬件设施标准、规范运行管理标准和提升文化服务标准来规范企业分馆建设、运营流程。具体标准体系与核心内容见表4-3。

表 4 - 3　企业分馆质量规范标准体系与核心内容

序　号	标　准　类　型	核　心　内　容
1	绩效评价标准	过程性评价和定期评价有机结合的评价机制
2	硬件设施标准	"保底准入"原则、基本功能的空间设置合理
3	规范运行标准	规范开放时间、公示服务内容
4	提升服务标准	公共服务主客共享

首先,制定绩效评价标准。海宁市文化馆总馆制定企业分馆服务评价细则,建立过程性评价和定期评价有机结合的评价机制,将评价与激励挂钩,落实考核资金,用于支持企业分馆日常运行维护,文化活动、文化培训等文化服务的开展,切实发挥企业分馆在丰富企业职工业余精神文化生活方面的作用,增强公共文化服务对企业职工的辐射率。其次,出台硬件设施标准。坚持"保底准入"原则,选择具有代表性、员工相对集中、有较大文化建设需求、可持续运营能力较好并且重视企业文化建设的企业作为企业分馆建设点。基本功能的空间设置合理,配置开展公共文化服务必需的设备、器材和相关文化资源。再次,规范运行管理标准。规范开放时间,允许企业因地制宜自定开放时间,对免费开放时间进行公告,确保每周开放不少于 30 小时;公示服务内容,通过个性服务、远程服务,将公共文化服务送到职工中去。最后,提升文化服务标准。重视将文化活动融入企业经营中,努力实现公共服务主客共享,充分考虑职工个性化文化需求,切实保障职工享受文化服务的权利。

3. 多中心力量联动运营

首先,海宁市从促进"总分馆"服务均等化的角度出发,推出市、镇(街道)与企业"四级联动"机制,实行活动联办、培训联做、场地联用、平台联建,从而实现馆际资源的上下连通、共建共享。其次,以企业分馆为切入点,加大社会力量的参与,把公共文化服务的触角延伸到企业,有效弥补了公共文化服务在企业领域"政府失位"和"市场失灵"(单向度依赖企业,容易受企业领导的喜好而出现文化空间运营难以持续)的缺陷,实现公共文化服务真正意义上的全覆盖。最后,激发企业职工自组织力量,引导企业职工自发组织成立活动俱乐部等类型的自组织,或在企业内开展文化活动,或走出企业参加市级项目评比。

4. 监督管理流程

公共文化领域与企业界专业属性、行事原则及价值理念都不同,很多企业表示由于对文化机构不了解、信息不对称等原因导致未能合作,即使合作,但在运营过程中缺乏适当的信息公开、监管,容易导致公共文化服务供给出现"失范"问题。总馆对企业分馆实行季度督查,对企业员工实施满意度调查,以督查促管理,促进文化馆企业分馆服务更规范、社会效益发挥更显著。对充分发挥公共文化设施效能的单位给予表彰和奖励,对存在的问题提出指导性意见和建议,对违反建设标准拒不改正的实行"清退"。另外,各类文化服务收费项目和标准通过企业网站、现场告示等形式向企业职工公布,接受企业工会监督。

五、双重反馈:"需求侧"运行模式

"需求侧"运行模式的关键在于精准识别和动态把握企业职工公共文化服务需求制度创新。关于精准识别和动态把握企业职工公共文化服务需求的操作路径,分别从精准识别职工文化服务偏好需求、动态掌握职工文化服务需求变迁与需求满足程度两个步骤展开。

(一)精准识别企业职工文化服务需求

海宁市推进文化馆企业分馆制度建设,共分三个操作路径有序识别企业职工的公共文化服务需求,即联动式识别、分类式识别与沉浸式识别。

1. 联动式识别

第一,"文旅"与"工会"条线联动识别。海宁市文化和广电旅游体育局和海宁市总工会联合发布了《关于推进海宁市文化馆企业分馆建设的实施意见》,提出在海宁全市开展企业分馆建设。实际运行中,企业分馆的运营,服务需求的锁定很大程度上是依赖工会的文化活动开展来进行挖掘。第二,市、镇(街道)、村(社区)、企业"四级联动"识别。实行活动联办、培训联做、场地联用、平台联建,从而实现馆际资源的上下连通、共建共享,在四级联动过程中更精准识别企业职工需求。

2. 分类式识别

在联动式识别基础上,开展分类识别。企业分馆的服务在确保基本服务的基础上,可根据实际情况,增加自选服务或特色服务。第一,基本服务类型识别。开展艺术培训、提供图书阅览、设立展览展示与提供无线网络服务。第二,自选服务类型识别。包括乒乓球、台球、篮球、健身器材等,企业可根据实际情况选择配备并免费提供。最后,特色服务类型识别。企业分馆可根据职工需求和发展定位,为员工提供具有个性化或较高艺术水准的文化服务,如电影院、音乐厅、美术馆以及读书会、文学社、书画社、艺术团等,企业可根据员工需求和发展定位,免费或优惠提供。

3. 沉浸式识别

第一,活动开展互动过程中的沉浸式识别。马桥街道在推进华为朗诵节目过程中,识别出企业员工的需求偏好动态变化。职工起初羞于参加企业专场演出,但是编排之后,街道发现越是一线企业员工,越是进步最快的职工,该类职工群体拓展有很大增量空间。第二,企业文化员的沉浸式识别。企业文化员及时做好企业员工文化需求调查,精准掌握企业员工文化喜好,由文化馆总馆统筹融合全市优质资源和服务,开设面向全市分馆的"文化超市",制定和公布公共文化服务菜单,让企业分馆根据自身需要进行选择,企业分馆可根据职工需求量身定做,从而将文化演出、艺术培训等公共文化服务资源下沉到企业分馆,进一步丰富企业职工业余文化生活。

（二）动态掌握职工文化服务需求变迁与满足程度

海宁市推进企业分馆运行模式创新,实现对职工文化服务需求变迁与需求满足程度的动态掌握,具体可以分为两个操作路径:① 通过企业分馆内的三方互动及时掌握职工文化需求状况;② 通过过程性评价与定期评价有机结合的双重绩效评估动态掌握职工文化需求满足程度。

1. 三方互动,需求动态反馈机制

首先,空间阵地常规化服务吸纳需求机制。总体上将总馆、分馆的活动进行公示,通过个性服务、远程服务,将公共文化服务送到职工中去,发挥"总分馆"阵地服务功能,阵地服务过程中各类服务的需求变化状况会得到及时有效反馈。其次,动态分类需求反馈机制。一方面,根据企业分馆内的文化展演活动,及时反馈职工文化服务需求的状况。如马桥街道的文化分馆选择舞台要求不高的节目进行演出,反映效果比较好。另一方面,分类需求反馈。如,黄湾镇外来人口较多、企业较多,不可能所有企业都覆盖,则选取分类覆盖的方式。最后,企业分馆空间内自组织建构动态反馈文化需求机制。如圆梦金山舞蹈队、幻梦金山合唱团,由来自不同企业的职工组成;新能源企业职工参加海宁市建党百年比赛,成为为数不多进入决赛的企业,最终拿到金奖。在这个过程中,企业上下配合,响应上下级活动。这些自组织围绕企业分馆制度创新,也在一定程度上及时反馈了职工的公共文化需求。

2. 双重绩效评估便于动态掌握职工文化需求满足程度

加强对企业分馆运行的绩效评价,由市文化馆总馆负责制定企业分馆服务评价细则,建立过程性评价和定期评价有机结合的评价机制,具体绩效评价指标及权重如下:设施与覆盖人群(30 分)、开展活动(30 分)、管理人员(10 分)、专业化与特色化(10 分)、体系化支撑(10 分)与品牌化发展(10 分)。首先,不单以结果、目标为绩效评估指标,而是采取过程性评价与定期评价有机结合的评价方法,把"效益""公平""回应性"等指标纳入进来,即时反馈职工在享受公共文化服务过程中的获得感与满意度,进而决策是否需要调试公共文化服务的内容,考虑企业或企业职工是否享受到均等化的公共服务,需要特别照顾的弱势企业职工群体是否能够享受到更多的服务。其次,充分听取文化馆镇(街道)分馆、企业主、企业工会、职工代表等意见。如出现涉及意识形态领域的一票否决事项,应及时终止企业分馆运行,并按要求追究相关责任。

六、以人为本:"四驱"运行模式

"四驱"运行模式关键在于用四重机制来破解企业分馆公共文化服务供给与需求精准匹配的难题。在破解送文化进企业落地过程中公共文化服务供给与需求难以精准匹配的难题,海宁市分别从人才队伍激励机制、企业职工文化需求点单机制、企业文化需求规模化高效供给的文化联盟机制与企业职工文化偏好需求精准动态反馈文化联合体常态运行机制四重机制,着手破解供给与需求难以精准匹配的困境。

(一)人才队伍选、育、用、留激励机制

每个企业分馆明确 1 名分馆馆长,原则上由企业管理人员或符合条件的企业文化员兼任,具体由镇(街道)、企业协商决定,负责分馆的日常管理。企业文化员是文化馆联系企业分馆的桥梁和纽带,接受文化馆总馆的业务指导和所在镇(街道)分馆的业务联系。市文化馆总馆专门招聘工作人员,专职统筹指导企业分馆工作。建立文化馆镇(街道)分馆参与联动制度,由各镇(街道)配备企业分馆联络员,让镇(街道)文化分馆也同步参与到所属辖区内的企业文化分馆的业务培训、活动开展的指导与服务中去。"一长三员"制度发挥功效的关键在于人才队伍的激励机制创新。

1. 企业文化下派员的选、育强激励机制

针对企业文化下派员的选、育,市文化馆总馆做好企业文化员选聘工作的审核把关,加强对企业文化员的培训、评价和激励。实施企业文化员上岗培训制度和工作例会制度,参照镇(街道)和村(社区)文化专兼职人员每年参加集中培训时间不少于 5 天的标准,保证企业文化员每月在文化馆集中培训学习的时间。镇(街道)分馆要定期加强与所辖企业分馆的联系,做好对企业文化员的业务辅导、培训,做到信息互通、活动联办、资源共享。将企业文化员纳入基层公共文化队伍建设内容,统筹镇(街道)文化下派员、村(社区)文化专职管理员以及企业文化员等"三员"的规范化管理,保障必要的薪酬待遇,增强队伍专业能力和组织能力。

2. 企业文化下派员的用、留强激励机制

针对企业文化下派员的用、留,每年都是有考核的,考核依据"过程"与"结果"的双重导向。综合考核量化打分,完成多少任务,智慧文化员的填报,参加多少场次培训等。评估结构分优秀、良好与一般三个等级。目前企业分馆的联络员,均为 12 个镇街的文化馆下派员。不单海宁市文化馆管理,属地镇街也是文化下派员来执行街镇文化条线的任务。镇、街道里面任务虽然强度很大,但是,如金山、马桥的文化下派员连续几年都是优秀。文化下派员不但能够把活干好,而且还能获奖,身兼数职,非常优秀。比如,黄湾 4 家企业分馆,各有特色,活动方案设计到执行,文化品牌做得非常好,离不开人才队伍的激励动员机制。

(二)企业职工文化需求点单机制

企业分馆各有特点,需求各不相同,海宁市改变传统自上而下的供给方式,建立自下而上、以需定供的互动式、菜单制供给方式,"点单制"的探索过程中衍生出灵活变通的创新方式,可为其他地方实践提供优质的操作路径。

　　1. 菜单式供给机制

　　通过企业文化员，做好企业员工文化需求调查，精准掌握企业员工文化喜好，由文化馆总馆统筹融合全市优质资源和服务，开设面向全市分馆的"文化超市"，制定和公布公共文化服务"菜单"，让企业分馆根据自身需要进行选择，企业分馆也可根据职工需求"量身定做"，从而将文化演出、艺术培训等各类公共文化服务资源下沉到企业分馆，进一步丰富企业职工的业余文化生活。经过近半年的建设和运行，目前已在企业分馆职工中建立起了合唱、阅读、舞蹈、篮球、乒乓球、摄影等不同门类、不同规模的文体队伍，总数在30多支，实施"以需定供"的菜单制供给服务50多次。

　　2. "点单制"可持续、广覆盖的衍生创新方式

　　首先，企业就职工的文化需求进行点单，镇域内对企业的"点单"需求进行整合，形成镇域内总的文化需求清单，发放至各家企业工会，由工会在企业内落实。其次，根据各企业"点单"需求的集中反馈，发现专业化的师资力量是清单落地可持续的关键，因而强化专业师资力量在项目落地过程中的作用。最后，"点单制"细分的片区广覆盖，提高公共文化服务供给效率。上述三点"点单制"可持续、广覆盖的运作方式在黄湾镇的案例故事中有着生动的体现，是一个典型性的"点单制"样板。

　　(三) 文化需求规模化高效供给的文化联盟机制

　　海宁市建立企业分馆是第一步，分馆建成之后，开始在送文化进企业过程中尝试引导企业建立文化联盟，提升文化惠民幅度与效率，这值得推广到其他地方的实践经验当中。

　　1. 打通企业界限，构建联合企业分馆

　　海宁市中小企业多、且分布在各经济发展平台，缺乏独立的企业分馆。针对该情况，海宁市文化馆指导企业加强资源整合，在有条件的经济发展平台建立各大中小企业公用的文化馆企业分馆，共享文化设施、共建文化队伍。2020年建立了马桥街道经编园区企业分馆和阳光科技小镇企业分馆，分别辐射园区2000多家企业。

　　2. 文化供给队伍互为支撑联盟

　　"总馆—分馆—支馆"体系下，企业分馆同"村支馆"其实是一个级别的，企

业分馆又跟总馆关系紧密,同时接受馆里面和分馆里面的资源,协同开展日常活动。文化下派员定期举办例会,分享活动开展过程中的经验与教训,透过成功案例分享,揭示成功策划的亮点经验,如马桥街道比较特擅长小品表演,金山的文化下派员擅长声乐方面,海宁市文化馆共有 12 个文化下派员被派到各个街镇,各自擅长不同,以"大例会+小例会"的形式定期碰头讨论,实际上建构起了区域内企业分馆公共文化服务的供给联盟,保障公共文化服务供给的质量与效果。

(四) 文化联合体的常态化运行机制

企业分馆在破解企业职工的偏好需求缺乏制度化的反馈渠道方面,摸索出文化联合体的常态化运行机制,有效破解供给与需求之间信息不对称的难题,值得进行推广复制到其他地方实践当中。

1. 文化联合体的常态化会议沟通

通过开会,文化馆、文化分馆,与联络员、文化员、指导员以及企业职工代表等到会议现场进行沟通。一方面,政府层面对企业分馆建设的相关规定的具体细节进行解读。针对其中不明白的细节,文化员、企业职工代表等可以通过在会上向文化馆或文化分馆负责人员提问得到解释。另一方面,针对自己联络企业的特殊情况,难以达到企业分馆开展要求的,开会的过程中,可以与负责的干部进行互动,得到有效的反馈。企业分馆联络员在开会过程中,讨论自己近期开展工作取得的成就与不足,分享经验和教训,通过会议过程中的经验分享,大家可以集思广益,优势互补,切实高效地开展共建、共治与共享的公共文化服务供给活动。

2. 文化联合体的数字化平台沟通机制

将企业分馆统一命名为"海宁市文化馆 ××(企业名)分馆",使用现有海宁市文化馆总分馆服务体系形象标识。符合一定条件,外加命名"市总工会""爱在四季 工会有约"公益培训基地。在统一标识的基础上,运用统一的数字化平台进行活动宣传发布。以海宁市文化馆"微信公众号"和微网站作为海宁市文化馆总分馆发布平台,让各企业分馆及时获取演出、培训等信息,开展预约、宣传。同时,也简化活动预约流程、消除信息不对称壁垒。

七、运行困境与未来展望

海宁市在"1＋X"的制度体系建构与"双侧四驱"运行模式的探索实践中取得了显著成效,但是在各地的具体运行过程中仍存在着几点核心困境,亟待进一步地强化机制创新来破解运行过程中的痛点与难点。

（一）持续、精准与参与困境

具体核心运行困境包括以下几点：① 文化馆企业分馆创建之后容易受企业领导的个人偏好影响而难以持续性运营,这种企业分馆创建的依附性带来了制度运行的不确定性与风险性,如何有效吸收企业分馆运营的不确定性,规避风险性是目前较为棘手的一个运行痛点。② 市文化馆送文化进入企业难以精准把握企业职工的差异化、动态化需求,虽然在需求侧进行了相应的运行模式创新,在"四驱"运行机制上建构了文化联合体常态运行机制革新,但是仍然很难说一劳永逸地解决了该问题,如何提高精准识别企业职工文化需求且高效地实现精准与需求的匹配是一个长期性、动态机制创新性的工作。③ 企业职工的自主参与度以及自组织服务能力有待提升。透过各地的企业分馆运行实践效果来看,企业职工的自主参与度并未达到理想的目标预期,且企业分馆公共文化服务供给的关键主体仍然是政府与企业,职工自行组织起来自主供给的创新仍然比较少,即使有少数职工自组织成立且参与活动获得奖项,但是自组织模式的扩散性、可复制性仍然不足,自组织运行公共文化服务的覆盖面有待扩展。

（二）示范与规范的未来展望

针对上述核心运行困境,从以下两点进行展望：① 特色品牌示范项目打造。在目前各街镇运营的 30 多家企业分馆中,筛选出 10 家具有特色性、品牌性的示范项目,充分发挥其优势,精益求精,集中强化打造品牌。通过示范项目打造的品牌优势、声誉策略来提升企业分馆在全省以及全国范围内进行创新经验扩散、复制的概率。② 制定企业分馆制度体系操作化运行的实施规范或办法。对企业分馆制度体系架构以及各地运行模式的探索,其积累下来的经验已具备了出台或制定可操作性规范或办法的条件,使得海宁制度创新、运行模式可推广、可复制。具体初步设计从创新实践类、品牌建设类、文化联盟类与文化惠民类等类别入手,制定可操作性的实施规范或办法见表4-4。

表4-4　针对性实施规范类型与路径

类　别	实施规范或办法	备　注
创新实践类	自主创新实践类企业分馆示范项目建设实施方案	主要聚焦不同企业分馆的做法,以示范项目的形式打造亮点、标杆
品牌建设类	企业分馆内部"共享杯""弄潮杯"品牌建设实施方案	在企业分馆内部形成联动机制,比如"共享杯""弄潮杯"等企业文化分馆共享的展演平台
文化联盟类	企业间文化联盟建设共享公共文化服务资源实施方案	在具有同质性文化需求企业分馆之间建立横向协同机制,如"弄潮俱乐部",在共享文化空间内规模化地开展文化活动
文化惠民类	探索文化保障卡与企业分馆运行协同惠民的实施方案	探索文化保障卡与企业分馆运行的联系,实现二项制度创新的融合,提升制度创新效能

第五章　杭州市西湖区"15分钟品质文化生活精品圈"

一、西湖区"15分钟品质文化生活精品圈"的建设背景

近年来，浙江省加快构建现代公共文化服务体系，持续推进城乡公共服务同质同标、优质共享。党中央、国务院出台支持浙江高质量发展建设共同富裕示范区的意见，充分体现了习近平总书记和党中央对浙江的高度信任和殷切期望。浙江省全面落实《中共中央、国务院关于支持浙江高质量发展建设共同富裕示范区的意见》，忠实践行"八八战略"、奋力打造"重要窗口"，牢牢把握坚持党的全面领导、以人民为中心、共建共享、改革创新、系统观念"五大工作原则"，紧紧围绕高质量发展高品质生活先行区、城乡区域协调发展引领区、收入分配制度改革试验区、文明和谐美丽家园展示区"四大战略定位"，创造性系统性落实示范区建设各项目标任务，率先探索建设共同富裕美好社会，为实现共同富裕提供浙江示范。《浙江高质量发展建设共同富裕示范区实施方案（2021—2025年）》指出，进一步将打造新时代文化高地，丰富人民精神文化生活提到新的高度。《关于高质量建设公共文化服务现代化先行省的实施意见》的通知为公共文化服务现代化搭起了"四梁八柱"，为全省公共文化服务现代化建设和品质化提升指引了方向。打造高水平城乡一体"15分钟品质文化生活圈"作为2022浙江省民生实事工程，是浙江省探索高质量文化供给，高水平公共文化共享的重要内容。

西湖区以打造全面小康、全域美丽、全民幸福的"首善之区"为目标，从群众需要出发，深入实施文化惠民活动，继续丰富服务内容、优化服务方式、提升服务水平、提高服务质量，不断加大公共文化服务工作力度，进一步加大基层公共资源建设与投入，不断提升基层公共文化服务能力。一是聚焦创新引领。成功

创建第三批浙江省公共文化服务体系示范区。首个地方类文化标准《公共文化跨区域服务规范》列入省级标准，成功创建省级文化强镇2个、文化示范村（社区）2个，11个镇街综合文化站中，8个被评为省特级、3个为省一级。建设西湖区非物质文化遗产馆，建成掌上西湖非遗馆小程序。二是聚焦整合共享。先后出台《全面构建现代公共文化服务体系加快推进省级综合性示范项目创建实施意见》《西湖区推进基层综合性文化服务中心建设实施方案的通知》。以区、镇街、村社公共文化设施为基础，整合各类文化设施资源，新建改建文化设施14万平方米。全区"五馆一场一中心"（文化馆、图书馆、体育馆、非遗馆、体育场、西湖区文体中心）、基层文化服务中心，总建筑面积达到61320平方米。推动黄龙体育馆、辖区内学校的文体场所共享、深化与小百花艺术团、浙江音乐学院等资源共享，创新推动场地优惠使用，文化设施整体辐射已经形成。三是聚焦文化惠民。出台《西湖区关于高质量建设公共文化服务现代化先行区的实施意见》。高标准规划建设公共文化建筑群，打造以区级"三馆一中心"为主、镇街级文化站（室）为辅、村社级农村文化礼堂联同发展的层级式公共文化设施格局。创新打造"城市书房"，24小时不间断地提供自助式公共服务、农村文化礼堂和社区文化家园建设工程。全方位、多层次布局"区—镇（街）—村（社）"三级文化基础设施，形成以"图书馆＋图书分馆＋图书室＋数字图书馆"为基点的书香网络、以"文化馆＋文化站＋文化礼堂"为基点的文艺网络。组织文化下基层、"文化三堂"、"三送三到"等多样式服务，每年送演出150余场，调动文化、文艺工作者3千余人次热情参与。现阶段，西湖区坚持以人民为中心、品牌化发展、数智化提升、社会化参与五大理念，践行"文化＋"七大发展路径，加强文化部门与相关部门的一体化合作，通过带动相关行业发展和产业融合，进一步推动文化事业繁荣、文化创意发展转型升级和文旅融合协调发展，将进一步为西湖区高品质文化圈建设扎实基础。

二、西湖区"15分钟品质文化生活精品圈"的做法

（一）共建活力"圈"

西湖区加快构建现代公共文化服务体系，让人民群众更好享有均等化、普惠化、便捷化的公共文化服务。

（1）着眼于把设施品质提上来。西湖区各村（社区）充分利用现有设施资

源或对其扩建改建,努力把文化礼堂打造成为一个以礼堂、讲堂、文体活动场所等为基本设施的农村文化综合体。打磨好公共文化空间,创新公共文化载体形态,植入特色文化主题,高质量建设"15分钟品质文化生活圈"。例如东江嘴村依托风情小镇,建设了"一园、两堂、一廊、一台、一馆"的具有村域特色的文化礼堂建设基本架构;外桐坞村设施由文化大礼堂、道德长廊、村民书画社、国学讲堂、聚贤堂等组成,并建有一个独具特色的朱德纪念室;上城埭村建设了以文化礼堂为主体,整合村庄的景点、茶楼、民宿、旅游纪念品商店等各种旅游资源,容纳文化广场、健身苑、西山森林公园等多种公共文化空间。

(2)着眼于把文化要素串起来。文化礼堂不是一个单纯的文化活动场所,而是一个集思想道德建设、文体娱乐活动、知识技能普及于一体的农村文化综合体。要提升文化礼堂多元服务水平,培育礼堂文化,礼堂功能布局和内容展示需要贴近群众需求,发掘优秀传统,梳理红色文化、节庆文化、茶文化等,优化文化服务供给,助推文化圈建设。外桐坞村文化礼堂,将传统文化、农耕文化、民俗文化、红色文化、现代文化等各种文化相融合。以"两堂两馆一室五廊"为总体架构,整合资源、挖掘历史,重点挖掘孝文化、茶文化、朱德文化、年糕文化、文创文化五大特色文化,打造"聚贤堂""年糕坊"两大特色场馆;杨家牌楼社区以茶韵、竹韵、泉韵、廉韵为主题,打造了一条"室内＋室外""线上＋线下"相结合的"廉韵留下"主题研学线路,室内清廉馆打造了留下廉韵文化音频播放大屏和讲述孝廉故事的廉心堂,室外将廉政文化园、新风广场、清风亭等十景串珠成链,打造了一条家门口的清廉线路。

(3)着眼于把服务生态建起来。构建公共文化服务体系,离不开一支高素质的服务队伍。为培育和扶持基层群众文艺团队建设,进一步丰富街道群众文化生活,西湖区制定了《关于进一步深化西湖区全民艺术普及工作实施方案》,深入挖掘,大力培育、扶持文艺骨干、民间艺人、非遗传承人、文化带头人、群众文化示范团队,吸收大批文化志愿者加入公共文化服务队伍。目前,通过各镇街按需点单的模式,将优质文化资源精准配送到文化礼堂。西湖区组织文化下基层、"文化三堂"、"三送三到"等多样式服务,培育20余支文化志愿者团队,累计开展各类文化惠民活动3000余场次。内容涵盖元宵晚会、书画展、戏曲、文艺演出等;以送演出为契机,搭建文化走亲平台,充分发挥文艺工作者、业余文艺团队的作用,加大区域间文化交流,为群众带来本土文化风采,直接惠及群众

10余万人次,极大地丰富了居民的文化生活,指导镇街、体育协会,举办双浦"篮球之乡"百村篮球联赛、"莲花杯"羽毛球比赛等赛事,指导支持"夕阳红"艺术团、西湖女子合唱团、兰里跑团等群众文体队伍发展壮大,参与各级文艺赛事和活动,培育成为镇街文化活动的骨干力量和展示西湖特色的明星团队。

（二）搭建参与"圈"

首先是聚焦外部引入。杭州全面推行"文化管家"社会化管理新模式,引入高资质社会文化服务企业,建立专业化文化管家队伍,向镇、村派驻专业的"文化管家",引进先进的文化理念、丰富的艺术形式,让文化真正渗透到了基层,催生着乡村文化内生动力,激活农村文化礼堂资源。很大程度上促进了城乡的均衡发展,激发村民的文化需求,增强参与文化生活的主动性和积极性。上城埭村积极引入"文化管家",根据居民的实际需求为导向,结合上城埭村文化资源和特色,量身定制推出的茶村暑期美育基础班,由专业老师授课,制定详实的授课计划,与机构教学同步;东穆坞村"文化管家"制定实施全年活动计划、举行综合性文艺演出、开展文艺指导培训等专业服务,开设少儿口才班、少儿舞蹈班、成人合唱班以及成人舞蹈班丰富了居民生活,激活了农村文化礼堂的阵地资源,让文化礼堂真正"活"起来。

其次是聚焦内部参与。西湖区在社区文化家园建设中率先出台"有组织、有队伍、有制度、有内容、有经费、有考核"的"六个有"长效管理工作实施办法,涵盖19条内容,做到目标明确、过程明了、考核明晰。在具体日常管理中,各文化家园结合实际,保证全年常态化向群众开放。同时,吸纳新乡贤等参与文化家园运行管理,设立乡贤议事会,带动良好社会风尚。采取镇街交叉测评,开展礼堂星级评定,推动礼堂规范管理。细化礼堂的场地、资金、人员管理等制度,每个礼堂配备专职文化宣传员,每年给予人员经费、礼堂运行经费,确保文化礼堂"有制理事、有人管事、有钱办事"。西湖区全面推广"理事会负责制",搭建乡贤联系平台,发挥乡贤达人、文化能人、创业成功人士、志愿者的作用,提升文化礼堂自我管理、自我服务和自我发展能力,促进基层治理有力有序。另外,双浦镇成立礼堂联盟,鼓励"以强带弱、抱团发展",将辖区20个文化礼堂根据片区组成"袁浦礼堂联盟"和"周浦礼堂联盟"。两个联盟内好的做法、特色团队、品牌活动等进行资源共享,增进交流,互帮互助,共同成长。

最后是聚焦双向联动。合作是发展的重要手段。西湖区在街道、村校企之间搭建文化参与平台,以开展文化走亲、合作联动模式实现文化圈的效能提升。外桐坞村文化礼堂接轨之江公益创投,将公益组织引入文化礼堂,把民俗、传统文化和工艺文化相互融合,促进共同发展;转塘街道与浙江音乐学院在上城埭村举行共建文化志愿服务项目:共富向未来——茶园钢琴音乐沙龙取得较好成效。西湖区以社会化发展提升公共文化服务水平,坚持建设与运营一体推进,坚持政府与社会双向发力,构建公共文化服务良性合作生态圈。

（三）提升品质"圈"

西湖区更加注重文化圈个性特色和精神底色,深入分析当地社区、农村居民的年龄结构、受教育程度等综合因素,设计个性化建设内容,打造"一圈一品",营造"小而美""特而精"的人居环境,让圈内功能明显提升、活力满满。

一是创建品牌。深挖辖区内优质特色资源,将传统文化、阅读、艺术融入圈内活动,组织开展文艺一小时特色活动,形成"一圈一品,一圈一韵",引导各类群体深入参与国风文化活动,由表及里形成本质上的价值认同,提升文化软实力。目前,西湖区的24个省级圈均已完成品牌活动认定,省级文化圈"一圈一品"如表5-1所示。

表5-1　省级文化圈"一圈一品"详表

序号	所在乡镇（街道）	文化圈名称	传统节庆品牌
1	蒋村街道	府苑社区	府苑社区邻里生活节
2		诚园社区	国风传承日
3		蝶园社区	蝶园社区元宵喜乐会
4	文新街道	湖畔社区	湖畔阅读日
5		南都社区	南都情园趣味艺术节
6		星洲社区	星洲社区邻里节
7		竞舟社区	蒲公英青少年艺术节

续　表

序号	所在乡镇（街道）	文化圈名称	传统节庆品牌
8	文新街道	府新社区	府新群文艺术日
9		德加社区	德加社区邻居节
10		桂花园社区	中秋团圆，"桂"在有你
11	留下街道	翰墨香林社区	翰林读书郎
12		屏峰社区	心心相融，爱达世界
13	北山街道	金祝社区	金祝社区敬老节
14	翠苑街道	保亭社区	悦文化
15	三墩镇	政苑社区	樱花越剧节
16		文鼎苑社区	鼎耀未来
17		五幸社区	立夏文化节
18	转塘街道	珊瑚沙社区	元宵和悦艺术节
19		美院社区	美院社区邻里节
20		尚德社区	七色花青少年艺术节
21	古荡街道	华星社区	华星社区邻居节
22		莲花社区	润心国学文化节
23	双浦镇	外张社区（村）	外张艺术节
24		东江嘴社区（村）	乡村文化节

　　二是引入名人。依托"15分钟品质文化生活圈"以及各类文体场馆，丰富多彩的文体活动也走进居民的日常生活中。西湖区引进"何赛飞""张望""吴大同"等名人名家工作室，打造"自在西湖外 文艺阡陌行——西湖区送演出进基层"品牌活动。在名人工作室合作模式不断成熟的基础上，构建"名人名家"引进机制，建立"名人名家"库，扩大文化惠民活动影响力。依托沿山书院、牛通

社、雅育教育等社会资源,开展世界读书日、"西湖交享阅"、人文大讲堂等公益阅读推广活动200场次以上。外桐坞村吸引100多名艺术家入驻开办工作室,使茶文化产业、艺术产业、旅游产业有机融合,不仅给村民带来可观收入,更把高雅艺术传入寻常百姓家。

三是创编精品。一方面是精品演艺。西湖区恢复省级非遗项目传统戏剧《哑目连戏》,创编出三个剧目并曾在杭州市传统戏剧大赛上展示,创作具有留下地域特色的舞蹈作品《西溪雨》《西溪小花篮》《西溪探梅》等,注重精品打造,传播传统文化、地域特色文化。另一方面是精品文化活动。骆家庄社区的"新春越剧七天乐、龙舟胜会、暑期活动、重阳晚会"四大节日活动,吴家村把粮仓和秧苗文化相结合,围绕儿童、青少年开展各类活动,紧扣文化"融合"理念,弘扬独具本村特色的传统文化。

（四）强化数字"圈"

（1）深化全区数智引领。以数字公共文化内容体系、平台体系建设为基础,以数字文旅公共服务手段提升为路径,推进"三网合一"的西湖区智慧文化服务体系建设拓展文旅服务领域的创新实践模式。整合全区各类公共数字文化内容(文化馆、图书馆、非遗馆等资源),建成统一标准的数字文化资源,主动对接省市统筹的公共数字文化融合平台体系,实现各级各类文化资源共建共享。进一步凸显资源建设与群众需求对接精准化水平,整合利用"城市大脑"、西湖区"新时代文明实践中心"等大数据平台,融合更多文化资源,实现线上服务和线下服务共存的新型服务模式。

（2）"浙里文化圈"直接惠民。浙江省以"15分钟品质文化生活圈"建设为依托打造了"浙里文化圈"小程序,是全省一站式文化链接平台。按照"看书、观展、演出、艺培、文脉、雅集、知礼"七大场景,提供省市县乡村五级联动的一体化、模块化服务,并通过用户精准画像,实时推送文化展览、图书借阅、文艺演出、艺术培训、志愿服务等清单,实现了海量文旅资源的"一键触达"。目前西湖区各个文化圈的资源已全部录入智慧文化云后台,在小程序中体现。

（五）联动全域"圈"

（1）在层级联动方面。西湖区全方位、多层次布局"区—镇(街)—村(社)"

三级文化基础设施,形成以"图书馆＋图书分馆＋图书室＋数字图书馆"为基点的书香网络、以"文化馆＋文化站＋文化礼堂"为基点的文艺网络。

(2) 在区域联动方面。文化圈内外联动发展,协作公共文化服务提升。西湖区不断深挖资源,串联特色,持续提升文化生活圈的品质。2023年把文化圈、文化驿站和城市书房的建设纳入区民生实施工程,以"三个全覆盖"为抓手,推进公共文化服务新提升。一是"15分钟品质文化生活圈"全覆盖。以品质文化生活圈为载体,把名师授课、展演活动、艺术欣赏等服务送到群众身边。截至目前,西湖区11个镇街共建设完成161个文化圈,实现文化圈全覆盖。二是文化驿站全覆盖。建设"一镇街一驿站",打造可静、可动、可分享的文化空间,做到各有特色、各美其美。三是西湖书房全覆盖。对现有镇街图书分馆的面积、服务规范、功能布局进行优化,实现每个镇街都有"西湖书房"级的核心阅读空间。按照每个乡镇(街道)设置一个文化驿站和城市书房的目标,目前,西湖区已经完成认定的文化驿站和城市书房各10个。总体来看,已经实现辖区内全覆盖。

三、西湖区"15分钟品质文化生活精品圈"的案例剖析

(一)上保社区"双15品质文化生活圈"

(1)"文旅融合"的高品质设施。深挖圈内文化特质,搭建布局合理、融入特色的文化设施网络。不仅统筹梳理了现有的高品质文化空间,还因地制宜地微建设、微改造了一些小而美的公共文化空间。目前圈内包含百越蝴蝶剧场、浙江歌舞剧院、法雨庵(城市书房)、弥陀寺石刻(省级文保单位)、弥陀寺文化公园等,其中弥陀寺文化公园为3A级景区。圈内设施很好地融入了北山人文旅游路线,建设了15分钟文化圈的同时,也融合打造了15分钟旅游圈。

(2)"西湖晓风模式"打造高品质文化空间。聚力"新文化空间"理念,在圈内引入晓风书屋,打造清雅、时尚、怡人的文化空间,开展读书交流、非遗体验、名家沙龙等常态化活动。"往来皆名仕,荟聚均才人"的文化氛围日益浓厚。

(3)"共建共享"的高品质文化服务。聚力"高品质",系统梳理和整合辖区内专业院团、文化骨干、非遗传承人、文艺团队等高品质文化资源,采用购买服务、品牌共建、志愿服务、艺术快闪等形式提供多样化、差异化服务,为群众呈上丰富多彩的"文化盛宴"。

（二）外桐坞村"特色风情文化圈"

（1）红色基因传承。外桐坞村主要突出"全村打造"的定位,按照"两堂""五廊""朱德纪念室""聚贤堂"提升打造,特色创意作坊展示,打造全村文化礼堂概念,丰富文化礼堂内涵及外延,将红色文化理念贯穿文化圈。

（2）乡风民俗振兴。朱德纪念室弘扬红色文化,是爱国主义教育基地,春泥计划阵地;年糕坊为传统民俗文化展示区,配备石磨、棒杵,重现当年打年糕全景,也是市民参与打年糕活动的体验点。同时,文化礼堂内还有上泗地区婚庆礼仪民俗展示。通过统一规划布局,挖掘孝文化、年糕文化、创意文化、红色文化等特色,梳理村落文脉,以实现有外桐坞特色的文化建设新境界。

（3）艺术浸润乡村。除了自有文化,外桐坞受外来文化影响很大。目前整个村已经吸引了油画、国画、雕塑、陶瓷、摄影等约90家艺术工作室入住,外桐坞"艺术村"已初具规模,外桐坞村俨然是一个生态环境优良,民风民俗淳朴,艺术风韵浓厚的田园文艺范小镇。

（三）益乐社区"主题活动乐享圈"

（1）贴近百姓需求,让文化家园"乐"起来。益乐社区文化家园在空间布局上融入"乐活"理念,一楼突出"静",是以读书阅览为主的"乐学"空间;二楼突出"动",是以健身排练为主的"乐动"空间;三楼突出"享",是以培训演艺为主的"乐享"空间,努力让文化家园成为群众学习、休闲、交流的乐园。还打造西湖区首个自助式书房,居民凭市民卡或身份证,享受一站式阅读体验,设立了学、玩一体的首个社区消防安全体验室,以互动式体验为重点,配备VR实景消防体验、灭火器感应设备、厨房灭火游戏等,科技感与趣味性同存。

（2）提升服务精度,让文化家园"热"起来。引进社会组织加强文化家园的运营管理,积极探索"百姓点菜、社会做菜、政府端菜"的菜单式惠民服务新机制,定期开展网络问卷调查,广泛征求居民群众意见,制订月度活动计划,并精选15至20个品牌活动制成菜单,通过微信公众号公布活动时间表,居民对号报名参与。例如,联合辖区医疗机构,定期开展义诊、健康讲座等活动;开展了拳击公开课、"棋"妙的世界、烈火青春消防体验、温暖手工等丰富多彩的系列活动。

（3）倡导共建共享,让文化家园"动"动来。益乐社区注重多方联动,提升文化惠民的内动力。设立名师工作室,邀请各社区文化知名人士和文体骨干

"安家落户",目前已有太极、书画、篆刻、茶艺等10位名师入驻,形成了"文化服务据点"。依托名师团队,文化家园开办名师公益讲堂,开展各类培训活动,组织编排《采桑》《古荡菱情》等原创舞蹈节目。

（四）吉鸿社区"数智提升康养幸福圈"

（1）设置主题,发扬传统文化精神。吉鸿社区文化家园配备了健身房、吉鸿讲堂等多个功能区域,分别以"走近吉鸿""溯源吉鸿""传承吉鸿""未来吉鸿"为主题。将婚嫁、农耕、名人、风俗文化等特色板块融入其中。以吉鸿六座古桥为精神纽带,传承发扬吉鸿"仁义礼智信"精神。

（2）引进名人,社团活动丰富多样。文化家园内相继成立了"西湖印社吉鸿艺术交流中心""颜旭知瑜伽工作室""徐满英太极拳工作室"等名人工作室,"吉鸿民乐队""吉鸿少儿艺术团""吉鸿乒乓球队"等群团组织。通过各个社团活动的开展,拉近了社区与群众的距离,凝聚民心、团结力量,为吉鸿社区的稳定发展发挥了重要作用。另外还推行鸿雁计划,加大税收奖励,设置人才项目孵化用房,鼓励吉鸿人才创业。

（3）数智运营,创建新型康养模式。吉鸿数字化以社区运营为主导,集成现有数字化系统,以数智运营"桥承吉鸿"小程序为纽带,串联数字化驾驶舱和华数电视系统,实现数字化系统三合一。在华数4K智能电视平台定制"未来吉鸿"专区,打造"吉鸿人的一天"服务理念,进行全场景的数字化改造,专区重点开设"一键式"服务:一键订餐、一键找医生、一键购物、一键物业等4项便捷服务,力求实现居家医养和社区医养无缝衔接的医养护三结合的新型医养模式。

（五）龙池村"善法共治圈"

（1）传承"善"文化。龙池村以"善"为主题,将文化礼堂建成一座集村史展览、民俗表演、知识讲座等功能于一体的文化综合体,还是双浦镇首个将"军人之家"融合进礼堂元素的文化礼堂。

（2）举办各类活动。依托舞蹈队、戏曲队、篮球队、剪纸队等8支文体团队,在文化礼堂承办多次市、区级大型活动,如西湖区农村文化礼堂、拆迁城中村文化家园"我们的村晚"展演比赛启动仪式、"新春走基层"活动。开展"非遗手作"进文化礼堂活动,体验传统手工制作。

（3）注入法治能量。打造"有声""有色"两个普法阵地，一是借力龙池村文化礼堂、居家养老、退役军人服务站开展"一堂法律知识宣讲课"和"一次法律主题实践"两个"一"活动，通过法律宣讲进村、参观五四宪法历史资料陈列馆等活动，带领村民聆听"法律之声"、感悟宪法精神。二是完善普法"墙"、普法篮球场、普法广场、普法意见箱等法治宣传阵地，营造居民"能看懂、能喜欢、能接受"的法治文化氛围。建设普法阵地时，规划在离村中心 0.5 千米以内的"圆"内，为村民提供了更集中型法律服务场所。

四、对西湖区精品文化圈的制度化提升

西湖区社区文化家园（农村文化礼堂）工作重心从建设为主转向管理为主，当下的主要问题是如何进一步提升长效机制。从整体上看，经费保障、内容供给、人才支撑三大机制仍面临镇街、村社之间社会经济文化发展状况差异较大等难题，需要在实践中探索总结，最终实现制度化提升。

（一）文化圈日常管理运行

15 分钟品质文化圈建设以普惠性、公益性为基本原则，需满足相关设施开放的时间要求，并实现错时开放，节假日延时开放；坚持公益为主，以人为本，为附近居民提供免费或优惠的无差别服务。西湖区地处主城区，文化设施丰富，文化活动多样，但在实地评估过程中，由于人员、经费或者运营方式的影响，部分文化圈内的公共文化场馆（空间）存在常态化开放的难题。一是个别圈内设施存在人员不足、线上线下开放时间不一致、错峰开放或延长时间方面不到位的现象。二是文化骨干、文艺团队、志愿者等人才培育方面还需进一步规范以加强公共文化运行。

1. 丰富品质生活，促进服务常态化

加强人员配置，实现开放时间常态化。继续强化基层文化阵地建设，提升各类公共文化空间服务，活动空间实现错峰开放，常态化开展各类丰富多彩的文化惠民活动。一是可以招募有长期文化需求的人员或退休老人作为志愿者或员工进行轮班换岗，既能解决人员不足的问题，还能提供文化服务支持。二是针对现已建设完成的文化场馆，采用文化管家、社团入驻等模式，使场馆切实利用起来，提升各公共文化空间的社会效益。遵循"人人参与、人人奋斗、人人

享有"的原则,逐步探索更加灵活,对村社更具匹配性的公共文化设施开放机制。

2. 匹配居民需求,以活动促常态

从文化圈的前端需求开始做精准调研,了解当地居民个性需求,设计不同类型的文化圈,赋予文化圈不同的内涵,开展精准的多元化服务。在服务的过程中,社会组织可以参与了解服务与居民需求的匹配性,做出动态化的调整,打造家门口的"特色文化圈"。一是要努力突破"政府主导"模式,逐渐向政府倡导、社会帮助、"政府+社会"共建共治的方式转变,推进农家书屋、圈内分馆的建设。例如企业出地、政府出书,将图书馆融进商业,打造开放式、有调性的公共空间,同时也利于增加消费者和社区的黏性。二是创新服务模式,以活动促常态。一方面鼓励社会力量加入文化圈建设,将符合条件的乡镇、村(社区)和社会单位作为分馆,让总分馆制的触角深入到公共文化服务产品的各个领域,另一方面鼓励各文化圈积极吸纳群众建议,让群众适当参与进活动内容的规划。这有利于丰富公共文化服务产品供给、激发社会各界参与文化活动的积极性、提高活动质量、增加粉丝黏性。

3. 加强队伍建设,文化人员选育

首先是文化队伍方面。一是以展提优,增强团队建设后劲。加大资源整合,以补助的形式鼓励村社吸引文艺人才、培育特色文化团队。积极搭建群众文化团队展示交流平台,通过每年常态化举办"群星艺术节"、百姓春晚、广场舞大赛等文化活动,为全区群众文化团队提供同台竞技和展示展演的平台,评选一批团队并不断发展壮大,成为在全区具有影响力的群众文化团队。二是以培促强,培育团队创新能力。把加大培训力度作为增强群众文化"造血"功能的重要手段,进一步增加群众文化团队自我创新、自我发展能力。一方面通过文化云平台和现场讲授的方式,向群众推出公益培训课程,提供多门类艺术培训。委派专业骨干深入群众文艺表演团队,"手把手"帮助各社团全面提升表演水平,进一步提高文化圈文艺团队水平;另一方面采取邀请专家培训、定向创作曲目等方式,实行"一对一"精准培训,分类、分级指导,有力提升团队专业水平和表演实力,为全区群众文化活动的开展奠定人才基础。三是以学创新,激发团队创作潜力。以群众文化需求为导向,积极引导群众文化团队把本村(社区)文明风尚、传统文化等融入演出,通过小品、戏剧等形式演绎出来,激发团队的创作潜力,使各村(社区)文化元素得到展示,在全区或街道范围内流动展示,让群众真正得到幸福感和参与感。其次是文化志愿者方面。一是强化培训,让志愿者成为文化圈的传播者。实施志愿者队伍培训计划,建立西湖区志愿者孵化基地,邀请全国文化专家定期为志愿服务进行培训和团队孵化。二是科技助力,让志愿者成为先进文化的传播者。互联网技术的应用进一步扩大了文化志愿活动的涵盖面,线下和线上服务的结合使文化志愿活动产生倍增效应。

4. 提高组织能力,开展考核评估

发挥城乡基层群众性自治组织的作用,推动开展公共文化服务参与式管理。一是健全民意表达和监督机制,引导城市社区居民和村民参与公共文化服务项目规划、建设、管理和监督。调动驻村(社区)单位、企业和社会组织等多方面力量,共同参与基层文化的管理和服务,形成多元联动格局。二是加强公众服务评议和绩效激励。制定工作报告制度,通过第三方机构明察暗访等方式进行督导检查,依托公共文化服务大数据平台进行动态监测,开展优质运营团队、特色设施空间、优秀服务人员评选。三是扎实推进社区文化志愿服务。将公共文化服务纳入基层社区服务网格进行管理,培育城乡社区互助文化,营造社区和谐环境。完善文化志愿服务记录和激励制度,逐步建立星级文化志愿者认证制度,对服务时间长、表现突出、贡献较大的优秀文化志愿者团队和个人按国家有关规定给予表彰奖励,增强广大文化志愿者的工作成就感和社会荣誉感。

(二)文化圈评级

目前,西湖区文化圈的认定方法为村(社区)自查上报。首先选定文化圈圆心,划定范围。之后村(社区)确定圈内设施,对照《浙江省文化和旅游厅关于修订省政府民生实事项目建设标准的通知》开展硬件设施提升。完成"15分钟品质文化生活圈"建设要求后,标识上墙,开始试运行。由区文广旅体局和第三方组织认定工作,进行实地调研评估,符合基本要求后,认定为区级文化圈。现在西湖区已经实现文化圈全覆盖,但文化圈品质参差不齐,对文化圈分类规划不够明确,同时考虑管理质效,现计划对文化圈评级进行制度化探索。

从村(社区)角度来看,文化圈评级有利于帮助村(社区)找准定位,适应公共文化事业发展;从街道角度来看,文化圈评级有利于街道加大对社会资金、政府激励的吸纳能力,对自身发展路线有进一步把控;从区文广旅体局方面来看,文化圈评级有利于提高西湖区公共文化的社会知名度,找出人才培养工作薄弱点和其他问题,对自身现状和未来看得更清楚,以制定科学的发展战略。

评级是服务于差异化管理的,评级不仅考虑数量,还要考虑质效。

1. 加强评级方法和指标的研究

深化评级标准,包括评级对象、评级方法等,实现由评估认定到质量评价。以文化圈认定表为基础,对一至五级文化圈制订不同的评级条件,对空间数量、图书借阅次数、书籍流通度等细分条件进行不同程度的提高,保证评级序列合理性。

2. 加强对评级报告质量的管理和后续跟踪管理

文化圈评级目的是以评促建、以评促改,提升文化圈的管理水平、服务能力和服务质量。所以报告最终呈现也对后续复盘和提高工作有重要作用。要求报告保证真实、准确和完整,便于文化圈评级的内部控制和合理把控。

3. 继续加强评级人员的队伍建设

对于评估人员,提高参评标准。一是通过加强管理、强化培训,不断提高考评员的业务水平和道德素质。二是制订考评员的遴选体系,根据文化圈不同等级分配相应等级的考评队伍。对于参评人员,开展评估培训。在文化圈评估展开之前,每个街道选派1—2名文化员参加培训,由评估经验丰富的专家对评估条件、标准、政策、要求等进行讲解,以便街道和村(社区)针对自身目标提前进行规划和修正,以及提前准备评估相关资料。

(三) 文化圈社会化运营探索

不同区域的服务人群有所差异,也会带来需求的差异,要培育和支持社会力量参与到文化圈的服务中来。在实地调研中发现,打造民生实事项目的工作中还有一些需要提升的地方,例如,多数村(社区)仅依靠集体收入和政府补贴运行场馆,缺乏政府与社会合力共建的有效配套政策和机制、经验。建设民生实事项目工程,仅仅依靠政府力量的投入,难以满足人民群众多元化的文化需求,因此社会力量参与模式还需进一步探索。建议吸引鼓励社会力量参与文化圈建设,采取"政府主导+社会参与+多方联动"的服务模式盘活社会资源,形成社会公众人人参与公共文化服务的良好社会氛围,促进这项惠民工作能长效有序有力运行。

1. 推进社会购买服务

广泛吸收社会资本参与。通过政府购买、社会资助、项目运营等形式推动公共文化服务社会化、专业化发展,提升服务效能。将政府购买公共文化服务资金纳入财政预算。完善购买服务目录,健全公共文化活动服务外包政策。围绕"选—用—管—培"四个环节,形成以全过程管理为牵引的、运行规范有序、多层次、多元化公共文化设施社会化运营制度体系,社会力量参与公共文化事业的氛围更加浓厚。例如增设满足基本公共文化服务之外的延伸类服务内容,明确委托主体与承接主体更加灵活的合作方式。一是在坚持社会效益优先的原则下,街道与运营方签订协议,每年开展文化活动达到目标场次、每年实现直接参与活动者计划人次。二是服务面向各年龄群体,可提供分时段、定制化文化体验内容,市民文艺社团、文体组织都可以来这里创作、排练、展演,成为居民文化生活社区和百姓的文艺秀场与文化之家。三是基本公共文化服务和优质化、个性化的文化服务结合,公共文化服务的免费提供与优惠提供并举,从而进一步激发各类社会主体参与公共文化服务的积极性,增强公共文化服务的发展活力,更好满足群众文化新需求新期待。

2. 鼓励社会资本进入

利用"线上+线下"开辟文化圈广泛宣传举措。一是组织长三角百家知名旅行社和省市主流媒体参加自在西湖外文旅推介会、文旅体嘉年华、悦游悦生活、"游园今梦"等活动,分类整理出乐学、探美、寻味、研学、健体等板块以展示各"15分钟品质文化生活圈"的文化旅游形象以及各文化圈的特点,将各村(社区)能挖掘的或是已经具备的人工自然等文化、场地设施等情况进行全面展示。增加各级媒体曝光、专题活动对企业营销,实现整合资源、精准引流。二是联合其他区县,借助省市平台,组织文旅企业赴四川、广州、湖北等地举办文旅推介会,现场发布西湖区文化圈内网红打卡点、资深玩法和亲子度假产品,两地旅行社合作签约,为西湖区文旅市场引入资本,加大文化圈与企业的接触面,进一步拓展客源市场,增加圈企合作机会,以打造新型高品质文化圈。三是开展线下推介的同时,更加注重直播带货,举办"云上西湖文旅"双千直播、"你好长三角"融媒体在线直播等活动,开设西湖区文旅专区,通过线上推介,吸引企业投资。

3. 调研文化特色,实施精准对接

对于"15分钟品质文化生活圈",还需继续培育和支持社会力量提供精准服务。一是完善区级文旅政策供给,激发文化圈利用空间特点和区位优势吸引"高端业态"入驻,实现"腾笼换鸟",促进全区文化产业高端化、品牌化发展。二是大力支持运营机构提升创新服务能力,建立健全文化圈"一条龙、一站式"的基础服务和"政策精准对接、精准招商引企、展示创新传播"等综合服务体系,为村(社区)和企业提供精准对接,探索引进文化创意机构和人才,实现文化圈的质量提升。三是完善西湖区智慧平台对文化圈空间基础资源的数据统计与监测,完善全区可用于发展公共文化的空间资源信息,以便结合地方特色内容供给,形成村(社区)特色文化活动,到各文化圈开展宣讲,进行活动开展。逐步形成以资源开放为导向、共享协同为目标、考核评估为手段,具备统计、监测、预警与互动功能的园区发展动态监测服务平台。

第六章 湖州市长兴县公共文化人才"二元培育"

一、长兴县公共文化人才培育背景

（一）建构浙江省基层公共文化服务人才体系的紧迫性

习近平总书记强调，要推动社会治理重心向基层下移，完善共建共治共享的社会治理制度，明确要求浙江快速推进治理体系和治理能力现代化，补齐短板。中共中央、国务院《关于全面推进乡村振兴加快农业农村现代化的意见》提出，到 2035 年乡村文明程度得到新提升，加强新时代农村精神文明建设的发展目标。文化和旅游部《"十四五"文化和旅游发展规划》指出，坚持政府主导、社会参与、重心下移、共建共享，优化城乡文化资源配置，统筹加强公共文化设施软硬件建设，创新实施文化惠民工程，不断完善覆盖城乡、便捷高效、保基本、促公平的现代公共文化服务体系，提高公共文化服务的覆盖面和实效性。

2022 年 6 月，《浙江省第十五次党代会报告》指出，在全省域推进共同富裕现代化基本单元建设中，探索基层公共服务新模式，加快城乡社区现代化建设，构建居民幸福共同体。2022 年 8 月，中共中央办公厅、国务院办公厅印发《"十四五"文化发展规划》指出，推进城乡公共文化服务体系一体建设，创新公共文化管理机制和服务方式，推进文化惠民工程互联互通、一体化发展。深入推进政府购买服务，推动公共文化服务社会化发展、专业化运营。文化服务领域要改革人才培养方式，优化人才结构，创新人才培训形式，加大培训力度，不断提高干部人才队伍素质能力，加强县级和城乡基层宣传文化队伍建设，鼓励和扶持群众性文艺社团、演出团体和基层宣讲员等各类文化人才、文化活动积极分子，培养扎根基层的乡土文化能人、民族民间文化传承人、乡村文化和旅游能人、基层文化设施和文物管理人员。

2015 年 7 月浙江省委、省政府制定《浙江省基本公共文化服务标准（2015—2020 年）》以来，浙江省公共文化设施布局日趋完善、公共文化服务效能持续提升、公共文化服务品质更加凸显，已于 2020 年全面实现基本公共文化服务标准化。"十四五"期间要全面提升公共文化服务发展水平，推进城乡公共文化服务体系一体化建设，推进公共文化服务高质量发展，首先要打好人才牌。2021 年 8 月，为深入贯彻落实《浙江高质量发展建设共同富裕示范区实施方案（2021—2025 年）》，浙江省委办公厅、浙江省政府办公厅联合发布《关于高质量建设公共文化服务现代化先行省的实施意见》，要求到 2025 年，浙江基本建成以人为核心的高质量公共文化服务现代化体系。浙江省文化和旅游厅印发了《推进文化和旅游高质量发展促进共同富裕示范区建设行动计划（2021—2025 年）》，提出公共文化始终坚持以人为核心，以满足人民群众对美好生活的新期待为目标，为人民群众提供品质高、内容多、形式新的文化设施、文化产品和文化活动，争创社会主义现代化先行省、建设共同富裕示范区的排头兵和先锋队，也是人民群众满足对美好生活新期待的必然要求。

《浙江省非物质文化遗产保护发展"十四五"规划》指出，培育弘扬"工匠精神"，发现、扶持一批传统工艺创意人才。加强曲艺创作、演出人才培养，提升曲艺作品创作水平。拓宽人才培养渠道，促进优秀年轻人才脱颖而出，形成合理传承梯队。以打造一支数量充足、结构合理、素质优良、敬业奉献的非遗保护人才队伍为目标，依法加强人员力量配备，进一步充实队伍数量，适应职责任务和事业发展需要。加强非遗传播、策展、创意、管理等各方面人才培养。加强与高校合作，推进非遗相关学科和专业建设，将非遗纳入学历教育路子，依托职业学院开办非遗分院，促进非遗保护管理人才培养。

近年来，浙江省从事文化产业管理的人才总数逐年上升。浙江省统计年鉴数据显示，从 2014 年开始，浙江省从事文化、体育与娱乐业的人数均以 30.56% 的年增长幅度飞速增长。2022 年，全省艺术表演团体 10420 个，从业人员 156897 人，其中公有制艺术表演团体 62 个，从业人员 46443 人，绝大部分团队和从业人员是非公有制性质。2021 年，全省群众文艺团队 36154 个，举办展览 19118 次，组织文艺活动 148356 次，举办训练班 116381 次，总支出 346248 万元。基层文化事业从业者数量随着政府主导的文化场馆建设迅速增加。截至 2022 年初，浙江省已经构建了相对健全的公共文化服务队伍，成立了浙江省文化和旅游志愿者总队,志愿者总数达 28.9 万人,组建培育了"三团三社"2.5 万余支、文化示范户 966 个、乡村文化能人 2620 名。目前,全省共有文化从业人员和文化志愿者 216 万人。依托这支公共文化服务人才队伍,建成了"送文化、走文化、淘文化、云文化、种文化"多元立体供给体系,全年面向农村群众送戏下乡 21722 场、送书 418 万册、送讲座送展览 23877 场,组织文化走亲活动 2354次。开发"智慧文化云",建成公共文化服务大数据中心。接下来将继续开展"三团三社"建设,评选文化示范户和乡村文化能人;开展"送戏下乡""引戏进城"。实施基层文化素质队伍提升工程,年培训基层文化从业人员不少于 10 万人次,推动建立"浙江省文旅人才项目共享服务平台"。

(二)长兴县基层公共文化服务人才体系现状

长兴县委、县政府秉持"大气开放"的行事风格,坚持"实干争先"的拼搏精神,少说多做,始终用踏踏实实的行动力支撑全县的公共文化服务事业,致力于为全县人民提供丰富的文化产品和服务。县文旅系统大胆改革,突破传统思维,结合长兴县域特色,构建了具有长兴特色的公共文化人才体系。这一体系可以用"志愿服务、点单平台"概括,前者是农村文化礼堂志愿者个体,后者是群众文化自组织。长兴县坚持志愿服务和点单平台两手抓,一方面成立了农村文化礼堂管理志愿者服务队伍,努力构建了一个参与广泛、形式多样、机制健全的农村文化礼堂管理志愿者服务体系;另一方面以"文旅演艺单"和"非遗点单"平台对全县范围内的文化社团进行整合,实施文化品牌的供给侧改革,精准对接文化品牌提供方和需求方,推动志愿文化项目与群众文化有效对接,有效调动社会力量满足群众文化需求,使文化成果更多地惠及基层群众,缩小城乡之间、社会成员之间在文化生活上的差距,促进公共文化服务事业健康、有序地发展。

《2021 年长兴县国民经济和社会发展统计公报》显示,长兴县公共文化服务的软硬件体系建构基本完成。截至 2021 年底,长兴县拥有文化馆、图书馆、博物馆、纪念馆各 1 个,文化馆分馆、图书馆分馆、综合文化站实现 15 个乡镇街道全覆盖,城市书房 7 个、民宿书房 20 个,图书总藏量 69 万余册;文物保护单位 81 家,其中国家级 4 家。长兴县基层公共文化服务评估全省排名跃升为第 4 位(全市第 1),全年开展文化惠民活动 6800 场、送戏下乡 100 场、文化走亲 50场、文旅演艺点单和非遗点单 500 余场、阅读推广活动 500 余场、送书下乡

32000 余册。如此庞大的公共文化服务架构，需要大量的人才支撑。长兴县文旅系统想方设法壮大志愿者队伍，打造亮点工程。采用公开招考方式，从毕业大学生、返乡才艺青年、民营文艺团体协会成员等人群中选拔农村文化礼堂志愿者。开展文化礼堂志愿者交流会，召开非遗保护、文化活动组织与策划等专题讲座，全方位提升队伍素质。截至目前，累计招募培训志愿者 200 多名，除了文化礼堂志愿者，每个农村文化礼堂同时配备 10 人左右的志愿者，全县农村文化礼堂系统志愿者超过 2000 人。此外，整合乡村文化资源，重点打造"三团三社"亮点工程，培育乡村文艺社团，激发群众参与热情。截至 2021 年 9 月，组建满堂红艺术团、拍客长兴等乡村文艺社团 1323 个，创制文艺作品 5000 余件。开展"你点我送"文化惠民活动，创新推出"文旅演艺单""非遗点单"文化惠民举措，通过"订单式""菜单式"服务精准满足群众文化需求，开展文化走亲、送戏下乡等文化活动 6736 场。截至 2022 年上半年，长兴县公益组织从 7 家增加到 20 家，注册志愿者从 2 万增加到 16 万。已建成并运行农村文化礼堂 219 家，配备文化礼堂志愿者 219 名，其中专职 90 人。共有 22 家群众文化自组织被纳入 2021 年长兴县文旅演艺点单积分制考核奖励体系中，整理编排出《百叶龙》《青草坞鸳鸯龙》《双偶摔跤》等非遗传统表演节目和器乐、曲艺、音乐、舞蹈、戏剧等节目 3000 余个，以"文旅演艺单"形式全部提供给文艺社团和景区进行自由、双向选择。

可持续人才的选育机制给长兴县公共文化服务体系提供了扎实的管理、运行和内容支撑，为长兴县成功创建首批浙江省基本公共文化标准化认定县，成功创建首批"浙江省文化和旅游产业融合试验区"、获评全国文旅融合高质量发展典范城市等，奠定了坚实的基础。长兴首创的"文旅演艺单"点单项目和农村文化礼堂志愿者公共文化服务项目入选浙江省基本公共文化服务领域管理体制机制改革创新示范项目，长兴县和李家巷镇被评为"浙江省民间文化艺术之乡"，入选浙江省首批公共文化现代化先行县创建名单。

二、基于文化礼堂志愿者的文化管理人才选育机制

（一）把好进口，选对人才

志愿者招募是公共文化服务体系补充人才资源的重要方式，浙江省各县（市、区）招募文化志愿者的尝试早在 2009 年前后就较为普遍了。但选拔志愿者的首要问题是把人用在哪里，没有固定空间和工作场景的"万金油"志愿者岗

位,缺乏清晰的责任意识和岗位使命,志愿服务的功效会大打折扣。这一点已经从其他地方的文化志愿者招募活动中得到检验。文化志愿者很多,但是文化礼堂志愿者有载体、有平台,有身份,有角色,是一个独特的志愿岗位。湖州市长兴县最先锚定志愿者"文化礼堂"的清晰归属,界定了志愿者的工作地点、空间和责任范围,让志愿者身份与具体的文化岗位相结合。既是对志愿者精神的精准弘扬,又是对公共文化志愿服务体系的大胆创新。长兴县地处杭嘉湖平原,临太湖倚天目,是文化之邦、东南望县,经济实力雄厚,创业机会多,返乡创业的青年大学生数量多,他们中有一批身怀才艺者,也有一批有志于服务家乡文化事业的年轻人,这些人是发展县域文化事业不可多得的人才。文化礼堂志愿者,可能是长兴县域基层散落的珍珠,将来亦可能是长兴公共文化服务的核心管理者和排头兵。农村文化礼堂志愿者招募既要向长期以来辛勤耕耘在基层一线的文化管理者敞开大门,又要想方设法将这些年轻人纳入麾下。

第一,对文化礼堂志愿者招募条件进行顶层设计。农村文化礼堂志愿者招募基本条件是:有较高的思想政治素质,拥护中国共产党的领导;热爱基层文化工作,身体健康,有一定的文艺专长和活动组织管理能力;能熟练操作办公软件,大专及以上学历;年龄一般在男40周岁、女35周岁以下;村两委班子不得兼任农村文化礼堂志愿者;特别优秀的可适当放宽相关条件。长兴县严格把关,层层筛选,定向选择有一定文艺特长、年轻、高学历、具有一定行业背景的志愿者加盟,且排除了村两委干部。按照"自愿报名、公平竞争、坚持标准、择优聘用"的原则,以购买服务的方式,实行"乡镇文体协会聘、文化站管、村(社区)用"的办法。县文广旅体局、乡镇(街道、园区)综合文化站负责制定标准,乡镇文体协会按照有关程序公开招聘农村文化礼堂管理志愿者。如此,招募的农村文化礼堂志愿者队伍呈现出以下特点:一是年轻,大都是三十岁以下;二是高学历,至少有专科学历,其中不乏杭州电子科技大学计算机本科高材生。三是本土特色明显,他们大都来自本镇或本村,朋友圈广,感召力大,带动性强,有着广泛的群众基础,在组织策划文体活动时,极易得到当地老百姓的支持。这支独特的队伍推动了群众文化活动由自娱自乐型向示范带动型转变。例如,在农村文化礼堂志愿者试点工作开始两年后,小浦镇农村文化礼堂志愿者就在2017年积极挖掘地方文化,策划创编"芥里婚庆"系列活动再现本土民俗礼仪,这种接地气的作品深受老百姓喜爱。

第二,分步骤有序推广。2015年2月,农村文化礼堂志愿者试点工作在小浦镇启动，在全县范围内发布招募令，按面试、笔试、考察等程序，聘用 6 名小浦镇文化管理志愿者，并组织文化管理志愿者开展工作。6 月份开始，在小浦镇试点基础上，制定全县农村文化礼堂管理志愿者制度的实施方案，召开动员会，组织全县乡镇（街道、园区）推广实施，当年 12 月底前，全县农村文化礼堂志愿者招募工作基本完成。2016 年，长兴出台《关于在全县实行农村文化礼堂管理志愿者制度的通知》（长文广新〔2016〕31 号）。2018 年，在总结试点经验基础上，在全县所有农村文化礼堂推广这一制度，每一个农村文化礼堂配备文化礼堂志愿者 1 名，实现农村文化礼堂志愿者全覆盖。目前，全县 15 个乡镇街道、238 个行政村已建成农村文化礼堂 219 家，配备 219 名农村文化礼堂管理员，其中专职 90 人，兼职人员来自民营文艺团体协会会员、非遗传承人和村聘干部等。

第三，扩大志愿者外围队伍。建立文化志愿者服务网络，继续向全社会发出倡议，广泛吸纳社会各界热心公益和文化事业的人士参与文化志愿服务，尤其鼓励身体健康的青少年、专家学者、社会知名人士积极参与。按招聘程序向社会公开招聘，未录取人员根据考试成绩择优形成农村文化礼堂志愿者人才储备库，人才库有效期一年。文化志愿者人员因故变动缺额，可在有效期内从人才储备库择优进行选择。

（二）做好培训，培养人才

不同于广义上的文化志愿者，农村文化礼堂志愿者具有非常明确的工作职责和范围，需要从事与农村文化礼堂各种专业功能相关的管理和组织工作，需要制订专业的培养计划。农村文化礼堂志愿者个体素养差异较大，长兴县文化和广电旅游体育局对志愿者进行考试和评价，不搞大水漫灌，进行分阶段分步骤的差异化培训，分批次分阶段提高队伍素质。培训分基础岗位培训、分组深度教学培训和进阶实践训练三个层次。

第一，岗位培训紧。在农村文化礼堂志愿者上岗前，由所在乡镇（街道、园区）综合文化站组织集中上岗培训，对所招聘的农村文化礼堂志愿者进行政治思想、工作内容、业务技能等方面的从业培训，集中上岗培训应不少于 3 天，县文化主管部门每年定期组织业务培训不少于 5 天，以此来有效提高农村文化礼堂志愿者队伍的业务素质和服务水平，最终实现全县基层文化队伍"一专多能"的复合型人才总目标。定期对农村文化礼堂志愿者进行业务能力测试，测试结果反馈给所在乡镇(街道、园区),作为志愿者优胜劣汰的考核依据。

第二,分组分类培训。在前期举办的门类齐全的培训和交流中,农村文化礼堂志愿者队伍"一专多能"已取得了一定成果,并且实现了专业和实践融会贯通,有效提高工作效能。针对志愿者的特长种类和培训人数较多的特点,推出分组教学,分表演艺术类、视觉艺术类、语言类课程三个组别,对农村文化礼堂管理志愿者服务队伍进行分组别、分阶段教学,强化已有优势。

第三,深度实践活动。2019年至2020年,县文化和广电旅游体育局继续组织志愿服务培训和实践精英班两期,每期一年,推出选修和必修课程,针对性提高农村文化礼堂志愿者服务队伍的业务能力;组织志愿服务普及班四期,面向全体农村文化礼堂志愿者,进行业务素质和服务水平的均等化培训。长兴县与浙江艺术职业学院合作举办长兴县公共文化服务培训班,培训班为期1年,挑选优秀志愿者40人,从2018年4月至2019年3月,每半月集中2天学习,共40天,计240课时。以请进来和走出去相结合,"请进来"——邀请省级专业老师来长兴开展非遗保护、文化活动组织与策划、舞蹈、音乐、摄影、美术、书法等理论课程和专业实践课程培训,"走出去"——赴桐乡、宁波等农村文化礼堂进行实地考察现场教学。

第四,培养项目外拓。以文化礼堂志愿者为核心,带动更多的公共文化服务人才参与素质提升活动。一方面推出"身边的课堂",对村级文化专管员、文艺骨干、村民开展日常培训。针对基层群体不同、时间不固定等问题,志愿者发挥自身和团队的优势,利用各乡镇(街道)的农村文化礼堂、综合文化站和户外活动广场开设书法、音乐、舞蹈等成人培训班;另一方面实施"春泥计划",对学生进行公益的课业和艺术培训。针对假期部分家庭孩子缺少人看管的情况,特地在每年寒暑假期间,开设公益课堂,由文化志愿者和暑期实践的大学生对学生开展免费的文艺培训和课业指导。

(三)资源整合,巧用人才

农村文化礼堂志愿者的个人才艺和综合素养具有特殊性,基层公共文化服务的需求和文化礼堂志愿者的个人能力之间不能完美匹配。这就需要整合资源,创造平台,充分挖掘并利用文化礼堂志愿者服务队伍的个人能力。

第一,长兴打造"一对一、一对N"的文化服务。初期农村文化礼堂志愿者人数不足时,一个志愿者可能服务多个农村文化礼堂,完成"一对一"之后,长兴县实施"一对N"的组团式服务,铺开"1+1>2"的文化服务,将每个乡镇(街道)的文化志愿者组建成一个团队,采取团队式服务,有效发挥每个志愿者各自的优势,形成合力,使每个农村文化礼堂都能享受到全面性的指导。实现了从一个志愿者服务一个文化礼堂到一个团队服务多个文化礼堂的转变。"一对一"和"一对N"两种模式下团队与个人双优化,利用优秀志愿者的典型示范作用,打造优势团队,在乡镇(街道)内实行流动式服务,发挥辐射作用。小浦镇共有志愿者5名,分别擅长主持、舞蹈、活动策划、戏曲等,针对每年文化礼堂举办的乡村春晚,实行团队式服务,按照"谁的礼堂谁导演"的原则,通过开会研究、分工分配、分头落实、彩排演出一系列流程,高质量保证了该镇每场乡村春晚的举办。

第二,以文化礼堂活动为载体用好志愿者。长兴推动文化礼堂"建、管、用、育"一体化,挖掘文化礼堂志愿者的能力。每个文化礼堂每年开展活动20次以上。这些活动包括:广泛开展"送文化""种文化""赛文化"等活动;深入开展"我们的"系列活动:过好"我们的节日",办好"我们的村晚",唱响"我们的村歌",弘扬"我们的传统",做到每名文化志愿者都能在文化活动中播种子、送服务、建队伍、育项目;深化"双万结对""双百双进"等活动,推动党政机关、文艺团队、学校、企业、文明单位与农村文化礼堂志愿结对,为群众送去文化志愿服务。

(四) 明确职责,赋能人才

农村文化礼堂志愿者是具有特殊职责和使命的特殊人才,对其职责范围和基本服务范畴要有清晰的界定,如此压实责任,权责明晰,保障角色效能稳定发挥。

第一,农村文化礼堂志愿者的基本职责包括:负责管理村(社区)文化礼堂、健身广场等公共文化活动设施,确保文化阵地正常开放、免费开放;负责管理村(社区)图书室,不断提高社会效益;组建培训村(社区)各类文艺团队,经常性开展健康有益的文体活动,丰富基层群众的业余文化生活;深入挖掘、保护传承本土优秀传统文化,宣传党的各项方针政策,用先进文化引领人、凝聚人、激励人,参与村(社区)其他有关活动,热心为群众排忧解难。

第二,农村文化礼堂志愿者的基本服务要求和范围包括文化空间优化与文化设施管理、文化活动组织、文化队伍建设和文化传承与保护四大块,具体细则如下表:

表 6-1 长兴县文化礼堂志愿者的基本服务要求和范围

文化空间优化与文化设施管理	1. 应积极优化农村文化空间,根据公众需要调整文化设施功能设置,注重文化传承和文化氛围营造,不断丰富乡村生活的内涵和农民的业余生活。
	2. 制定文化阵地各项管理制度及年度工作计划,开放时间和活动项目对外公示,鼓励文化设施开放时间与当地公众的工作时间、学习时间适当错开。
	3. 充分发挥农村文化礼堂作用,保障农村文化设施的免费开放,结合群众需求,各功能区域按需开放。
文化活动组织	1. 农村文化礼堂月月有活动,每年组织开展形势政策宣传、春泥计划、道德讲堂、移风易俗等各类文化礼堂活动 30 次以上。
	2. 在春节、元宵节、清明节、端午节、七夕节、中秋节、重阳节等传统节日,开展传统文化活动不少于 10 次。
	3. 培育主体活动,组织开展乡村春晚或村(社区)自办的综合文艺演出 1 场以上,注重群众自编自导自演,本村(社区)参与节目不少于 80%。
	4. 积极参与县级以上组织的各类文化活动和赛事,配合做好其他各项活动。
	5. 应加强文化活动组织过程的管理,重大活动做好安保应急预案,做好活动记录、档案管理和数字化平台上传。
文化队伍建设	1. 应做好辖区内群众文体团队的组建、人员登记造册等工作,建立信息档案,承担群众文体团队的业务辅导和培训任务。
	2. 应根据当地实际,组建 6 支以上文体团队(其中 1 支不少于 10 人以上)。指导团队制订活动计划,每年组织开展团队活动 6 次以上,并做好活动记录。
	3. 应组织社会各界力量广泛参与到农村文化礼堂志愿者队伍中,推行文化志愿者注册管理制度,依托重要节日纪念日开展文化志愿服务活动。
文化传承与保护	1. 摸清当地文化遗产情况,做好日常管理工作。注重宣传,弘扬历史文化底蕴和文化遗产,营造氛围。关注文物保护的重点难点问题,做好辖区内文化遗产的保护利用工作。
	2. 积极挖掘当地文化元素,做好非遗保护传承发展工作。配合做好非遗项目、非遗传承人、传习基地等的申报、考核工作,并开展相关非遗活动。

（五）平台互竞，管好人才

对一个乡镇（街道）或者全县文旅系统而言，文化礼堂志愿者是一个群体。个体在群体中既能找寻到同类归属感和集体温暖，消弥工作中遇到困难而产生的负面情绪，同时又能在群体中发现更有益的个体，互相学习，取长补短，在群体竞争中提升个人工作能力。

第一，创新管理顶层设计。明确农村文化礼堂管理志愿者管理主体，建立能动的管理制度。为便于规范管理，对文化礼堂志愿者队伍实行"乡聘站管村用"的模式（即乡镇文体协会聘、文化站管、村（社区）用）。县文广旅体局定标准，乡镇（街道）招聘，农村文化礼堂志愿者接受乡镇（街道、园区）综合文化站和村委会双重管理，避免了"县里管不着，村里管不了"的现象产生。为进一步推动农村文化礼堂的科学化持续化发展，根据"谁主管、谁负责"原则，长兴县打破单一局面，采用专兼职的模式，实现多元化发展。

第二，长兴县对农村文化礼堂志愿者开展业务练兵交流活动。每年开展1—2次全县农村文化礼堂志愿者交流会，安排每位志愿者进行才艺展示，由志愿者表演自编自导自演的原创节目，在县文化馆小剧场进行汇演，邀请专业评委进行打分点评。对其中涌现的优秀节目，推荐进入当年所属乡镇（街道）的村晚，并进入全县文化点餐名单，供各乡镇（街道）点选，打通各乡镇（街道）志愿者之间的横向比较和工作交流。通过搭建赛事平台，使一批拥有突出才能的志愿者脱颖而出，县文化部门将他们纳入县级以上的群众文化活动中，积极推荐参加各级文艺演出、赛事。

第三，建立服务平台系统，完善志愿服务体系。积极探索"互联网＋志愿服务"的模式，助推志愿服务专业化、特色化和精准化。投资16万元建设数字文化馆，加入志愿者服务模块。推行工作动态展示，开展每日工作亮晒，建立全县文化站长（文化志愿者）微信工作群，注册文化礼堂志愿者微信公众号，每次文化礼堂开展活动之后，将活动剪影以文字＋图片的形式发布至群内，比一比、晒一晒，向社会公开文化礼堂志愿者的工作和成效。在平台内设置点餐菜单，在平台设置服务打分栏，根据志愿者开展的活动进行群众满意度测评，实行动态管理，纳入文化礼堂志愿者的年终考评。

第四，用农村文化礼堂星级评选制度建立志愿者考核激励机制，激发农村文化礼堂志愿者工作内生力和主动性。推出量身定制的《长兴县文化礼堂志愿者五级考评制》激励制度,文化礼堂志愿者等级分一级、二级、三级、四级、明星级共五个等级,等级评定内容由日常工作、奖励制度、年终测试、满意度测评四方面组成,每年评定,每月考核。长兴县及时出台《关于在全县实行农村文化礼堂志愿者制度的通知》,各乡镇(街道、园区)综合文化站根据实际情况制定考核细则,全面推行对文化礼堂志愿者的考核制度,考核结果与年终绩效挂钩,并对考核不合格者依法解除聘用关系,以考核管理促进志愿者主动作为、积极作为,不断提升公共文化服务水平。

第五,建立行业标准和第三方评价监督机制。建立以村委、群众为代表的第三方评价系统,促进公共文化服务标准化建设。推行在村党组织领导下村民自我组织、自我管理、自我服务、自我发展的农村文化礼堂运行管理机制,所有文化礼堂已建立理事会负责制,吸纳村干部、新乡贤、文化骨干、创业成功人士等参与农村文化礼堂运行管理。值得一提的是,长兴县对农村文化礼堂志愿者出台地方标准,用标准管理人才,这是目前浙江省县域出台的第一个《农村文化礼堂志愿者管理规范》地方标准,这一标准固化了长兴县农村文化礼堂志愿者管理经验,推进了长兴县农村文化礼堂管理水平与长效管理制度的标准化。

(六)保障激励,留住人才

志愿者精神是农村文化礼堂志愿者开展工作的意识支撑,但志愿服务也容易在日常烦琐的工作中消磨热情。为了建立长效可持续的志愿服务体系,建立动态调整下的相对稳定、长期服务的农村文化礼堂志愿者队伍,留住志愿者的心,为志愿服务精神的火热激情持续投入燃料,需要从制度、经济、考评等各层面实施激励加持。

第一,组织和政策保障。为加强对农村文化礼堂志愿者制度建设工作的组织领导,2016 年 6 月成立长兴县农村文化礼堂志愿者制度建设工作领导小组,以中共长兴县委宣传部部长为组长,副县长为副组长,中共县委宣传部副部长、长兴县文广新局局长及各乡镇(街道、园区)主职领导为成员的领导机构,形成了党委统一领导,政府管理服务,宣传部门综合、协调指导,行政主管部门具体实施的管理秩序,确保各项工作有序开展。同时基于相关政策配套,将公共文化服务体系建设纳入制度化轨道,成立了长兴县公共文化服务体系建设协调小组,先后出台《长兴县文化事业"十三五"发展规划》《关于加快构建现代公共文化服务体系的实施意见》《关于推进农村文化礼堂长效机制建设的实施意见》《长兴县农村文化礼堂长效管理评定补助奖励办法》《长兴县农村文化礼堂星级管理评定奖补办法》和《关于在全县实行农村文化礼堂志愿者制度的通知》等一系列政策。

第二，经费保障，拨专款成立农村文化礼堂基金。根据《长兴县农村文化礼堂长效管理评定标准》，按照各农村文化礼堂组织领导、活动开展、队伍建设、群众评价等情况，将农村文化礼堂确定相应星级，并通过补助奖励的形式对农村文化礼堂进行扶持。补助奖励资金主要用于志愿者人员保障、设施管理维护、开展活动、业余文艺团队建设等。2017 年起设立农村文化礼堂志愿者星级评定专项经费 200 万元，并逐年递增，乡镇（街道、园区）相应进行配套设立。从2018 年开始，每个新建的农村文化礼堂根据建设投资情况酌情予以补助。截至 2022 年，县财政共补助资金近千万元，带动乡镇（街道、园区）同比配套。资金的及时到位和积极的奖励制度，为农村文化礼堂志愿者项目的实施提供了充分的资金支持和政策保障。

第三，完善志愿者动态激励回馈机制。长兴县制定了《关于印发长兴县农村文化礼堂长效管理评定补助奖励办法的通知》（长文广新〔2018〕15 号）等文件，对文化礼堂实行动态管理评定，每年一评，通过补助奖励的形式对农村文化礼堂运行管理进行扶持。根据年终评审分数评选出"五星级文化礼堂""四星级文化礼堂""三星级文化礼堂""三星级以下文化礼堂"。按照每个文化礼堂平均2 万元额度进行补助和奖励。年初下拨 1 万元用于每个文化礼堂志愿者经费保障。年终依据各文化礼堂考核结果予以补助奖励，其中，对达到五星级的文化礼堂，每个补助奖励 2 万元；对达到四星级的文化礼堂，每个补助奖励 1.5 万元；对达到三星级的文化礼堂，每个补助奖励 1 万元；对达到三星级以下的文化礼堂，每个补助奖励 0.5 万元，乡镇（街道、园区）按照 1∶1 的比例进行补助。农村文化礼堂志愿者五级考评结果作为其年度考核结果，与其先进评比、等级评定、业务培训等挂钩。对每年获得四级以上的文化礼堂志愿者进行表彰和奖励，对于各个文化礼堂管理员细节性的奖励补贴则各村各有不同，长兴县林城镇为了激发文化礼堂管理员对文化事务的热情，会根据每年文化礼堂在星级评选中的星级，对文化礼堂管理员发放 3 星 3000 元人民币、4 星 5000 元人民币、5星 8000 元人民币的奖励。

第四,明确农村文化礼堂管理志愿者的工作补贴。各乡镇(街道、园区)文体协会根据年终工作绩效考核情况对农村文化礼堂管理志愿者实行定向工作补贴。农村文化礼堂管理志愿者经费按每人每年 3 万元计算,具体由县农村文化礼堂管理专项经费和乡镇(街道、园区)财政按 1:1 的比例共同承担,每年12 月 30 日前定向划拨给各乡镇(街道、园区)文体协会。

第五,健全县农村文化礼堂志愿者总会监督机制。成立县农村文化礼堂管理志愿者总会,农村文化礼堂管理志愿者总会以"传播文化、传授艺术、服务社会、奉献爱心、释放激情、促进文明"为宗旨,把优秀的文化艺术送基层、到社区、进农村,将文化舞台搭进千家万户,让公共文化服务文化产业惠及更多群众。各乡镇(街道、园区)成立县农村文化礼堂志愿者分会,设置总会会长和副会长,负责监管指导工作和专项资金运行;各乡镇(街道、园区)设置分会小组长,负责日常运作和管理工作。推行监督员、考察公告、成绩公示等制度,志愿者队伍的选拔、考核和奖励等结果须进行公示,并及时向县农村文化礼堂管理志愿者总会上报审核,对过程和结果总会拥有监督权,分会组织监督,听取反馈意见,将自上而下的组织监督和自下而上的民主监督、同级之间的相互监督相结合,保证农村文化礼堂管理志愿者服务工作的公平、公开、公正。

三、基于文化点单的品牌社团运营机制

(一)分类培育文化团体

文化团体是文化产品孵化基地,是文艺节目和文化品牌的温床,抓好文化团体的人才队伍建设,就抓住了公共文化服务的供给源头。长兴县除了专门建设一支高效的农村文化礼堂管理员队伍以外,还大力培育农村文体团队、文化能人、文化带头人,争取每个农村文化礼堂有 10 人以上的文化志愿者团队和 5支以上经常性开展活动的文艺演出团队。

1. 把精力用在刀刃上,主推精英艺术团体市场化

当前,政府购买的基层公共文化服务提供方有以下几个来源,首先是类似杭州新青年演出有限公司拥有文化局颁发的《营业性演出许可证》资质的专业演出公司。这类演出公司长期从事文化演艺项目,有多年的演艺界经纪经验,积累了丰富的一手明星资源及活动演艺资源,并在各类公关活动中汲取了大量的实际操作经验。文化演艺公司在接到政府送活动下乡订单之后,直接与当地

农村文化礼堂接洽,将该公司的表演人员送到指定农村文化礼堂进行文化演出。但是价格偏高,演出人员不是基层面孔,与广大农村群众的生活经验有一定程度的隔膜,对群众的吸引力偏弱。第二类是民间文化人才,基于本土文化特色和个人才艺成立的文艺社团,这是一种带有本土风格和地域特色的农村文化自组织。民间文化自组织的文化产品,因为演出主体是当地群众,节目接地气,深受群众欢迎。当前,长兴县基层公共文化服务的产品,大都是由这些民间自发组成的文艺社团提供,但是这种文化团队缺少专业的管理运作机制,代表曲目和文化品牌的开发创新比较迟钝,知名度受限。第三类是长兴县在政府主导的三团三社建设中的文艺团体,即舞蹈团、民乐团、合唱团、书画社、文学社、摄影社。三团三社既具有专业演艺公司的专业素养,也有农村文化自组织的地方亲和力,但数量有限,能够提供的演艺节目和文化品牌比较固定。

鉴于此,长兴县着重培养第二种农村文化自组织,将民间文化团队中的佼佼者选拔出来,有针对性地进行市场化运作指导,极力托举有特色的文化演出团队注册演艺公司,进行品牌化打造。虹星桥镇注册成立了长兴水韵虹溪民俗文化演艺有限公司,拥有演员 44 名,由农村文化礼堂志愿者程敏红担任法人,通过政府购买服务和市场化运作,承接演出百余场。李家巷镇鸳鸯龙的传承人陈钦招加入了志愿者队伍,将志愿者与传承人的身份相融合,在镇志愿者队伍中培养李家巷鸳鸯龙传承人,建立了长兴远大文化发展有限公司,主打百叶龙的长兴县百叶龙艺术团也成立了演艺公司。

2. 营造基层文化产品孵化器,助力乡村文化社团亮点化

长兴县将农村文化礼堂志愿者的工作职责与农村文化社团建设统筹起来,以农村文化礼堂管理者为核心,牵动辖区内的文化演出团队,精心培育农村文化礼堂农民文化社团。团队建设是提高群众文化参与的基础性工作,也是群众文化工作的重要环节。长兴县响应浙江省文化和旅游厅《关于进一步加强乡村文艺团队建设的实施意见》的部署和规划,鼓励各乡镇(街道、园区)整合文化资源,挖掘社会潜力,激发乡村文艺爱好者的参与热情,鼓励民间社团与农村文化礼堂挂钩合作,支持公益组织和社会贤达入驻农村文化礼堂。搭建社团活动舞台,组织开展才艺大赛、村民运动会等活动,激发乡村内生文化活力。通过农村文化礼堂的文化活动来凝聚队伍,凸显人才,锤炼节目,打造精品。

长兴县群众文艺团队中的文化工作者,来自基层,服务基层,最能代表广大群众的文化需求,已充分展现内在的生命力,成为支撑群众文化发展的骨干力量。目前,全县共有 22 个县域点单平台文化艺术团,在这 22 个团体后面还有更多的中等规模和小规模的文化团队。长兴群众文艺团队的蓬勃发展,为全县乃至周边地区带来丰富的群众文化活动,文化参与氛围也越来越浓厚。截至目前,全县共有群众文艺团队 1300 多余支,其中注册登记的有 38 支。长兴红霞艺术团就是由群众文化工作者自发组建,如今建团已有 20 年,以戏曲为主兼有歌舞,已排演了越剧全本戏二十二本以及丰富多彩的戏曲歌舞节目,每年服务送戏下乡、慰问演出近百场。

3. 发动潜在人力资源,统筹"大文化服务团队"

长兴县通过整合各方专业力量,组建了农村文化礼堂志愿者、文化演出团队和群众文化"大服务团队"人才梯队。"大文化服务团队"由两部分组成,一是教师文艺辅导团。2014 年,长兴县在全省率先成立了县教师文艺辅导团,下属 5 个分团 20 个小分队 300 多名团员,按照学校所属乡镇(街道、园区)进行划片,进村入企,驻点进行群众文化辅导,开展各类培训 210 多场,荣获省公共文化服务创新奖、第三批浙江省公共文化服务体系示范项目。二是文艺家协会。通过开展文艺家"八进"农村文化礼堂活动,每年开展特色文艺创作培训 80 多场,特别是在原创童谣大赛、原创村歌大赛等比赛中,对基层作品的创作进行了全面辅导。发挥社团力量,提升服务效能。充分发挥文艺骨干和乡村文艺辅导团作用,重心下移,加大对农村文化礼堂日常活动开展和重大活动的指导,培育"一村一品"品牌化、特色化发展,不断提升当地群众归属感和幸福感。

(二)精心打造文化单品

孵化多层级的文化演出团队之后,长兴县下大力气打造文化节目精品,为接下来丰富产品供给平台提供保障。

1. 聚焦景区特色单品,深化文旅融合

长兴县政府指导当地景区根据自身特色,发掘景区内的文化潜力,提高文化表演的质量和数量。指导景区根据自身特色,形成具有独特魅力的景区文化。目前,大唐贡茶院、陈武帝故宫、城山沟 3 个景区,分别创新推出贡茶院大唐水袖舞、陈武帝汉服穿越演艺秀、城山沟西游角色情景互动等特色节目。同时，注重文化产品和景区特征的匹配，为相关景区量身打造特别演出节目，如为太湖图影湿地打造《山图水影》原创歌曲，为龙之梦乐园打造《太湖观光大道情景剧》等。以项目为牵引，完善"文化＋旅游"产业布局；以产品为主线，打造"文化＋旅游"景区样板。百叶龙艺术团、城山沟艺术团、红霞艺术团等群众文化团队，整理编排出《百叶龙》《青草坞鸳鸯龙》《双偶摔跤》等非遗传统表演节目和器乐、曲艺、音乐、舞蹈、戏剧等节目 500 余个供各景区自主选择。

2. 重点培育特色团队的经典项目

针对上文提及的市场化群众演绎组织，做大做强优势节目单。长兴远大文化发展有限公司是李家巷镇鸳鸯龙的传承者，鸳鸯龙品牌入选长兴《文旅演艺菜单》和长兴《非遗点单》，被重点开发。2017 年队伍获得了省舞龙大赛金奖，参加"一带一路"展演，更是舞出了国门，远赴意大利参加第 34 届国际民间艺术节，将长兴的传统文化推向了世界。长兴县百叶龙艺术团主打百叶龙品牌，该文化项目足迹不但遍布祖国大江南北，还走访了英国、瑞士、埃及等 10 余个国家。

3. 有针对性点对点辅导

针对群众文艺团体自创节目过程中遇到的问题，由相应专家进行指导和支援。每逢重大节庆和民俗节日，农村文化礼堂或者文化团队想编排舞蹈、排练歌曲或其他节目，时常缺乏专业的乐理、指挥、配乐、队形等指导。此时，文化团队可向文化站提出诉求，上报县文旅局，专业老师可上门培训。经过专业老师的培训，学员们收获很大，节目快速成型。这样"点对点式"的精准辅导让基层文化团队非常受益，信息对接准确，反应快速，专业对口，收效明显。

（三）全方位整合点单平台

长期以来，诸如"文化三下乡"基层公共文化服务活动频繁开展，但下乡的文化是不是基层民众需要的、喜欢的文化，管理者并没有十足的把握。文化惠民本是一件好事，但"惠民"的范围和成效如何，更值得思考。送戏下乡，观者寥寥，演完了事。这样的文化惠民活动往往是政府预算大量支出，而效果却未能实现最大化。为了搭建基层公共文化服务精准培育、精准投放、精准对接平台，为长兴县民间文艺社团创造更多展示展演平台，丰富景区景点的文化内涵，让更多市民和游客共享长兴文化演艺大餐,长兴县文广旅体局首次提出"文旅演艺单"概念,探索文化产品和旅游景区双向互动合作机制。文化点单机制即政府整合民间文化表演资源,再面向景区、社区、村镇等需求者,根据其需求进行点单,为文化活动的举办和传播提供一个更大的平台。

1. 订单式引导

民间文化自组织拿手的精品和演艺公司市场化运作的节目,与基层民众的文化诉求并非无缝衔接,与公共文化服务管理机构的顶层设计也并非完美匹配。文化管理者要发挥引导和管理职能,在实地调研的基础上对本地文化品牌进行顶层设计,梳理出有代表性的引导节目单。这样,就能有效发挥公共文化服务管理机构的决策引导功能。长兴县从现有文艺社团的精品节目出发,统筹规划,全盘考量,制定全县的文化菜单,菜单中既有业已成熟的地方精品,也有尚未定型但继续打造的文化新品。首批 1000 份《文旅演艺单》制作完成并提供给文艺社团和景区进行自由、双向选择和认领。截至目前,15 个景区和 18 个社团已经建立了合作,116 场 900 多个节目已在景区演出。线上"点"书,直接送上门;自选电影,家门口的文化盛宴;送"舞"下乡,"点燃"群众文化生活。这种"群众点单、政府买单、部门派单"的服务方式大受群众欢迎,此举改变了以前政府职能部门单纯"送单"的被动服务模式。这是以群众需求为出发点,让群众"点单"能享受到自己心仪的"文化大餐"。

2. 点单式培训

民间文化自组织的文化品牌培育是一个内生过程,同时也需要业内人士指导,但是不同的组织内部和不同的节目内容,对指导专家的类别和特征都有具体需求。而这些需求是隐蔽的,非公开的,公共文化服务机构是不了解的,一般采用大水漫灌的普遍培训方式,这种培训方式费用预算大,涉及面广,开展不易,收效也不明显。建立培训的点单机制,能有效解决公共文化服务节目培训的供需矛盾。长兴县以"互联网+公共文化服务"为抓手,主动适应新常态下群众多样的精神文化需求,一改过去被动式培训模式,通过"群众需要什么就培训什么"的"点单式"精准文化服务,为广大群众的文化生活"加餐""添料"。你"点单"我"派单",精准培训服务解基层群众的燃眉之急。

3. 自选点单式演出

通过文旅点单平台,景区直接联系群众文艺团队,由所属乡镇(街道、园区)

的综合文化站居中调度，一场场精彩的戏曲表演拉开了序幕。比起以往的"点单"模式，由固定节目单变成自选节目单，群众演艺团队不必为了上哪表演发

图6-1　长兴县文旅演艺单

图6-2　长兴县非遗演艺单

愁,景区也不必为找不到合适的节目表演而绞尽脑汁。景区、各单位可自由点餐、直接对接,让适合的演艺节目定向传播,让更多人了解长兴文化和民间艺术,让长兴县的旅游产业更加兴盛。精彩的文艺演出,精美的书画作品,引人入胜的非遗和民俗产品,吸引了许多村民前来观看、领取。"你点,我演""你需,我供"的文化服务模式,也使文化馆的公共文化服务更具针对性和可操作性,更加具体实在和接地气,为文化惠民拓宽了一片新天地。《文旅演艺单》《非遗点单》排摸组织项目、团队进入名单,志愿者通过对接帮助项目进入太湖龙之梦乐园进行展示展演,采用市场化运作模式,以点带面促进非遗项目进入市场、融入旅游,将长兴的传统文化推向全国,推向世界。

4. 点餐式文化礼堂活动

早在农村文化礼堂志愿者制度推出之前,长兴县就已经开始在农村文化礼堂活动中探索"点餐式"运作模式。以打造"文化服务项目大平台"为目标,实行文化惠民进礼堂服务项目菜单化,每年不断总结经验,完善机制办法,全面整合县、乡两级和社会文化服务资源,长兴县在2013年底推出了农村文化礼堂"文化点餐制"活动。县域平台作为总平台,村、社区也有自己的文化点单平台。文化点单平台汇总各地对文艺演出活动的需求,通知可以提供演出的社团,社团在所需时间送节目。为了满足当地老百姓日常参与文化活动的需求,由当地农村文化礼堂管理员或者辅助文化事务的村干部根据老百姓的需求在文化点单平台上进行点单,农村文化礼堂志愿者负责活动的组织举办,与社会文艺团体合作将文艺活动带入基层普通老百姓的身边。十年来,共征集到30多个部门单位和省市团队的300多个文化服务项目的菜单,通过数字文化礼堂和"掌心长兴App",供农村群众点选。比如雁陶村每年就会在重阳节举办重阳敬老活动,在该活动上基层干部就会用文化点单平台为村里老人点京剧、越剧等老人喜闻乐见的文艺节目。

5. 精准对接多方资源

文化点单机制探索文化产品和旅游景区双向互动合作机制,理顺了乡镇(街道、园区)综合文化站、群众演艺团队、景区、游客和基层群众诸多方面的关系。景区需要演出,招之即来,景区带来了人气,游客分享到当地的文化大餐。农村文化礼堂需要节目,平台点单,群众演艺团队接单,把最好的节目奉献给父老乡亲。文化站不必为张罗节目费神,演出团体不用为演出场景发愁,群众不用为看不到想看的节目而遗憾。如此,景区活了,游客开心了,演出团队忙了,

人民群众满意了。自推出《文旅演艺单》后,长兴县景区越来越热闹,游客数量
也越来越多。长兴县水口乡大唐贡茶院的夜晚灯火通明,长兴县本土艺术团给
游客和本地人带去了一场文化盛宴。城山沟景区、仙山湖景区、东鱼坊等地的
文艺演出也是此起彼伏。统计数据显示,文旅演艺单和非遗演艺单推出以来,
每年文艺活动进景区超过 40 场次、进社区 30 个、进礼堂 80 余个、进 3A 级景
区村庄 7 个,演出节目 1500 多个,场次超 180 场。

(四) 深入实施绩效管理

文化活动开展之后,如何评价每一个节目、每一个演出团体、每一场文化活
动的实际成效,成为文化点单机制的出发点和落脚点。长兴县通过数字文化礼
堂和"掌心长兴 App"等数字化平台以及相关人员的实地走访和调研,建立了一
套反馈及时的良性评价体系。

1. 跟踪订单实效

对于某一具体的文艺演出单位或者群众文化自组织,其绩效评价不能仅仅
满足于点单和出场次数,更要评价活动的成效,聚焦文化品牌提供主体的综合
能效。为切实保障基层群众的文化权益,让"订单"落到实处,长兴县专门安排
了工作人员负责"订单"的接收、分类、传递和评价。每完成一项"点单式"服务,
须由指定专人负责收集反馈意见,了解和评判服务效果,并及时总结经验,指出
不足,以便进一步提升服务质量,年终依据考核评估个人业绩和部门绩效。

2. 制定文化团队扶持办法

长兴县文广旅体局特别出台了《长兴县群众文化团队扶持办法》,依据演出
团队演出的场次、效能计算"文化下乡"基础补贴和积分项目补贴,让优秀的文
化团队有充分获得感。建立属地管理机制,各乡镇(街道、园区)综合文化站管
理辖区内群众演艺团队。同时做好扶持资金的奖惩工作,探索文化产品和旅游
景区双向互动合作机制,以奖代补,实施文旅演艺比赛竞争机制,以星级评定为
抓手,对群众文艺团队进行动态管理。制定扶持奖励政策,重点补助经常开展
文化演出活动的团队。既保障了群众演艺团队的利益,又促进了群众演艺团队
之间的良性竞争,从而提升文艺节目的质量。目前更多的群众演艺团队正在精
益求精,精心打磨节目,力争早日登上演艺的舞台。对于广泛开展群众性文化
活动的团队,开展动态星级评定,对当年评出五星级、四星级、三星级、二星级、

一星级的群众文化团队，分别奖励 8 万元、5 万元、2 万元、1 万元、0.5 万元，扶持金额累计达 100 余万元。

序号	团队名称	文化下乡场次（3000元/场）	文化下乡补助/元	基础项/分	基础项补助/元(100元/分)	积分项分值/分	积分项目补助（310元/分）	总计/元
1	长兴县城山沟艺术团	10	30000	60	6000	150	46500	82500/实付80000
2	长兴县红霞艺术团	10	30000	60	6000	61	18910	54910
3	长兴百叶龙艺术团	7	21000	60	6000	42	13020	40020
4	长兴湘远文化艺术团	8	24000	60	6000	41	12710	42710
5	长兴泗城艺术团	5	15000	50	5000	47	14570	34570
6	长兴竹韵艺术团	8	24000	60	6000	37	11470	41470
7	长兴县满堂红艺术团	5	15000	60	6000	36	11160	32160
8	长兴县兴欣艺术团	5	15000	60	6000	29	8990	29990
9	长兴风华艺术团	4	12000	60	6000	26	8060	26060
10	长兴杏福艺术团	5	15000	60	6000	20	6200	27200
11	长兴争先进艺术团	6	18000	60	6000	15	4650	28650
12	长兴县民间歌友协会	1	3000	60	6000	14	4340	13340
13	长兴东方红文化艺术团	2	6000	60	6000	11	3410	15410
14	长兴锦绣文化艺术团	2	6000	60	6000	7	2170	14170
15	长兴鸳鸯龙艺术团	0	0	60	6000	6	1860	7860
16	长兴县老年康乐艺苑协会	5	15000	60	6000	3	930	21930
17	长兴京剧票友协会	1	3000	60	6000	3	930	9930
18	长兴老年星光戏曲协会	3	9000	60	6000	0	0	15000
19	长兴新联文化艺术团	2	6000	50	5000	8	2480	13480
20	长兴虹溪艺术团	1	3000	50	5000	2	620	8620
21	长兴弘扬艺术团	5	15000	50	5000	0	0	20000
22	长兴金狮艺术团	5	15000	50	5000	0	0	20000
合计		100	300000	1270	127000	558	172980	597480

图 6-3　2021 年长兴县文旅演艺单积分制考核奖励统计表

四、长兴二元人才选育模式的人才效能

文艺团队的培养、文化平台的搭建以及文化活动的开展，与文化效能之间产生正向的互动关系，才能促进公共文化服务体制的内部优化和自我调节。长兴从源头抓人才选育、社团培育和文化品牌提升，最终要靠服务效能来检验。政府在以上诸多环节投入了大量人力、物力、财力，更要关注文艺点单的效能。实施文化礼堂志愿者和文化点单制度对长兴县文化人才选育起到以下几方面的积极作用：

（一）激活农村文化礼堂志愿者和民间文化社团能动性

星级评选机制和奖金发放，极大调动了文化人才的积极性。文化志愿者体

系对志愿者的星级奖励机制,让其中的文化参与者更有动力去提升自身的文化素养。文旅局根据各个文化团体在文化点单机制中的表现(参与文化下乡的次数,文化节目的质量等)进行星级评选,再根据星级将文化团体孵化基金下发奖励,激发各个文化团体发展的动力。2015 年实施文化礼堂志愿者试点制度至今,文化礼堂志愿者积极组织开展并参与文化走亲、送戏下乡、基层文化公益培训、春泥计划、农民趣味运动会等各种文体活动 2000 余场,农村"村晚"基本普及,农村文化体育活动数量与质量比前期明显提高,农村文化礼堂使用率大幅度提升。这些活动中都有农村文化礼堂志愿者的身影,他们往往身兼数职,不仅策划组织,还演唱、舞蹈、主持,甚至担任安全员和场记。队伍素质的提升破解了礼堂的运营难题,缓解了基层对文化人才的需求。农村文化礼堂志愿者项目实施以来,实现了礼堂管理常态化。县财政共补助资金近千万元,带动乡镇同比配套,文化礼堂建设取得明显成效。截至目前,全县文化礼堂覆盖率居湖州市第一位。各项管理制度和激励制度的落实,使长兴县各个农村文化礼堂活动有组织、场地有管理,真正建立起"阵地有人管、队伍有人带、活动有人办"的长效管理机制,达成"门常开、人常在、活动有人带"的长效管理目标。

(二) 助力文化人才迅速成长

文化礼堂志愿者和文化点单体系的建立,使农村文化管理人才和具有独特文化技艺者找到了发挥的平台,得以脱颖而出,迅速成长。通过对农村文化礼堂管理志愿者建设的不断努力和积极探索,长兴县打造了一支扎根基层、专兼职结合、综合素质较高的基层文化队伍,构建了较为完善的乡村文化礼堂服务体系和长效管理机制,形成了活动常年开展、群众喜闻乐见、有一定品牌影响力的良好局面,使农村文化礼堂真正成了乡村文化阵地和基层公共文化服务平台,受到基层老百姓欢迎。农村文化礼堂志愿者体系为社会优秀文化人才提供了一个参与文化活动的平台,让他们的文化本领在文化下乡等活动中有了用武之地。文化点单机制将需求端(村、社区、景区等)与供给端(社会企业、民间文化社团)进行有机连接,在满足人民文化需求的同时增加了文化团体"练兵"的机会,提高了文化从业者的专业素质和文化活动的质量。

农村文化礼堂志愿者都是秉承对基层文化事业的热爱和情怀而进入这支队伍,在这里,他们能发挥专长,体现个人才学和人生价值,大部分志愿者都会选择继续留在这个岗位,并使自己向更高的平台发展。如李家巷镇志愿者王燕,2016 年考取了李家巷农村文化礼堂志愿者,从而进入群文工作队伍,2019年,通过公开招考,目前担任水口乡综合文化站长;夹浦镇志愿者姜丽,在县级导演的带领指导下,担任乡镇迎新年晚会执行导演,承担全镇大部分文艺节目的编排辅导;煤山镇新源村的志愿者徐帆,师范专业毕业后,直接进入了农村文化礼堂管理志愿者的队伍,在家乡"安营扎寨",促进了基层文化质量的提升,拓宽了大学生就业渠道,吸引更多大学生"回流"。还有一些志愿者,利用自己的特长,成了新时代文明实践的带头人。太湖街道志愿者张小学成立了"小学之声"宣讲团,在太湖边的纳凉点,开展宪法宣传、法律法规宣传、法律援助等法治宣讲活动,培育法治意识;小浦镇志愿者王云峰驻点画溪村,撰写了《画溪记忆》和《画溪诗集》,凝聚村里文艺爱好者,建立了"韵江南"文艺团队,全年在农村文化礼堂开展演出 60 场,现在已经成为画溪村的代表性文艺队伍。

(三)释放并扩大了文化人才的产能

有了农村文化礼堂志愿者这支基层公共文化服务管理者队伍,有了文化点单这一精准对接的开放文化平台,人才的管理能力和自身文化元素得到充分的释放和发挥,长兴县的文化人才产能得到释放和扩展。农村文化礼堂志愿者发挥特长协助辖内"荷花灯""下箬马灯""木偶摔跤"等优秀民间传统文化的传承和发扬。农村文化礼堂志愿者开始主动参与优秀传统文化挖掘与传承,着力打造"一乡一韵、一村一品"具有地域特色的文化品牌。夹浦镇农村文化礼堂志愿者利用本土文化资源,邀请专家指导,成功塑造了"大白龙""杨梅红了""长平南狮"等文艺佳作,在夹浦镇"辞旧迎新"文艺晚会上取得了良好的社会效应;李家巷镇青草坞村的"鸳鸯龙",在志愿者的精心组织和不懈努力下,"鸳鸯龙"获省第四届舞龙锦标赛双金奖,2017 年"鸳鸯龙"更是舞出了国门,参加意大利阿尔贝罗贝洛国际民俗艺术节,中国文化报、省文化厅网站等多家媒体进行了报道。在这些亮点项目的打造过程中,农村文化礼堂志愿者的角色至关重要。

文化人才产能的扩展,极大充实了基层公共文化服务的品类和效能。通过农村文化礼堂"和乐长兴""文化消夏""金秋欢歌""村晚竞技""四季四赛大舞台",全县农村文化礼堂实现了"周周有活动、月月有主题、年年有春晚"。农村文化礼堂开设春泥计划、开蒙礼、培训讲座、电影放映、文化走亲、阅读推广、趣味运动会,举办传统节日(节假日)主题活动,年底举办乡村春晚大赛。文化点单体系建立后,先后组建旗袍队、肚皮舞队、主持人队、舞蹈队等村级文体团队近 200 支。推出"身边的课堂"公益培训项目,开设了舞蹈、唱歌、主持等多种公益培训课程,每年培训人员累计 2 万余人次。同时,活动质量不断提升,涌现出音乐快板《移风易俗新风赞》、小品《欢喜一家人》、编排长兴摊簧《歌唱祖国新风尚》、辅导幼儿摊簧《三字经》和摊簧《发展中道乡面貌》等许多原创节目,还登上县新春团拜会的舞台。

长兴县二元文化人才选育机制在文旅常规工作和阶段性主题拓展中都有尚佳表现。长兴县以小浦镇和水口乡为试点,在全省率先开展文化基因解码工程,志愿者卢凯和王燕率先加入这项传统文化的传承保护创新工作,探索文化基因解码方式。全县共有 152 名志愿者参与到全县第二次非遗普查,历时 3 个月,完成全县 235 个村第一阶段的文化调查行动,入村覆盖率达100%。依靠本土专家,组建了"一个工作总站、十六个解码专班、百名土专家团、千名志愿者"的组织网络,形成了《工作导则》,完成了文化基因解码案例集。并参与小浦镇"八个一"、水口乡"十品水口"等文化基因转化探索,推进非遗美食、民俗传说、山水地文、诗词书画等传统文化元素的创造性转化和创新性发展。

各文化团体的收入与影响力,是其参与文化点单活动的数量、质量和评价决定的。这样的模式不仅能够培养出文化能人,还能加速扩大文化产能,资源输入与文化人才输出步入良性循环,文化人才的产出效能是可以预见的,产能就变得更加稳定高效,文化人才的素质也能在循环之中得到提升。

(四)促进了文化资源配给市场化

文化产业振兴是基层产业振兴的重要抓手,文化产业振兴的核心要义是要将文化发展目标与市场化发展目标合二为一,在公共文化服务体系中大胆尝试市场经济体制,弥补公益性、普适性和单纯政府行为的功能不足。农村文化礼堂志愿者是农村文化资源的整合者、组织者和经营者,文化点单更是将文化自组织视为一个独立的市场法人,实行供需自由选择的市场化运作模式。农村文化礼堂管理者整合了文化节目资源,让文化活动能够有体系有秩序地进入基层。文化点单制度让参与文化活动的文化从业人员能够在基层的演出中提高素质,产出更加接地气的文艺作品。文化点单机制从景区、游客和基层群众的文化需求出发,将各个文化团体的文化节目表演与人民需求进行匹配,按需分配,由人民的需求决定一切,从人民的需求出发,整合市场上的各式文化资源。

2018年虹星桥镇注册成立了长兴水韵虹溪民俗文化演艺有限公司,农村文化礼堂管理志愿者杨帆担任法人,通过政府购买服务和市场化运作,当年就承接演出30余场。为了恢复青草坞村的非遗文化鸳鸯龙,李家巷镇青草坞村文化志愿者陈静颖加入了龙舞队,和同为志愿者的队员们刻苦训练,最终鸳鸯龙表演获得了省舞龙大赛金奖,并参加"一带一路"展演,舞出了国门,将长兴的传统文化推向了世界。2019年,鸳鸯龙艺术团、虹溪艺术团等多个社会团体入选了长兴《文旅演艺菜单》,参加全县文化进景区活动;2017年小浦镇文化礼堂志愿者卢凯,积极挖掘地方文化,策划创编了"芥里婚庆"旅游演艺节目,并通过景区戏台的定期展示和体验,再现了本土民俗礼仪,深受游客喜爱;夹浦镇歌曲《美丽家园》、舞蹈《鹊语声声》和歌曲《幸福父子岭》,太湖图影原创歌曲《山图水影》,水口乡舞蹈《水乡伊人》,这些文艺佳作都是志愿者参与创作、表演,通过在旅游推介、农事节庆中的展示,有效宣传了各村传统文化,取得了良好的社会效应。

文化人才整合文化市场的主动作为,不仅让其自身享受到经济利益,更极大促进了长兴县文化产业的发展,疫情期间拓展出的一条互联网经济新路径,让老百姓享受到了物质和文化的双丰收。农村文化礼堂志愿者比较年轻,接受新鲜事物快,互联网思维更新迅速,掌握新媒体技术比较快,知识结构宽泛,思维活跃,创造力强。长兴县立足采摘游,发展了多种时令水果基地,推出了葡萄节、桃子节等采摘节。志愿者在乡镇的农事节庆活动上和景区内,推介本地产的各种时令水果,不但提高了销量,还扩大了虹星桥镇的哈密瓜、水口的杨梅、和平的水蜜桃等产品的知名度。2021年,受疫情影响,不少采摘基地农产品滞销。为了解决农产品的销路问题,画溪街道、林城、太湖街道等乡镇(街道、园区)的志愿者注册了网络直播账号,开始"直播带货",共帮助农户销售了4万斤荸荠、1万斤玉米和上万斤河虾。

（五）加速了文旅深度融合

农村文化礼堂志愿者深入挖掘本土文化品牌,文化点单体制激发文艺团队主动向外拓展，实现了将文化、旅游与产业有机融合，通过发展乡村文化产业，促进文旅融合，推动乡村发展。林城镇志愿者于飞艳、刘斐斐等帮助传承人建立了金狮艺术团、民狮艺术团等多个艺术团，通过市场化运作扩大团队规模；泗安农村文化礼堂志愿者培育仙山湖艺术团、老街民乐团、西城合唱团、尖山文学社等16支群众文化队伍和双联双龙队、非遗旱船队以及泗城艺术团等3支传统艺术团队，积极开展文化进景区，将泗安本土文化融入景区；夹浦镇歌曲《美丽家园》、舞蹈《鹊语声声》和歌曲《幸福父子岭》，太湖图影原创歌曲《山图水影》，水口乡舞蹈《水乡伊人》，这些文艺佳作都是志愿者参与创作、表演，通过在旅游推介、农事节庆中的展示，有效宣传了各村传统文化，取得了良好社会效应的典范。

长兴县加强农村文化礼堂志愿者的文旅融合意识，积极推荐梅花焦制作技艺、棕榈编织等非遗项目进驻龙之梦太湖古镇，将《文旅演艺菜单》《非遗点单》推进龙之梦，增加社会团队收入；利用龙之梦旅游综合体，开展景区演出、实景演出，带动周边群众致富增收；深入挖掘当地的非遗产品、文创产品、农产品等，拓宽了销售渠道。

根据"一乡一品"，依托乡镇特色，农村文化礼堂志愿者和基层文艺自组织自发组织特色景区文艺演出、传统文化体验、农产品销售、农事节庆游等，吸引游客，在文旅融合、助农护农方面展示出了属于自己的能量。小浦镇推出了银杏节、京剧节、油菜花节和稻穗节等多个农事节庆，各个农村文化礼堂志愿者配合打造特色文化，2017年小浦镇农村文化礼堂志愿者卢凯策划创编了"芥里婚庆"旅游演艺节目，并通过景区戏台的定期展示，再现了本土民俗礼仪，目前已经成为八都芥银杏节的金名片，一年演出百余场；太湖街道志愿者张小学和俞赛，挖掘太湖捕鱼节，连续三年在9月太湖开捕之际开展大型活动，逐步恢复太湖开捕祭祀习俗。

（六）推进了基层公共文化服务人才管理体系标准化

公共文化服务标准化是文化体制改革的重要内容之一，而公共文化服务人才管理体系标准化问题也是我省文旅系统的重要课题。浙江省2014年全省整体被列入全国公共文化标准化试点地区以来，先后发布《基本公共文化服务规范》《公共图书馆服务规范》《文化馆服务规范》《乡镇（街道）综合文化站服务规范》《基层群众文体团队管理规范》《农村文化礼堂管理与服务规范》等省级地方标准,构建起"一核三线"的标准框架。全省各地也在社区文化、文化评估、数字公共文化、向社会力量购买公共文体服务等领域发布了 30 多个地方标准。为了选拔、培养、使用、管理和考核农村文化礼堂管理员,长兴县出台了《农村文化礼堂志愿者管理规范》,这是我省第一个农村文化礼堂志愿者的地方标准。为了建立健全文化点单机制,长兴县也出台了《长兴县群众文化团队扶持办法》等政策文件。这些地方标准和管理文件,凝聚着长兴县在公共文化服务改革过程中多方尝试的宝贵经验,具有重要的理论意义和实践价值。

　　长兴县固化农村文化礼堂志愿者管理经验,总结文化点单机制的系列举措,加速基层公共文化服务管理制度创新,提高公共文化服务管理水平,进一步完善、提升、巩固长兴县公共文化服务建设的成效,为全省提供在农村文化礼堂管理和群众文化自组织建设上的长兴经验。以标准化推动农村文化礼堂和农村文艺团体长效管理,将农村文化礼堂志愿者队伍管理领域可复制可推广的经验以地方标准规范的形式在全县发布实施并推广应用,在全省范围内均具有重要的借鉴意义。

五、长兴文化人才选育机制面临的挑战

　　长兴农村文化礼堂志愿者和文化点单体系在基层公共文化管理人才和群众文艺自组织培育方面取得了显著的成绩,极大促进了农村文化礼堂的"建、管、用、育",丰富了人民群众的公共文化生活,但在考察中我们也发现,对标中共中央办公厅和国务院办公厅印发《"十四五"文化发展规划》、文化和旅游部《"十四五"文化和旅游发展规划》和浙江省委办公厅、浙江省政府办公厅联合发布的《关于高质量建设公共文化服务现代化先行省的实施意见》,长兴基层文化人才选育机制在人才效能、人才结构、经费投入、数字平台、培训提升和绩效考核等方面还面临诸多挑战。主要表现为以下几方面:

　　(一)人才效能高水平提升遇瓶颈

　　农村文化礼堂活动和点单平台节目的质量是检验农村文化礼堂志愿者和基层文化自组织人才效能的核心指标。农村文化礼堂活动的固化、文艺点单平台节目的同质化和单一化,是当前长兴人才选育机制面临的首要挑战,这种挑战在疫情时期表现更为明显。供需平衡是公共文化服务的基本要义,但从实际

情况来看供需失衡是农村公共文化服务的基本矛盾。在长兴,这一矛盾并未因为二元人才选育机制得到本质缓解。文艺点单对接了供给方和需求方,但是这种对接并不能直接催生更高水平的公共文化服务。走访中发现,当前农村文化礼堂开展的活动中,思政宣讲、反诈宣传占据日常活动的大部分,点单平台上理论宣讲类节目居多,可供选择的类别有限,有一些非宣讲类的节目,点单之后会被取消。被点单的理论宣讲类内容配送与群众接受度有一定差异,群众普遍反映"对内容不感兴趣",机关干部和高校教师"讲得太高深,听不懂"。这显示出公共文化服务供需契合不足,无效供给和低端供给挤占了点单平台可供选择的空间。活动供给质量不高,形式单一、村民需求未得到充分满足。近年来,随着民众文化需求多样化和个性化的趋势逐渐显现,传统粗放式公共文化服务无效供给和低端供给的现象逐渐增加。农村文化礼堂活动服务点单式配送,这是实现文化供需对接的一项重要举措,但是实际操作过程中,有点单需求的基层群众和实施点单操作的人员并不是一类群体。农村文化礼堂开展活动受到各种因素的掣肘,例如,一些乡村凑不够人数举行儿童开蒙礼、成人礼等。

(二)文化人才结构和整体素养亟待更新

农村文化礼堂志愿者和基层文艺团体骨干的综合素质和业务能力不平衡,与构建现代公共文化服务体系的要求还有一定的差距。

第一,人才结构不合理。乡村公共文化服务需要的是具有一定的艺术特长,掌握现代公共文化服务基础理论,综合素质高,实践能力强,能够在乡村公共文化服务机构从事文化活动策划与组织、文化项目宣传与推广、文化队伍建设与辅导、文化作品创作等工作的高素质技术技能人才。调查显示,从专业背景看,长兴乡村公共文化服务人才专业构成比较复杂,近半数乡村公共文化服务者没有艺术特长,大部分由其他行业转岗,高学历层次、高专业匹配的人才比例较少。不少农村文化礼堂志愿者的专业与公共文化服务无关,非科班出身的基层文化工作者往往需要更多时间熟悉文化工作以及提升自己的文化专业素养。

第二,文化综合素养不高。调查显示,乡村公共文化服务人才所具备的文化政策与法规知识、艺术理论知识、旅游文化知识、公共文化服务基础理论知识、地方民俗文化知识、地方非遗文化知识偏低,面对公共文化服务融合发展趋势倍感压力,难以承担乡村公共文化服务融合发展、创新发展的重任。基层文化人才大都身兼数职,负担重,职业存在感偏低。兼职工作和繁复的运营工作限制了基层文化人才的自我提升。疫情以来,农村文化礼堂志愿者兼职比例上升。当前,长兴农村文化礼堂志愿者大部分为农村文化礼堂管理员兼任,而农村文化礼堂管理员很多是村干部兼任,非本专业出身的村干部本就需要更多时间进行公共文化服务能力和文化素养的培养,既要兼顾本职工作又要从事农村文化礼堂的管理运营,分身乏术,难以实现农村文化礼堂志愿者素养的自我提升。

第三,基层文化人才的角色转换存在悖论,人才上升通道与现有岗位之间时常发生矛盾。学历高、年纪轻、工作出色的农村文化礼堂志愿者通过选拔会进入到村两委系统。很多农村文化礼堂志愿者积累了丰富的工作经验,熟悉了文化礼堂的工作后就转岗了,基层农村文化礼堂志愿者的文化素养和工作能力往往处于动态的低水平循环中。晋升系统对文化人才的培养是双刃剑。一方面,晋升系统的存在可以激励基层文化人才磨炼自身文化本领,提高自身的文化素质,如此动力导向的存在可以培养出一批有上进心且文化本领高强的高素质文化人才。另一方面,基层文化礼堂中出来的文化人才在晋升后很少从事公共文化服务文化类工作。由于机构改革等原因,乡村公共文化服务机构或被合并或被裁撤,乡村文化服务人员的社会地位下降,收入普遍低于其他部门或其他行业,职业存在感偏低。

第四,农村文化人才储备极度匮乏,基层文化人才存在巨大缺口。从整个浙江省经验来看,半数以上的农村文化礼堂没有专职管理人员,一些礼堂的管理人员仅存于纸面上,还有一些名为管理员实际上只起到物业保洁的作用。整体上看,这支队伍不仅人数少,且学历偏低,业务能力不足,不具备维系农村文化礼堂良好运行所需的文学艺术、场馆管理等专业知识和村民动员、活动组织等工作技能。数量可观的村文艺骨干分子和文体自组织是农村文化礼堂高效运转的先决条件。但文化素质高、有热情、有活力的农村青壮年都往城区流动,留在村里的文艺骨干多是中老年人,以妇女为多。这一群体的共同特点是参与热情高,艺术修养和文化水平低。目前他们能够获得的培训和指导机会较少。村里的文体自组织以广场舞队、腰鼓队为主,且队员有大量的交叉重复。目前全省拥有的文化志愿者号称近216万人,但僵尸志愿者的比例高,真正能够长期坚持活跃在乡间的志愿者少之又少。

（三）经费筹措压力大，人才待遇低

2021年，长兴县地区生产总值（GDP）为801.39亿元，2021年全国县域旅游综合实力百强县榜单中，长兴位列全国第三。2022年全国百强县榜单中，长兴名列五十位。正是有了如此雄厚的经济基础，长兴才能历年来拨专款上千万用于补贴农村文化礼堂志愿者项目。但是，对200多人农村文化礼堂的建设规模、200多位文化礼堂志愿者的队伍，以及1300多个农村文化演艺团体而言，这样大手笔的资金投入依然显得力不从心。长兴县政府部门筹措这样一大笔经费，一直有很大的压力，而对于基层公共文化人才及其服务体系而言，待遇偏低，资金亦捉襟见肘。

2021年，长兴县农村文化礼堂长效管理评定补助奖励统计表显示：184个达标文化礼堂中，7个五星级文化礼堂获得了全年3万元，另加乡镇配套3万元，共计6万元的财政补助。少量四星级获得了全年2.5万元，另加乡镇2.5万元共计5万元的财政补助。其余更多的三星级及其以下的文化礼堂仅获得共计3万元—4万元不等的补贴。县财政共发放了379万元，带动乡镇补贴379万元。已经建成和建成尚未开放的农村文化礼堂总共219家，每一个农村文化礼堂接收到的平均资助金额是3.46万元，其中三十多个在建和建成未投入使用的文化礼堂未受到资助。实际上，要正常维持一个农村文化礼堂的水电、物业、维保等日常支出，年累积均在5万元左右。在庞大的农村文化礼堂数量面前，政府资金本身也是杯水车薪，靠政府补贴投入缺少可持续性。因此，对于大多数集体经济收入薄弱的行政村，农村文化礼堂的运作没有稳固、充裕的资金来源，对于支付文化活动、文化培训经费，文体组织服装道具费等更是心有余而力不足。

调研中发现，农村文化礼堂志愿者待遇低，流动大。由于疫情的影响，2020年后很多文化活动都被迫停止，能够全职参与农村文化礼堂管理的农村文化礼堂志愿者逐渐减少，由各村或各社区的基层干部兼职担任的比例增加。当前兼职农村文化礼堂管理员的村干部没有作为农村文化礼堂管理员的补贴。为建设农村文化礼堂，政府下拨经费到村级财政公用账户专款专用，在开展农村文化礼堂相关活动时，农村文化礼堂志愿者可以支出，但审批权和配置权并不在志愿者手中。也就是说，农村文化礼堂星级评选的政府补贴和乡镇配套并非用于人员津贴发放，农村文化礼堂志愿者从理论上说是没有报酬的。目前，农村文化礼堂志愿者的个人津贴和待遇保障标准尚无定论，属于模糊地带。有的乡镇出于对文化礼堂志愿者辛苦工作的肯定,视文化礼堂年度评定星级给予一定的奖励津贴,比如,五星级、四星级、三星级分别奖励1万元、0.8万元、0.5万元,但这样的奖励津贴也只是象征性的,与公共文化服务从业者的收入水平相差甚远。

2021年,长兴县文旅演艺点单积分制考核奖励统计表显示,2021年县财政为22个艺术团发放了59.74万元,效能最高的长兴县城山沟艺术团获得了8万元的补贴,其余大部分艺术团接收的补贴为1—3万元之间,平均每个艺术团补贴2.71万元。更主要的是,财政补贴的惠及面仅22个优秀艺术团,而全县其余1300个文艺社团无缘此次补贴。

(四)数字化冗余造成人力资源的内部损耗

浙江明确提出,将运用数字化的技术、思维和认识,对农村文化礼堂从硬件到软件、从内容到功能、从管理到运行进行全方位的数字化体系重塑。浙江日报报业集团打造的"浙江省农村文化礼堂数据管理平台",是目前分析各乡镇(街道)近期效能指数排名的最权威平台。这一平台数据排名是农村文化礼堂活动开展效能的核心参考指标体系,其效能指数构成因素、操作流程、工作机制、计算公式等需要经过专业的学习才能掌握。即便经过专门培训,农村文化礼堂开展活动后,上传相关信息也要花费大量时间。有时网络和系统不稳定,时常中断。更主要的是,农村文化礼堂同时接受宣传部、文旅局管理,在每场文化活动结束之后需要整理该场活动照片、素材和群众反馈,向上级汇报,不同管理者使用的电子汇报系统也不同,需要准备多份材料并向不同的电子系统上报。同一场活动,需要在数个电子平台上传数据和资料,极大牵制了人力资源。长兴的基层公共文化服务人才,需要应对"浙江省农村文化礼堂数据管理平台""掌心长兴App""浙里办""礼堂家——浙江农村文化礼堂资讯服务共享平台""文化礼堂志愿者微信公众号"等多个数据系统,造成"人才的数字化冗余"。

此外,公共文化数字化多头重复建设,平台孤岛、数据鸿沟普遍,也为文化志愿者和其他文化人才管理带来意想不到的负担。如组织部、宣传部、团委、妇联都有各自独立的管理系统和软件,信息数据分散在各个管理部门,造成信息资源无法有效共享。这一现象在文旅系统的大部分公共文化服务项目中,都有一定程度的存在。各级数字文化馆、数字图书馆、数字博物馆、数字美术馆尚未形成基于互联互通上的服务功能整合融合,文化活动信息整合发布机制缺失,平台信息更新不及时,甚至开天窗,没有做到"一网打尽"。基层干部及相关管理人员为完成不同管理部门的考核任务,则需要重复操作以对接不同的管理系统,人员的有限精力被空耗。

（五）考核评估体系有待进一步完善

长兴县已建立和逐步完善了对农村文化礼堂志愿者和文化社团的考核制度,这些制度还有一定提升空间:一是考核标准存在"一刀切"的问题。有的乡镇(街道、园区)农村文化礼堂建设起步相对较晚,乡镇(街道、园区)分管干部认为统一考核标准对这些乡镇(街道、园区)不公平。二是针对党政机关和事业单位开展志愿服务活动的考核指标比较模糊,没有形成明确的责任清单和激励考核机制。有些单位组织的志愿服务活动存在"走过场"现象。三是对乡村干部的相关责任考核占比过低,如针对农村文化礼堂管理及活动开展的相关考核指标仅占乡村干部年度工作绩效考核指标的 2%—3%。四是县级层面对农村文化礼堂志愿者和文化点单体系的认知和宣传力度不够,知晓率低,文化人才队伍建设尚未纳入长兴县社会发展总体规划的蓝图中,也没有进入相关机关单位的考核指标体系中。2021 年《长兴年鉴》和《政府工作报告》文化事业部分,尚无农村文化礼堂志愿者和文化点单体系,以及文化人才队伍建设的相关论述。

六、持续优化路径与方向

（一）丰富供给:建立多维立体的"新文艺""草根自组织"新时代人才梯队

志愿者和文化点单解决了"从无到有"的问题,接下来要解决的是"从有到优"的问题,提质增效。在稳步向高质量发展的新要求迈进时,要推动新时代公共文化服务社会化、公共文化服务高品质均等化等关键问题在理论层面率先破题,建立完善的公共文化服务供给与反馈机制,形成"需求有效促进供给—供给有效满足需求"的良性循环。要在社会发展和经济发展的过程中积极地开展基层文化志愿服务活动,必须充分地考虑人民群众的文化需求,然后结合实际的情况,对基层文化活动的开展形式进行行之有效的调整,最大限度地提升基层文化志愿服务活动的可行性、科学性、规范性。

第一,基层乡镇(街道)政府提高认识。文化是社会发展、延续和振兴的基础,既能形成经济发展的内生动力,又能有效推动新时代社会治理体系和治理能力现代化,对全面推进社会主义现代化建设起到积极促进作用。长期以来,由于认识不够、乡村文化建设动力不足及文化建设缺乏可量化的指标,乡镇(街道)政府普遍存在重经济、轻文化的现象。当前我国社会主要矛盾已经转化为人民日益增长的美好生活需要和不平衡不充分的发展之间的矛盾,具体表现在公共文化服务领域,就是公共文化服务体系发展的不平衡不充分与人民日益增长的精神文化需要之间的不匹配。公共文化服务进一步赋能人民美好生活,提升社会文明程度,提高人民审美水平是公共文化服务高质量发展的时代新内涵。乡镇(街道)政府需要把握社会主要矛盾的变化对文化工作的新要求,提高对文化工作的重视,把乡村文化人才建设纳入乡镇(街道)党委政府人才工作总体部署,确保乡村公共文化服务机构人员编制数量和经费做到专岗专用。

第二,最大限度激发人民群众文化创新创造活力,繁荣群众文艺创作,发挥群众在公共文化服务中的主人翁地位。经过多年的培育发展,乡村各地均已形成了规模可观且不断壮大的文艺爱好群体。未来长兴应大胆以繁荣群众文艺创作为抓手,加强公共文化软实力,常态化开展艺术门类多样、主题丰富多彩、线上线下相结合的群众文艺创作大赛、展示、评比活动,激发群众创作激情,加大对群众文艺创作的孵化支持,积极为群众文艺创作提供各种便利条件,让各级各类公共文化设施成为各类群众文艺创作组织蓬勃成长的沃土和平台,将民营文化工作室、民营文化经纪机构、网络文艺社群等"新文艺组织"和网络作家、签约作家、自由撰稿人、独立演员歌手等"新文艺群体"发展成为公共文化产品的生产者和参与者,将他们的文化产品及时纳入文化点单平台,积极推动新文艺组织和新文艺群体走进农村文化礼堂。

第三,积极培育农村文艺骨干和文体自组织,扶持草根式民间文艺团体。发挥各级文化馆职能,深入农村、社区,对业余文艺骨干和民间艺术人才进行细致摸排和梳理,广泛组建各种类型的文艺团队。加强民族民间文化遗产搜集整理,深入挖掘民族民间文化遗产的艺术价值和艺术生产力,努力打造代表性、区域性、民族性的特色民间文化艺术品牌,为民间文艺团队走向产业化道路,拓展演出市场,开辟新的途径。有针对性地征集编印一些适合民间文艺团队排练演出的文艺演唱材料,为民间文艺团队提供丰富的创作空间。对那些活跃在广大群众中,深受群众喜爱和欢迎,具有广泛群众基础的文艺团队,应及时发现并给予表彰鼓励,并给予必要的资金投入,为民间文艺团队购置必要的服装、道具乐器和音响设备,把他们逐个打造为拥有文化精品的民间文艺团队。

（二）优化结构：多渠道增加人才队伍总量

第一,树立人才主体意识。人力资本理论给我们的启示在于要充分重视人才在推动国民经济和社会、文化发展中的重要作用,要加强对人才的教育和投资,树立以农村公共文化服务人才为主体的意识,实现人力资本的持续增值。农村公共文化服务的人才保障体系建设首先要树立以人才为中心的发展理念,要把人才引进、吸收、培养、配置和发展等一系列人才政策和规划作为一项基础性、关键性的工程来抓,只有从思想高度上重视人才,才能在行动上制定出符合人才发展的政策规划。注重文化活动柔性管理,减少对农村文化礼堂志愿者文化活动举办的限制,让基层文化人才可以放手举办各种规格的文化活动,提升整体文化活动的质量,让文化人才能够得到更多活动实践经验。

第二,摸清家底,建好台账。长兴农村文化礼堂志愿者和农村文化礼堂管理者是两个角色,两个系统,两种管理模式,对于农村文化礼堂的这两种人才类型,并没有清晰的责权分属,两百多个农村文化礼堂,四百多人的数据集,每个人的出生年月、学历、学位、毕业院校、特长、工作履历等,要全部做到一张数据表中,把现有人才的年龄特征、学历特征、特长、工作经验等细节摸清,对人才志愿者逐人建档,将个人基本情况、服务情况、累计服务时间、服务业绩等内容汇集到人才数据库中。深入调研、挖掘社会中各类文化人力资源,根据人才各自的特长和服务供给能力,建立文化类人才动态数据库,全面把握本地区文化人才的情况。开展群众文化需求分析,以群众需求促进各类文化人才队伍建设,尤其要加强乡镇（街道）、村级文化工作专职人员的配备。依照不同地区的发展需求,让具有不同专业技术、性别、年龄、学历的文艺人才,得到合理均衡分配。使得各地的管理人才、专业技术人才、民间文艺家、地方文化精英、民间非物质文化遗产项目继承人都能充分发挥所能,逐渐扩增人才总量、优化人员结构。要充分了解基层文化人才的现实需求。要从人才所处环境、现实需求、工作预期、心理特征等方面对人才进行全方位的评估,在此基础上做出符合人才全面发展的、有针对性的政策和制度安排,实现人力资源的最优配置。

第三，聚焦特色群体的志愿者团队。农村文化人才极度缺乏的现状一时难以改变，可以从学历和专业素养相对较高的人群中专门招募文化人才。一是专门组建党政机关和事业单位志愿者队伍。党政机关和事业单位的工作人员学历层次较高，综合素养较好，将志愿服务作为党支部为民办实事、党员日常行为考察以及开展学习教育的重要内容。党政机关志愿者在理论政策宣讲、科学知识普及、医疗保健、农技推广、产业扶贫、助学支教、法律服务等方面具有资源优势，应依据机关单位工作特点及志愿者特长组建专门的志愿者服务队伍，有针对性地为村民提供公益服务。二是培育乡贤志愿者队伍。乡贤是实施乡村振兴的重要力量，县乡各级党委要利用建设新时代文明实践中心的契机，广泛吸纳所在区域的乡村文化能人、回乡投资人士、退休回原籍的领导干部和公职人员、返乡创业大学生等人力资源组建乡贤志愿服务队。

第四，建立完善的志愿者人身保障机制。文化志愿者的身份特殊性导致其在人身财产安全保障上是弱势群体，需要在文化志愿服务工作中亟待提高自身保护意识和自我保护能力。目前志愿者人身保障措施是短期的商业保险，但是一旦志愿者遇到危险，轻则会打击志愿者的积极性，重则会产生严重的人身伤害，消除影响的善后工作途径过于单一。应积极主动与能直接为志愿者提供物质类保障的公司或企业商谈，为志愿者争取直接性保障。例如，保险公司可以直接为志愿者提供志愿服务期间的人身保险，保障志愿者基本权益；医疗机构可以为志愿者进行身体健康检查或为志愿服务提供医疗器材，从而为志愿者以及文化志愿服务提供良好的保障等。

第五，实施人才需求预测，尽早谋划人才补充策略。农村文化礼堂志愿者流动性大，农村文艺社团人员不固定，这是不争的事实，乡镇（街道）文化站和长兴文旅系统不能坐等岗位出现空缺之后再谋划招募新人，而应该未雨绸缪，主动实施人才需求的预测，制定人才补充预案，建立人才储备。利用高校寒暑假的时间招募高校大学生等，适度扩大中青年人才志愿者的比重，把有活力、有技能的中青年人才吸纳进来。根据近期和将来组织内人员升降、岗位间调动、退休、工伤离职病故等人员流入流出情况，对目前公共文化服务机构中的人力需求进行预测，预测内部人员拥有量，预测外部供给，确定人才来源渠道，确定人员净需求。尽早确定目标，制定具体计划，在集信息资料和人才需求预测的基础上，确定具体岗位和招募要求。

第六，培养乡村公共文化服务领军人物。基层公共文化服务领军人才是具有较高的人文素养、职业道德和创新意识，掌握公共文化管理与服务的基本理论知识，具有一定的艺术技能、公共文化管理能力及策划、组织能力，适应新时代行业转型发展的高级应用型、复合型人才。高层次、高水平、有代表性的领军人才是公共文化服务体系人力资源的中坚力量。从乡村文化工作一线遴选一批骨干从业人员进行重点扶植和培养，与所在单位及主管部门签订"一人一策"的培养协议，订制个性化培养方案，配备行业专家担任导师，通过3年左右的培养，使其快速成长为具有较强文化活动策划与组织、文化项目宣传与推广、文化队伍建设与辅导、文化作品创作等能力的高素质复合型人才，达到一人带动一片的引领作用，各地文化和旅游部门在业务深造、工作实践、学术研究、平台搭建等方面予以扶持，同时制定严格的考核标准，建立退出机制。

（三）开源统筹：多方保障人才待遇薪酬

第一，拓宽资金渠道解决农村文化礼堂和文化社团资金问题，加大资金补贴力度。随着农村文化礼堂的全覆盖，农村文化礼堂数量饱和，需要资金补贴的个体基数和总额基数都大幅增加。依据长兴县委、县政府制定并出台的《关于推进农村文化礼堂长效机制建设的实施意见》和县文广新局出台《长兴县农村文化礼堂长效管理评定补助奖励办法（试行）》，疫情时期依然坚定不移地继续实行星级动态管理评定，加大资金的补助力度。继续完善和修订《长兴县文化礼堂管理志愿者五级考评制》激励制度，完善农村文化礼堂理事会制度，规范理事会章程制度，推行法人治理。《浙江省公共文化服务保障条例》指出各级人民政府应当将公共文化服务经费纳入财政预算，建立与公共文化服务发展需求相适应的财政投入增长机制，逐步增加对公共文化服务的投入。县级以上人民政府应当安排一定资金，通过财政转移支付、扶持公共文化设施建设项目等方式，支持公共文化服务相对薄弱地区的公共文化设施建设、公共文化产品和服务供给以及公共文化人才队伍建设。该条例还指出：县（市、区）、乡（镇）人民政府可以通过购买服务等方式，利用民间文化机构、文化人才，提高乡（镇）、街道基层综合性文化服务中心的服务能力。鼓励农村文化礼堂也可依据当地文化特色，与社会企业合作推出文创产品，将本地文化资源活用起来，反哺农村文化礼堂建设。

第二,推进公共文化服务社会化进程,引导专业社会力量参与乡村公共文化服务。政府主导、社会参与,是推动公共文化服务高质量发展的必然选择。要建立健全多层次、多元化的农村文化人才资金投入体系。要拓展人才保障建设的资金渠道来源,努力将社会力量纳入人才保障建设资金投入的重要对象,鼓励社会力量参与农村公共文化。创新社会力量参与公共文化服务的形式与路径,引入社会企业资金,允许更多社会力量参与到农村文化礼堂的建设中。通过政府直接采购、社会力量运营、完善文化志愿服务体系等手段构建起政府采购、企业供给、社会参与的公共文化服务社会化的三轮驱动模式。要把政府主导和社会参与有机结合起来,引入市场机制,推动文化事业与文化产业协调发展,在公共文化服务网络建设、数字化平台、体制机制、服务资源供给、人才队伍建设等领域形成政府、市场、社会共同参与公共文化服务体系建设的格局,全面增强公共文化服务活力和发展动力。2015年,浙江省文化厅、财政厅、体育局、广电新闻出版局联合出台了《关于做好政府向社会力量购买公共文化体育服务工作的实施意见》,对社会力量参与公共文化服务体系建设给出了具体的意见,但目前浙江乡村公共文化服务的社会化发展水平偏低,还处于起步阶段。"十四五"期间,伴随着基层机构改革的推进,县级以下公共文化设施推广社会化运营和管理方式,已成为一个可持续发展的必然选择。推进乡村公共文化服务社会化进程,打破以往政府主导"办文化"的固有模式,有利于增强乡村公共文化服务活力,有利于推动乡村公共文化服务向特色化、个性化、多样化、专业化发展。

第三,精准补贴制度。在资金投入总量不足、投入主体单一的情况下,应提高公共文化服务补贴的精准化程度。先是选准重点领域,对于萌芽期的新兴文化服务业态,如沉浸式演艺人才,以及优秀传统文化的保护利用和创新传承人才等加大投入。其次,选定各领域的领军人物实施补贴。然后选定重点区域,对于文化市场薄弱的区域,即需要部分地区实施兜底,切实发挥好公共文化服务"保基本"的作用。

第四,建立农村文化礼堂志愿者和乡村公共文化领军人物薪资激励机制。激励理论告诉我们,有效的激励机制建设是吸引人才、留住人才、发展人才,提升公共文化服务水平的必要手段,根据个人需求的不同层次需要采取不同的激励措施。农村公共文化服务人才队伍发展缓慢的重要原因之一就是激励机制的不健全。建立健全农村人才激励保障体系,目的在于促进农村人才的开发与成长,促进人尽其才,最终形成各类人才脱颖而出、全面施展才能的机会。建立健全农村人才保障体系,首先要求尊重人才发展规律,充分发挥人才的主动性与创造性。坚持人才的主体性和以物质激励为主,精神嘉奖为辅的原则,建立灵活的薪酬体系,实行激励性报酬机制。财政加大对农村公共文化人才队伍建设的专项资金投入,建立农村文化人才基金,如"文化人才引进基金""文化人才培训基金""文化人才奖励基金"等,实行财政的专项拨款,为人才保障建设注入强大的资金动力。

（四）整合平台：新增公共文化服务人才数据库接口

一方面,各部门互相独立的管理系统已经让基层文化人才耗费大量时间和精力,另一方面,对于基层从事公共文化服务管理的人员和民间艺术团体,尚无一个统筹的人才数据库。由此,一方面要整合基层文化管理和服务的所有平台,另一方面也要同时在这个平台上接口专门的人才数据中心。

第一,推动各级各类数字文化系统平台集成共用,实现公共文化数字化一体化。公共文化服务数字化是直接关系到文化强国建设、关系到全社会文化民生发展的大问题,推进公共文化数字服务是促进公共文化服务提质升级的必然选择,也是在更大范围让群众共享文化发展成果的有效途径。抢抓历史机遇,建设升级版的公共文化设施网络应抓住从上到下高度重视文化建设、国家重大战略和城市国际化进程加快等重大历史机遇,借势推动设施网络提升改造,构建2.0版的公共文化设施网络。从顶层设计上将"浙江省农村文化礼堂数据管理平台","掌心长兴App"农村文化礼堂移动端,文化点单平台等多个通道合而为一,一网打尽,减少基层文化向上汇报的流程,将基层文化人才从无意义的劳动中解放出来。结合数字文化服务平台迭代升级,加强平台的横向联合和纵向延伸,将分散的、独立的公共数字文化信息系统整合集成为互联互通、业务协同、信息共享的"大系统",对基层开展精准服务,形成数字平台支持,为构建更广泛的跨部门、跨行业、跨层级、跨地域的一体化公共文化服务联盟提供数字平台支撑。

第二,建立文化人才分类数据库。基于网络技术与信息技术的人才分类数据库,可以有效实现公共服务体系人才队伍的高效化、便利化管理与使用。设立志愿者队伍、群众文化自组织信息登记、展示、更新通道,便于统一抓取调阅。充分、系统地对区域内党政管理人才、经营管理人才、文化专业人才和业余文化人才进行摸底、建档,将专业、经验、特长等相关个人信息系统录入电子平台存档,保持数据库的常态化更新,实现对各类人才的动态化管理。通过建设文化人才分类数据库,加强对文化人才的储备和管理,有效地整合现有文化人才资源。运用大数据管理志愿者团队,为人才个体建立电子档案,及时更新文化人才晋升、转岗、调离、辞职等信息,做好人才储备库数据,及时迭代最新人才数据,做好人才供需预测和流动预案,及时补充人力资源缺口。文化服务人才分类数据库的建设,要按照专业和特长分门别类建立人才信息数据库,为民间艺人和文化爱好者提供一个公共、开放的展示平台,为用人单位和待业人才牵线搭桥,做到"人尽其才,人岗匹配",真正实现文化的取之于民、用之于民。

第三,公共文化数字化集成平台与新媒体和强势社交平台桥接。公共文化数字化集成平台不能是管理者和演出团队自说自话,应将观众、游客、景点、演艺公司等各方社会参与力量纳入进来,推动公共数字文化服务平台与强势社交平台、直播平台、应用平台,如微信、抖音、百度地图的合作共享,依托上述平台在更大范围扩大公共文化影响,探索个性化精准推送,形成公共数字文化"连接一切,无所不在",提升公共数字文化服务知晓率、参与率和影响力。推动形成"公共数字文化服务矩阵"和"一站式"集群友好服务界面。微信公众号、微信小程序的功能已足够强大,微信用户几乎完全覆盖了公共文化服务对象。应积极构建基于微信应用的公共数字文化服务,完善微信公众号的功能,有针对性地开发、整合、推广微信小程序。

第四,对文化人才开展专门的数字技术培训。针对"十四五"时期公共文化服务与文化产业系统发展趋势,数字化发展趋势对人才的知识结构、专业服务能力提出的新要求,结合现有乡村公共文化服务人才知识结构状况,要针对现有乡村公共文化服务人才进行数字文化服务能力方面的培训。重点培训社交平台、云计算、大数据、人工智能等新兴技术的发展在公共文化服务领域的运用。

(五)细化考核:优化评估和绩效管理体系

第一,全过程全要素考核。目前对农村文化礼堂和文化自组织的考核本质上是一种结果导向,即全年绩效表现和演出效能数据导出后确定排位,由排位分配对应的资金。依据相关文件,第二年年初公布上一年《长兴县农村文化礼堂长效管理评定补助奖励统计表》和《长兴县文旅演艺点单积分制考核奖励统计表》。但每一个农村文化礼堂和文艺团体的起点不一,发展条件不一,在某一个时间段内的成长曲线和过程并不一致,结果导向容易遮蔽单个考评对象的效能指标。应该在修订考核指标体系的过程中综合考虑到老旧农村文化礼堂和新建农村文化礼堂的设施差异,软硬件配备程度以及在当地的利用率,可以尝试实行分类、分档划片区考核。根据乡镇(街道、园区)实际,按照人口分布、资源条件、经济和文化发展的基础状况划片区分类、分档考核,不搞一刀切。

第二,建立政府管理、社会主导的多元化的评估体系与评估办法。实行评估办法和评估主体分离制,政府主要负责评估程序制定、明确评估指标确立、评定行政绩效奖惩等制度性工作;评估过程交由专家学者、公众代表等组成的第三方机构完成,对通过政府采购等取得政府公益性文化活动承办权或获得政府资助的社会文化机构或文化活动项目,做好事前评估、事中跟踪、事后审计,确保政府的投入和资助的有效性,提高公共文化服务社会化运作的绩效水平。

第三,要加强公共文化服务专项资金的绩效管理。对于拨付给农村文化礼堂和乡镇(街道)配套的经费,落实"花钱必问效,无效必问责"的要求,做好事前绩效评估和事后委托第三方专业机构开展资金使用督查,确保资金使用合规合法。委托第三方会计师事务所对农村文化礼堂专项基金和文化社团补贴进行项目全覆盖式绩效评价,杜绝挪用公共资金的现象。通过完备年检资料、抽查财务行为、签署年检结论等手段,全面掌握每一个参与企业与社会组织的情况,对年检中有问题的企业与社会组织,分别根据不同情况,提出整改意见和措施;对有名无实、管理混乱的要坚决依法予以注销。

第四,统筹人才的公共文化服务效能和产业发展效能。"十四五"时期公共文化服务的发展趋势对人才的知识结构、专业服务能力提出新要求。公共文化服务体系建设和文化产业发展是中国特色文化发展战略的重要组成部分,两者的协同发展、融合发展是我国文化全面发展的重要表现。从长远看,公共文化服务和文化产业协同发展有助于提升文化产业发展的文化内涵,也能够体现公共文化服务的综合功能。公共文化服务和文化产业协同发展带来巨大经济社会效益的同时,必然会要求拓宽公共文化服务人才的知识领域范畴。因此,可以将农村文化礼堂社会化经营指标体系和文艺社团市场化运作的文化产值,纳入农村文化礼堂志愿者和群众文化社团的考核体系,促使农村文化礼堂志愿者和群众文艺团体不仅成为公共文化服务的中坚力量,更成为基层文化产业振兴的发动机。

综上,长兴对以志愿服务和文化点单为载体的文化人才二元选育的探索模式,从农村文化礼堂志愿者的个体成长和农村文化自组织的群体发展两个方向,夯实了基层文化人才团队,在选对人才、培养人才、巧用人才、赋能人才、管理人才和留住人才上进行了积极尝试,在基层文化自组织的分类培育、文化节目和精品打造、点单平台整合和艺术团绩效管理等难点问题上有所突破,激活了文化礼堂志愿者和民间文化社团的积极性,助力文化人才快速成长,释放并扩大了文化产能,加速文化资源配给市场化和文旅深度融合,推进了基层公共文化服务人才管理标准化建设。在近十年的不懈努力和反复尝试中,虽然遇到了各种挑战,但始终不忘初心,尽心为广大人民群众提供优质的公共文化服务产品,形成了具有长兴特色的二元人才选育机制。坐拥太湖,背倚天目,孜孜以求,行稳致远,长兴的二元人才选育机制为此次浙江省公共文化服务体系示范项目提供了巨大的参考价值。这种个体——群体二元选育机制,在全省文旅系统都具有典型的借鉴意义,其经验值得推广。

第七章 绍兴市柯桥区"社区文化剧场"

一、柯桥"社区文化剧场"建设背景

社区是人民生活的空间,社区文化则是社区生活之魂。繁荣社区文化是群众所盼、助推基层治理现代化的重要一环。2021 年,浙江省发布《中共浙江省委关于加快推进新时代文化浙江工程的意见》,围绕"文化服务力进一步提升"的主要目标,对扎实推进基层文化阵地集群建设、繁荣发展基层文艺、加快提升基层公共文化服务质量、积极创新基层公共文化服务运行机制作出行动指引,这为社区文化建设提供契机、打开视野。伴随公共文化服务体系的日臻完善,深入覆盖到基层社区单位的综合文化服务中心、农村文化礼堂、文化广场、图书馆文化馆分馆以及各类新型文化空间已成为人民群众享受文化成果、参与文化创造的重要阵地。遗憾的是,作为文化传播重要载体的社区剧场尚未得到同等的重视,人民群众无法享受便利、多彩、高品位的文化生活。

长期以来,我国剧场建设因担负城市"标志性"建筑任务而呈现出高投入、高运行成本、高场租、高票价的特征,这些特征无形之中拉高了普通民众和普通剧团的进入门槛,令剧场的公共空间属性和社会服务能力大打折扣。据中国演出行业协会发布的《2021 全国演出市场年度报告》数据显示①,2021 年我国演出市场消费主力是 18 至 39 岁的年轻人,在购票用户中占比达 76%,青少年和中老年群体的消费动力相对不足;在演唱会、音乐节类型演出和剧场热门演出项目的观众中,60% 以上购票者是跨城观演,人们很难在"家门口"观赏到好看、想看的演出。另一方面,尽管近年来各级政府不断加大送戏、送文艺演出、送电

---

① 秦金月,中国演出行业协会发布《2021 全国演出市场年度报告》,中国网,2022 - 04 - 28 (http://cul.china.com.cn)。

影下乡（进社区）的投入力度，但由于缺乏合适的舞台条件和观演场所、缺少层次化的产品体系，基层文艺活动的有效开展面临诸多障碍。为此，有必要加快推进小型化、多样化、互动化的社区剧场建设，为满足人民群众更高层次的文化需求、培育社区文化和提升社区品位、重塑以文化交流和认同为核心的社区共同体开辟新的前沿阵地和应用场景。在此背景下，本研究将立足柯桥实际，通过文献研究、案例分析，系统回答"什么是社区剧场""为什么建社区剧场""柯桥建设社区剧场何以可能，何以可为"等系列问题，以期为公共文化服务现代化先行县建设提供创新样本。

二、社区剧场的基本内涵及建设意义

（一）社区剧场的基本内涵

社区剧场（Community Theatre）的概念来自西方，经过英美等国漫长的理论演进和实践探索，至今已形成了成熟且复杂的形态，兼具艺术性与社会性双重属性。国外学者对于社区剧场的界定很多。比如，1917 年露易丝·伯雷依（Louise Burleigh）在其所著的《小区剧场的理论与实践》中指出小区剧场应包括"不以教育为主要目的""非商业性""尽可能开放给小区民众参与"等特质。伯利（Gertrude Burley）进一步指出，社区剧场是戏剧艺术的前哨站，强调通过与社区的紧密联结，调动民众的参与热情，以获得或恢复民众对剧场应有的注视①。这类界定将社区剧场定位为"互动式"剧场，即社区本身是剧场创作的来源，剧场活动必须与小区尽可能地互动，而社区剧场的主要功能在于将小区变为一个名副其实的"生活剧场"，并为社区戏剧人才提供参与剧场的机会。

另一类观点则将社区剧场界定为更加综合性的概念，认为社区剧场泛指专业剧场工作者进入到某一小区或是与某一具有相同背景的社群一起工作。如《剑桥剧场研究入门》一书将英国的社区剧场归纳为三种类型：① 以表演/演出为主的剧团。其剧本内容来自地方议题，并在特定区域的非剧场空间，如小区活动中心、学校礼堂、工会联谊处等地进行演出；② 视剧场为引领民众参与地方事务的小区艺术团体。在这类团体眼中，剧场是一种鼓励人们投身各种文

---

① 　Gertrude S. Burley. Community Theatre：Idea and Achievement[M]. Greenwood Press，1975.

艺活动的手段,其目的在于结合众人之力以活化小区,进而达成居民间密切交流的功效;③ 团员特质或有其关怀取向的剧团。这类团体往往与地理范围无关,而与剧场参与者的共同身份或兴趣背景有关,其通常服务具有特定身份的一群人,例如女性团体、少数民族团体、同性恋团体以及残障人士等。可以看出,这类界定更具包容性和覆盖面,社区剧场的参与者、空间场景、组织形式、服务目的十分多样,但"贴近基层、服务民众"的统一宗旨贯穿始终。

当前虽然已有不少地区和专业人士开展了社区剧场的探索性实践,但不论影响范围还是模式沉淀都未取得显著进展。学界对社区剧场的理论探讨也不够充分,尚未凝练出符合中国特色社会主义文化发展所需要的社区剧场概念。因此,本研究认为,符合中国情境的社区剧场指的是由基层各类组织及人员、专业剧场工作者等组成,以服务群众差异化艺术享受需要、满足群众艺术创作和参与社区生活需求等为目的,在群众"家门口"的小型剧场或其他可利用的公共文化空间中开展的多形态文化活动。

(二)社区剧场的建设意义

作为一个外来词,"社区"(Community)代表着在特定地域范围内,具有共同心理与文化特性的结合体。在当今的现代化都市中,社区一词逐渐被"小区"(Residence)这一纯粹的地域概念所替代。除了提供舒适、便捷的生活条件,现代化小区无法提供由密切的人际互动而形成的归属感。而作为一种高雅艺术,戏剧通过传递美的事物、讲述动人故事,发挥着启迪心灵、弘扬价值观和正能量的积极作用,却因缺乏有效的组织形式、合适的实践场所、可负担的观演成本,未能真正进入并影响大多数人的精神生活。社区剧场恰恰为戏剧艺术的供需对接提供了有效载体。总的来说,社区剧场的建设意义主要体现在:

第一,服务升维,进一步丰富人民群众文化生活。社区剧场建设将使戏剧摆脱狭窄的范畴和局促的境地,让传递人类思想情感和知识文明的高品位艺术形式"飞入寻常百姓家"。人民群众能够根据自身需求,在相对有效的戏剧空间里享受包括话剧、音乐剧、儿童剧、戏曲、舞蹈、音乐会、演唱会、音乐节、相声、脱口秀等在内的多种戏剧盛宴。除此之外,社区剧场也将为群众艺术团体提供有效的作品创作和展示平台,为群众文艺团体走向专业化、艺术化提供支撑。

第二,创作升维,进一步提振人民群众参与热情。除了戏剧艺术的社区导入外,社区剧场的另一大功能在于颠覆戏剧艺术的传统模式,即打破观众的"观者"地位,让观众以"观演者"的身份主动介入演出。具体而言,社区剧场借助专业剧场工作者或业余艺术家引导,基于"地方的"或"个人的"故事,通过群众参与剧本创作、现场表演(或即兴表演),使其充分获得艺术上的乐趣并激发其主人翁精神。

第三,价值升维,进一步凝聚社区共识文化引力。相比阅读、培训、文体比赛、送戏送影下基层等传统基层公共文化服务内容,社区剧场凭借主题聚焦、灵活多样、高卷入度的戏剧组织形式在加强人际交往、寓教于乐方面具有更加突出的作用,有助于推动人民群众在参与和互动中,涤荡心灵升华精神境界、深入探讨社区话题、构建延续社区记忆、巩固社区文化根基和凝聚社区向心力。

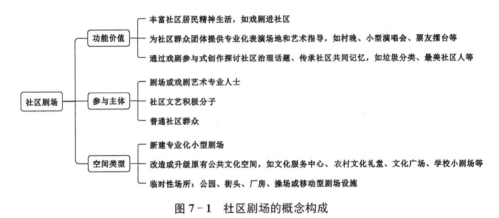

图 7-1   社区剧场的概念构成

三、国内外社区剧场建设的基本经验

(一)美国:依托联盟机构实现要素融合,鼓励观众参与推动戏剧转型

美国社区剧场起源于 20 世纪初的"小剧场运动"(Little Theatre),旨在批判明星风潮的商业戏剧,认为其丧失了"剧场的高尚本质"。在该运动中,有才华、有理想的艺术家们开始寻求各种剧场变革,掀起了爱美剧、实验剧、艺术剧场、社区剧场、教育剧场、市民剧场等各种小剧场风潮。这些小剧场运动虽然在关注点、组织形式上存在不同,但都归属于"非商业剧场"的范畴。20 世纪 10 年代美国社区剧场运动如火如荼展开,以波西·马凯(Percy Mackaye,1875—

1956)为代表。其通过创作与美国历史、民间传说相关并适合大众观赏的戏剧，尝试用戏剧语言诠释乡村生活，传递社会发展理想。如 1909 年演出的《格劳西斯的露天剧》先后吸引 2000 多名当地市民参加演出，观众达到 25000 人。

美国社区剧场的突出特点是强调公民和艺术的双重使命，为此萌生出诸多创新的组织形式，以"一人一故事剧场"为典型。"一人一故事剧场"（Playback Theatre）简称"一剧场"，1975 年由美国乔纳森·福克斯（Jonathan Fox）和琼·萨拉斯（Jo Salas）夫妇创立，是一种即兴剧场。观众在剧场里自由自愿地分享个人经验及感受，演员在聆听后，以形体、声音或诗歌等戏剧的方式实时呈现，作为礼物回馈观众。在一场演出里，观众会欣赏到不同人的故事，故事与故事之间往往存在着一种类似对话的微妙关系。任何人都可以成为"演员"，并以这种剧场形式去服务社区。"一剧场"对舞台陈设、主持人（领航员）、演出流程、演出形式都有一定要求，其中主持人作为观众与演员、观众与观众之间的纽带，扮演着极其重要的角色。总体来看，"一剧场"秉持尊重、包容、开放的价值观，提供了民众皆能平等发声的场域，加强彼此认同和接纳，促进群体认同，助推社区文化营造。

图 7-2 "一人一故事"剧场的舞台模拟

美国社区剧场大规模的发展得益于戏剧机构的创立。1910 年成立的戏剧联盟作为首个全国性协会，致力于推动美国剧场进入城镇与乡村，并积极支持业余戏剧活动开展。随后，由高校学者团队组建的威斯康辛戏剧学会、哈佛大学"47 工作坊"等机构相应诞生，旨在通过戏剧实验、培训专业戏剧工作者来推动社区剧场发展。随着社区剧场在全美的推广,美国社区剧场协会(ACTA)、美国社区剧场联盟(AACT)等机构为协助培育高水平的社区剧场人才、推动优秀的制作和演出、完善剧团行政管理乃至建立社区关系提供了重要支撑。比如,截至 1997 年,AACT 在美国拥有 1000 多个社区剧场成员,在全美各地设有分会,为各地社区剧团提供包括剧场训练、专家咨询、演出机会等丰富资源,并每两年一次定期举办"全国社区剧场周",建立全美社区剧场资料库(社区剧团、剧作、专家学者名单和相关资讯等),乃至针对社区剧团及其工作者提供各种保险项目等援助。如今 AACT 已发展成为国际性组织,其服务也扩散至海外各地。

(二) 英国:灵活化组织形式打破场域界限,立体化服务体系覆盖多种人群

英国社区剧场的蓬勃发展源自 20 世纪 60 年代的"另类剧场运动"(Alternative Theatre Movement)。该运动企图以剧场作为介入社会、政治、文化等各层面的媒介或手段,进而促使社会产生根本性的变革。在不同发展阶段,英国社区剧场有着不同的发展方向和议题关怀。比如早期得益于英国剧场审查制度的废除,关注环境污染、国内政治和国际形势等议题的政治剧场、社区剧场得以兴起。70 年代,社区剧场逐渐成为一种普遍的剧场类型,其目标群体开始转向青年观众、弱势群体及其他边缘社群,各类社区剧团在社区中心或特殊区域如学校、医院、酒吧、俱乐部、商店、广场或街道等地点针对特定观众群体进行演出。80 年代,英国社区剧场逐渐遍及城市与乡镇,致力于通过多元合作共同改善社区文化生活品质。

英国社区剧场的典型代表是伦敦泡泡剧院(London Bubble)。泡泡剧院诞生于 1972 年,是迄今为止为数不多仍在活跃的社区戏剧团体。经过 50 年的发展,其始终致力于普通民众的文化赋权,为社会生活创造新的表达方式。为了方便户外巡回演出,泡泡剧院被设计成帆布顶的可拆卸多面体帐篷,能容纳一百名观众,这也是其名称由来的原因。泡泡剧院的演出被称为"快闪戏剧",这些戏剧作品在伦敦外围各自治市的公园和绿地进行夏夜户外演出,内容和形式通俗浅显、老少皆宜。演出要么免费,要么票价低廉,也不像传统剧院那样对观众的着装和礼仪有要求。

泡泡剧院的使命在于:为公众提供艺术指导、技能、环境和资源,让他们发

挥出创造性灵感,参与戏剧活动,在戏剧中分享彼此的故事,从而活化城市空间和人们的精神生活。在该理念指导下,社区居民不仅作为观众参与戏剧活动,而且深度介入戏剧的整个创作过程。目前,泡泡剧院的日常活动包括四个方面:① 社区居民戏剧小组,为 6 岁以上社区居民提供各种戏剧小组,每周活动一次,由专家指导,让参与者探索各种戏剧和讲故事技巧;② 泡泡语言,用戏剧对 6—9 岁学龄儿童的学业能力、倾听能力和专注能力进行干预;③ 伦敦泡泡+,为年龄 16—19 岁,没有就业、接受教育和培训机会的青少年(俗称"三无青少年")提供戏剧方面的培训;④ 夏天在伦敦公园、绿地提供户外的特定场域或巡回戏剧演出。此外,泡泡剧院还不定期推出大型社区戏剧公演项目,如作为社区口述史跨代际戏剧创作典范的《黑鸟》(回溯剧院所在社区的大轰炸记忆、铭记反思二战深刻教训)、《广岛之后》(探索第一颗原子弹爆炸在伦敦引发的反核运动记忆)等。通过丰富灵活的内容体系和组织形式,泡泡剧院吸引了远近的很多普通民众,影响力十分广泛。

(三) 新加坡:推动戏剧回归真实生活,促进市民的跨群交往和社区关怀

在经济水平不断提升而社区文化服务并没有显著改善的背景下,新加坡社区剧场应运而生。1990 年,最具代表性的戏剧盒剧团得以创立,该剧团希望通过戏剧艺术来探讨社会议题,与社群建立沟通平台,在社会各个层面助推公民对话。经过 30 多年发展,戏剧盒剧团发展出三种类型表演:① 专业的戏剧表演项目,在非剧院场地演出,如社区中心、学校和工会,将戏剧、教育节目和儿童节目结合在一起;② 社区民众合作表演项目,社区居民与艺术家合作展示戏剧作品;③ 特殊社群(如女性、少数族裔、同性恋者和残疾人)表演项目,关注他们在生活中遇到的困难,并尝试通过戏剧解释关注的问题。

戏剧盒剧团的表演项目主要建立在社区公共空间中,如楼房过道、房屋庭院、阳台走廊、草坪绿树等都成了戏剧的舞台。观众直接将椅子摆放在演区周围或跟着演区位置变化而走动。在演出中间,还会夹杂大量论坛和艺术活动,从而创造一个市民讨论实事的自由空间。值得一提的是,戏剧盒剧团不刻意寻求参与者的语言和肢体训练,目的在于让戏剧呈现真实生活、反映现实意义。另外,在剧场建构上,戏剧盒剧团专门设计出集剧场、装置、建筑为一体的公共艺术作品——充气移动剧场 GoLi(又称弹珠移动聚场,一个抽象的蛋壳状造

型）。在这个半封闭空间里,所有人都可以毫无限制地出入,人们不仅可以在里面进行论坛剧体验、议题辩论,还可以在外面享受优美景观。GoLi 也不受场地限制,可以在两小时之内建立起来。

图 7-3　新加坡戏剧盒剧团——弹珠移动聚场 GoLi 实景图

（四）中国：面向人际交往和社区治理开展局部尝试

近年来,国外社区剧场的有益经验已经开始影响我国。比如,广东省佛山市南海区尖东社区为加强居民参与意识,以有效解决社区治理中的棘手问题（如高空抛物、宠物圈养、烧香拜佛等行为带来的社区环境污染和火灾隐患）,通过建立楼长小剧场分队,聚焦社区公共话题,以居民参与的小剧场表演形式,启发集体反思和行动转变。比如,2006年,草根小伙王俊晓在上海创立“十二邻”社区剧场（借老式单元楼上下住 12 户人家相互关爱、相互帮助的寓意）,以“一人一故事剧场”模式,聚焦与老年人日常生活密切相关的议题,搭建“老人讲故事、人人当演员”的开放平台,真正

图 7-4　“十二邻”公益微电影海报及老人讲述故事的真实场景

实现老人公共空间的扩展和人际之间的沟通。经过多年发展,"十二邻"社区剧场的志愿者队伍不断壮大,在上海地区的影响力也持续加强,服务范围也进一步延伸至社区原住民、新移民、外来务工者及其子弟等多种人群,在倡导邻里关爱、社区融合方面发挥了不容小觑的积极作用。又如,位于北京昌平区的 365 剧场带着"365 天,戏剧天天在身边"的期许和梦想,通过打造专业化多功能的戏剧空间,打磨出"经典新声""青春有我""戏悦童年""歌舞魅影""非遗有戏""戏曲国粹"六大内容板块,为戏剧爱好者搭建"创、排、演、育、展"五大服务平台,让社区居民真正实现"在家门口"看戏剧看演出的愿望。

图 7-5 "365 剧场"实景及演出现场

从国外社区剧场的建设经验可以看出,美国、英国、新加坡等国均强调"戏剧服务社会、公众参与戏剧创作"的核心理念,并且逐渐找到了符合自身特点和民众需求的模式路径。学习借鉴国外社区剧场的有益经验对于探索符合我国国情、契合群众需要的社区剧场来说,意义非凡且大有可为。

四、柯桥发展社区剧场的资源基础

作为全国首批历史文化名城,绍兴凭借优美的自然风光和厚重的历史文化,在国内外享有水乡、桥乡、酒乡、兰乡、书法之乡、名士之乡、戏曲之乡等多种美誉,柯桥区则以"全能选手"的身份有力展示了具有绍兴特色的文化风景。2021 年《绍兴柯桥区"十四五"文化和旅游高质量发展规划》聚焦公共文化服务领域,提出围绕越剧传承、非遗项目、曲艺发展、书香柯桥、送戏下乡、诗路柯桥、丝路柯桥、文化创意,重点打造公共文化服务"柯桥好戏"IP 的战略构想。这说明,"十四五"期间"戏剧"已成为柯桥区公共文化服务的"重头戏"。建设社区剧场将为"柯桥好戏"IP 的打造和推广奠定扎实的群众基础、营造良好的社会氛围。与此同时,柯桥丰富的文旅资源、广泛的群众需求也为本地发展社区剧场创造了有利条件。

（一）传统曲艺发展基础深厚,文艺精品生产能力出众

作为"浙江省戏曲之乡",柯桥拥有绍兴小百花和绍兴莲花落两张闪亮的文化金名片。除此之外,平湖调、词调、宣卷、滩簧、鹦歌调等地方曲种都拥有深厚发展历史和佳作积淀。"十三五"期间,绍兴小百花首次创排的都市题材作品越剧《云水渡》成功首演且广受好评,展现了轻纺城的改革发展历史;新编越剧《屈原》《王阳明》等献演国家大剧院;新编越剧《屈原》获省"五个一"工程奖,越剧电影《李慧娘》入围第 33 届中国电影金鸡奖最佳戏曲片提名,绍兴莲花落小戏《一刨花》获浙江省"群星奖",越剧《屈原》《王阳明》《苏秦》及绍兴莲花落《孝子的检讨》获国家艺术基金资助。截至目前,柯桥区文艺家协会组织参赛、参展、参演的 49 件作品均在全国性文艺奖项评选中获奖,15 名曲艺工作者获得中国曲艺最高奖"牡丹江"及中国群众文化政府最高奖"群星奖";涌现出以吴凤花、吴素英、陈飞、张琳等"四朵梅花"为代表的一大批文武兼备、德艺双馨的戏曲演员。柯桥已连续举办七届中国曲艺高峰论坛,2019 年获得该论坛永久落户权,先后吸引曲艺界名家大腕、领导专家 600 余人次共商戏曲发展议题。深厚的戏曲文化底蕴、浓郁的戏剧创作氛围、优秀的戏剧人才队伍为柯桥社区剧场建设提供强大的内容支撑。此外,柯桥现有市、区级越剧非遗传承基地、校园戏曲社团、民营剧团及戏曲文艺团队 170 多家,票友圈实现区内 16 个镇（街道）全覆盖,推出"百花大舞台"、莲花书场、"文旅一台戏"、"幸福水乡才艺秀"等群众文体活动1 万余场,为社区剧场奠定发展基础、积累人气热度。

（二）文化旅游资源全域覆盖,空间资源嫁接条件良好

在"文旅融合"背景下,近年来柯桥不断加大文旅设施建设力度。文化馆、图书馆、博物馆、绍兴小百花、非遗馆、明珠文化广场等核心文化设施影响辐射半径不断加大。全区共建设农村文化礼堂、社区文化家园 300 家,并实现智慧礼堂全覆盖、农村文化礼堂行政村全覆盖,新建 20 家城市书房,镇（街道）文化站、图书分馆、文化分馆、农家书屋、农村文化礼堂、社区文化家园、城市书房等公共文化服务阵地织密成网,集群效应逐步凸显。全区共有国家级旅游景区

23 个,其中 3A 级旅游景区 5 个,4A 级旅游景区 5 个,柯岩风景区、安昌古镇、鉴湖旅游度假区、酷玩小镇·东方山水乐园、兰亭文化旅游度假区、以棠棣村为代表的乡村旅游重点村等旅游设施持续升级、错落有致、串珠成链。推进旅游业"微改造·精提升",加快文旅 IP 联名、产品创新速率。多样化的文旅景观设施在点缀柯桥城市文化图景的同时,为社区剧场提供了充分的搭载空间和多元化的应用场景。

(三)人民群众文化需求旺盛,戏剧观赏参演动力强劲

柯桥产业实力雄厚,民营经济活跃。2021 年,柯桥区全年生产总值(GDP)1747.98 亿元,居民人均可支配收入 71074 元,比上年增长 10.7%①,经济总量、收入水平稳居全市第一、全省前列,物质生活水平不断提升进一步拉动了人民群众的精神文化需求。从"酒缸、酱缸、染缸"的地方传统产业根脉到"国际纺织之都、融杭活力新城、稽山鉴水圣地"的新城市定位,柯桥形成了独具特色韵味、古今交融的城市气质,也构筑了柯桥人民的共同奋斗记忆,由生产生活故事素材转换而来的戏剧作品将点燃群众的参与热情。此外,活跃的民间资本、新时代"枫桥经验"的深化推进,也为社区剧场建设提供了资金渠道、广泛的社区支持。

五、柯桥发展社区剧场的现有做法

近年来,为了让更多文化资源和服务向基层延伸,柯桥区以"好戏进礼堂""周末剧场""百花大舞台""幸福水乡才艺秀"等品牌活动为抓手,加强政策支持和机制创新,统筹专业文艺演出团体及民营剧团等社会力量,积极探索社区剧场发展模式,形成了四类典型场景。

(一)农村文化礼堂搭载"周末剧场",为村民提供风采展示平台

目前,社区剧场功能在柯桥农村文化礼堂建设中已有体现,具有代表性的有齐贤村农村文化礼堂和山外村农村文化礼堂等。2014 年齐贤村农村文化礼堂开设"周末剧场",由村民自发组建的农村文化礼堂艺术团自编自导自演,以

---

① 数据来自《2021 年绍兴市柯桥区国民经济和社会发展统计公报》。

越剧、莲花落、歌舞、小品等为主要表演形式,每周六为本村及周边村镇村民举办专场文艺晚会。经过多年发展,齐贤村农村文化礼堂"周末剧场"已经形成了较强的周边辐射力和品牌知名度,其通过承办"'沈扬杯'长三角地区越剧票友大赛""'牡丹花开心向党'中国曲艺牡丹奖艺术团送欢笑走进齐贤村专场演出"等高规格戏曲演出和赛事、开展镇街文化走亲专场演出、邀请专家老师组织文艺专题培训、开展青少年方言曲艺传承活动、举办民俗风情节等活动,不断丰富"周末剧场"内容形态、扩大服务半径。疫情期间,齐贤村农村文化礼堂进一步开设云上文艺演出、公众号精品节目录播、文艺活动直播等平台,着力建设户外演出广场,为村民文艺展示、文艺观赏提供线上线下、户内户外联动的有效平台。

　　截至目前,柯桥区高标准、全覆盖建成的 300 个农村文化礼堂和社区文化家园都不同程度地实现了社区剧场功能,让村民成为舞台主角,锻炼培养了一大批草根明星。除此之外,2022 年 7 月"绍兴数智礼堂"应用正式启用,群众可通过该平台自主点播电影大片、热门电视剧、戏曲名段等影视内容,还能在线预约名家演出、线上"学才艺、秀才艺",数字化改革进一步盘活全市戏剧资源,实现戏剧资讯信息、场地设施、人才团队、精品演出等要素整合共享。

表 7-1　农村文化礼堂"周末剧场"活动类型

活 动 类 型	活动频率	表 演 主 体	组 织 保 障
专场文艺晚会	每周一次	文化礼堂艺术团(本地群众)、文化走亲艺术团(邻村邻镇艺术团)	文化礼堂公益基金、文化馆/文化站专家老师培训
高品质戏曲专场演出/赛事	不定期	专业戏曲表演艺术家/专业剧团	送戏下乡、赛事委托承办
线上剧场	点单抢单	电影、电视、戏曲名段等视频录播	"绍兴数智礼堂"、"笛扬新闻 App"——云上好戏、视频网站会员点播、公众号视频集锦等
教育剧场:非遗传承	不定期	少儿艺术团	非遗传习培训、排演
其他	……		

图7-6 齐贤村文化礼堂"周末剧场"及"绍兴数智礼堂"

（二）城区剧院导入"百花舞台"，为市民带来高雅艺术盛宴

城区层面，为丰富柯桥市民精神文化生活，打造精品文化展演平台，柯桥区自2013年起推出"百花大舞台"精品剧目展演活动，以百花剧场和蓝天大剧院为主阵地，每月邀请辖区内外曲艺名家、专业剧团，为市民带来各类精品演出，如小百花越剧表演、钢琴巡演、亲子音乐会、演唱会、话剧、魔术杂技等。相较商业化演出，"百花大舞台"在政府补贴基础上以更加实惠的票价（60—120元/人次）吸引了大量市民观演。以百花剧场为例，全年公益性惠民演出场次在15场以上的，每场补贴5万元（总额以80万元为限），通过政府购买服务形式，安排40万元，扶持民营剧团演出100场次。这大大降低了市民高品位戏剧表演的观赏成本，丰富了市民的精神生活，也提升了影剧院、文化广场等大型文化设施的使用效率。

"百花大舞台"也会根据受众群体、时段类型、剧院功能，科学策划编制节目单。比如，暑假期间，面向青少年的儿童剧、音乐会、歌剧等演出更加高频，演出剧目更多向青少年题材（如童话、动漫、器乐课堂、核心价值观培养等）倾斜，演

图7-7 "百花大舞台"展演剧目海报

出时间也突破了"周五、周六、周日"限制延伸至工作日晚间。场地方面，蓝天大剧院以展演儿童剧、脱口秀、音乐会等现代剧目为主，百花剧场以展演越剧、莲花落等传统曲艺剧目为主，"百花大舞台"也会不定期与古镇、景区、镇街合作举办，送戏到基层一线。场次方面，"百花大舞台"每月展演剧目从3场到10余场不等，可以说"周有演出""月月精彩""全年无休"。

（三）文旅景观架设"个性秀场"，为公众营造浓厚艺术氛围

在文旅融合背景下，面向游客和景区居民文化需求，柯桥区深挖景区内文化旅游资源、文物古迹、历史建筑，探索景区剧场的功能延伸和建设思路。第一，打造"古镇＋剧场"场景，2021年，绍兴小百花剧团联合柯桥古镇、安昌古镇、柯岩鲁镇等开展"柯桥好戏进古镇"小百花精品巡演活动，在柯桥及江浙沪古镇的山水亭台间为市民和游客奉上独具韵味匠心的越剧、莲花落等曲艺演出，截至2021年11月，开展"古镇连城，好戏连台"精品越剧进景区30多场，收获游客点赞无数。第二，打造"景区村＋剧场集群"场景，以实现"五星3A"景区化建设华丽转身的小渔村叶家堰为代表，其通过打造"文化礼堂＋偶像剧场＋文化广场＋非遗文化传习基地"的文艺空间集群，引进专业运营团队和剧团协会，为游客、文艺爱好者、当地村民提供个性化、多元化的文艺秀场。其中的偶像剧场联合绍兴市动漫爱好者协会，借鉴日本秋叶原AKB48剧场，以"可以见面的偶像"为理念，以运营导演、偶像孵化、偶像演出等内容，打造二次元偶像剧场，近一年来演出160多场，吸引7800名观众观演，获得互联网粉丝13w+，为美丽乡村建设注入时尚元素。第三，打造"景区＋大型实景剧"场景，由柯桥旅游发展集团与陕旅集团华清宫景区、北京忠合天歌文化产业有限公司联合筹

备的《鲁镇社戏》自 2021 年 4 月起在鲁镇景区上演。该剧旨在"弘扬鲁迅精神，讲好绍兴故事"，以鲁迅小说中的鲁镇和人物为背景，以先进舞台设备和技术手段呈现民国时期江南水乡特有风貌，构建多层次观演空间，以飨观众。

叶家堰"偶像剧场"内外景　　"鲁镇社戏"及"好戏进古镇"表演现场

图 7 - 8　文旅景观中的剧场功能

（四）举办"幸福水乡才艺秀"，"以赛促建"构筑民间戏剧人才发展平台

自 2012 年起，柯桥启动"幸福水乡才艺秀"活动，作为区内群众文化活动的重要组成部分和民间才艺达人的最高舞台，该项赛事门类齐全，涵盖舞蹈、音乐、戏剧综合等多个项目，每年吸引了近万名才艺"达人"报名参选，为民间戏剧人才的风采展示、技艺切磋、高阶培养提供了有效平台。为更有效组织活动、激励参赛选手、助力基层文化发展，2017 年，柯桥区发布区级标准《幸福水乡才艺秀暨群众性才艺海选活动工作规范》，进一步降低参赛门槛，扩大选拔范围，并建立专门针对参赛选手的辅导培训机制，支持获奖选手开展经典戏曲剧目排演和全国巡演，持续提升民间戏剧人才的专业化水平。在该政策支持下，柯桥区

文化馆陆续编排"梁山伯与祝英台""红楼梦"等大戏,由获奖选手担纲主演,开展区内 16 个镇街巡演及区外走亲,获得较高反响,也进一步锻炼激励了民间戏剧人才。

六、柯桥社区剧场建设的问题与短板

柯桥已初步构建了面向村民、居民、游客三类人群的社区剧场设施和服务供给体系,形成了以地方曲艺为主、其他艺术形式为辅的剧场产品组合,在丰富群众精神生活、实现戏剧艺术的多元共建共享上取得了一定成果。但是从严格意义上来说,柯桥社区剧场建设仍处于碎片化、小众化发展阶段,存在以下短板:

（一）缺乏整体规划布局,戏剧服务资源城乡分布不均衡

当前柯桥社区剧场主要内嵌于农村文化礼堂、景区建设当中,尚未成为基层公共文化服务的独立模块并得到各村社的广泛重视和普遍推行。戏剧服务资源在城乡之间、群体之间的分布不均衡问题较为突出,乡村戏剧艺术活动以村民自娱自乐为主,城市戏剧艺术活动以高品位节目付费观赏为主;社区剧场建设的局部创新未能得到推广应用,区域差距较为明显;服务内容以越剧、莲花落、鹦歌戏等地方剧种表演为主,尚无法兼顾外来人口的戏剧需求。

（二）社区剧场内容构成单一,公众参与度有待提升

相较国外社区剧场的多样态、高参与模式,柯桥社区剧场以经典曲艺剧目、综合性文艺晚会为主要内容体裁,公众在其中多扮演"观者"角色,较少在戏剧的类型选择、剧本创作、演绎过程中发挥主体作用。社区剧场在丰富群众文化生活外,尚未有效实现戏剧专业化培训、戏剧讲述地方故事、戏剧赋能基层治理的衍生功能。

（三）社区剧场潜在资源尚待进一步整合共享

当前,柯桥社区剧场的内容建设主要依赖地方文艺骨干自编自演和外部节目引进,表演场景局限于现有剧场、农村文化礼堂、社区文化家园、景区空间,剧场运营"各自为战"缺乏"多元协作",来自企业、学校、专业和业余剧团、政府文

旅宣传部门、媒体等主体的资金、场地、技术、人才、政策资源均未得到有效整合与充分共享。

（四）数字社区剧场建设亟待向服务智慧化供给转变

当前，柯桥区"数智礼堂""云上好戏"等 App 应用在集成戏剧资讯、视听产品、票友互动等功能方面已相当成熟，但线上服务的受众使用率、满意度尚待评估反馈。如何运用平台用户数据预测公众偏好，如何进一步扩大数字社区剧场受众覆盖面、分众精准推送剧场服务，如何搭建线上线下联动、现实虚拟交互的社区剧场体系等一系列问题尚待进一步探索。

七、柯桥发展社区剧场的对策建议

立足柯桥前期基础和发展需求，结合国内外社区剧场建设经验，本研究认为柯桥社区剧场建设应重点围绕剧场空间、剧场服务、剧场运营进行"三个升维"，着力形成近悦远来的"柯桥好戏"特色子品牌（见图 7-9）。

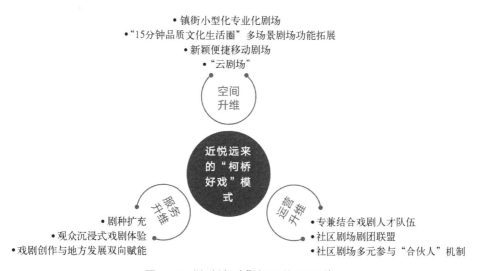

图 7-9　"柯桥好戏"社区剧场子品牌

（一）做好顶层设计，明确社区剧场综合性功能定位

将社区剧场纳入公共文化服务体系建设框架，通过规划补充、政策创新进一步明确社区剧场的发展定位和行动计划。第一，明确社区剧场在满足群众多

样化高品质文化需求、加强村社人际互动和情感联结、积累基层治理文化资本和行动共识三个层面的功能定位。第二,加快社区剧场的空间设施、人才队伍、服务产品等已有资源的盘点,开展群众需求市场调研,全面把握社区剧场的供需情况,进行布局试点。第三,通过服务引导、资源配套、考核奖励等方式,支持有条件的乡镇(街道)立足本地文化特色和群众需求,开展社区剧场探索试验和示范推广。第四,将社区剧场建设列入基层公共文化服务建设体系,融入"15分钟品质文化生活圈"建设范畴,厘清部门职责,强化要素保障和结果反馈,确保社区剧场建设发挥实效。

(二)合理空间布局,打造社区剧场多样化场景设施

匹配社区剧场差异化功能定位,充分挖掘现有文旅设施潜力,盘活闲置公共空间资源,打造专业、灵活、多样化的戏剧场景。第一,以镇街为单元,通过改造提升现有学校剧场、公共文化礼堂等设施或新建设施,完善剧场功能分区,打造小型化、专业化剧场,为戏曲、话剧、儿童剧、音乐剧、舞剧等高雅艺术走进基层走进社区提供有效实体空间。第二,探索非遗馆、展览馆、旅游景点、城市(农家)书房、社区活动中心等在戏剧创作交流、排练表演方面的拓展空间。在城市街头、天桥、公园、商场、厂房等地选点布局音乐角、戏剧窗口、戏迷擂台,让"15分钟品质文化生活圈"中也有戏剧的身影。第三,可借鉴英国泡泡剧院、新加坡戏剧盒剧团 GoLi 的设计经验,为社区剧场打造新颖便捷的移动场地;也可通过整合现有线上戏剧服务平台,打造一体化、数字化社区剧场,以小程序、公众号、直播平台等形式,进行社区原创戏剧的线上直播(或录播)、国内外知名戏剧展播①等,突破戏剧表演的时空限制。

(三)创新组织形式,探索人民群众沉浸式戏剧体验

从供应链转向需求链,推动戏剧艺术与人民群众双向赋能,不断提升人民群众在社区剧场建设中的参与度、获得感。第一,丰富戏剧表演形式。社区剧场除了呈现越剧、莲花落、绍剧等地方传统戏曲表演外,也可针对不同人群需

---

① 比如,2019 年 6 月,在国家大剧院发起下成立的世界剧院联盟,通过打造线上戏剧展播平台为社会提供精彩的音乐剧、舞剧等戏剧表演,网址:http://www.beijingforum.art/chn/zbpt/。

求,增加话剧、音乐剧、儿童剧、舞剧等剧目类型。第二,激发群众参与和人际互动。除了戏剧下乡下基层,社区剧场应进一步发挥人民群众的主体作用和创新精神,在剧场专业工作者或艺术老师指导下,鼓励社区居民自发组成剧团、创作和演绎戏剧作品;也可借鉴"一剧场"、论坛剧等形式,为群众提供更加沉浸式的戏剧体验。第三,拓宽戏剧创作思路。地方历史文化、地方改革发展历程是社区剧场戏剧的创作根基,社区剧场应着眼于百姓关注的民生实事、感人事迹、发展议题,寻找创作灵感,让戏剧作品更贴近人民生活,引发群众共鸣、实现情感联结。

（四）整合多元力量,形成社区剧场可持续发展格局

积极动员政府、社会、市场三方力量,为社区剧院可持续发展注入源源不断的发展动能。第一,加强戏剧人才队伍建设。组建由戏剧艺术从业者、专业剧场工作者、社区文化工作者、社区文艺骨干及社区居民（村民）组成的专兼结合人才梯队,创新人才评价、培养和激励机制,为社区剧场的专业演出和业余演出、戏剧创作编排、剧院管理运行等提供坚实的人才支撑。第二,建立社区剧场剧团联盟。成立由柯桥本地戏剧院团、地方文化部门、区内外艺术院团、学术机构等表演艺术领域相关机构组成的联盟机构,一方面为社区剧场提供表演训练、专家咨询、演出机会等综合支持;另一方面,开展"优秀社区剧场作品展演""社区剧场周"等大型活动,不断提升全区社区剧场品牌辨识度;开展社区剧场、戏剧人才、原创作品等资源盘点与要素整合,宏观引导社区剧场向好发展。第三,探索建立社区剧场"合伙人"机制。鼓励市场化演出机构以演出服务、派员入驻指导、承包剧场建设运营等多种形式参与社区剧场建设;鼓励中小学校以学生教育、非遗传承为目的,开放学校师资设备、组织学生参与社区剧场戏剧创作（如教育戏剧）;鼓励区内外高校人文艺术学科专家、艺术专业学生及高校戏剧社团等为社区剧场输送优质戏剧作品、提供创作指导、开展演出合作;鼓励地方民营企业通过投资、企业文化建设专题合作等形式参与社区剧场建设;鼓励地方融媒体等传播媒介参与社区剧场节目录制和活动宣传推广。

第八章　台州温岭市"乡村文化客厅"

一、温岭市创建"乡村文化客厅"背景

为深入学习习近平新时代中国特色社会主义思想和习近平总书记关于浙江工作的重要指示批示精神,全面实施《中共中央、国务院关于支持浙江高质量发展建设共同富裕示范区的意见》,贯彻落实《温岭市创建浙江省公共文化现代化先行县实施方案》(温政办函〔2021〕14号)精神,温岭市创新性地推进乡村文化客厅建设工作,其既是响应国家层面提出的高质量建设公共文化服务的要求,也是贯彻落实省委、省政府关于高质量建设"公共文化服务现代化先行省"的目标,同时,也是温岭市政府在现阶段为满足人民对美好生活需求的呼应。

1. 国家层面制度顶层设计要求

《"十四五"公共文化服务体系建设规划》明确了在"十四五"时期高质量建设公共文化服务体系的四大具体目标。一是公共文化服务布局更加均衡。二是公共文化服务水平显著提升。三是公共文化服务供给方式更加多元。四是公共文化数字化网络化智能化发展取得新进展。《规划》以"四个坚持"概括提炼了"十四五"公共文化服务体系建设的基本原则:坚持正确导向;坚持以人民为中心;坚持改革创新;坚持系统推进。《规划》强调以城带乡、城乡互动,实现城乡协同发展,助力乡村振兴。《规划》也提出"推动县乡村公共文化设施与新时代文明实践中心融合发展""充分盘活利用乡村传统文化资源",以此推进乡村文化和旅游融合发展,提升乡村内生发展动力,使乡村文化成为助力乡村振兴、缩小城乡差距的重要突破口。同时,文化和旅游部六部委于2022年4月联合出台了《关于推动文化产业赋能乡村振兴的意见》,特别强调了在重点领域赋能乡村振兴的要点,其中明确了创意设计、演出产业、音乐产业、手工艺、数字文化、文旅融合等八个文化产业赋能乡村振兴重点领域。

2. 省级层面共富示范区建设需求

《浙江高质量发展建设共同富裕示范区实施方案(2021—2025年)》提出,到2025年,基本建成以人为核心的高质量公共文化服务现代化体系。公共文化服务不断完善,内容更加优质、供需更加平衡、主体更加多元、保障更加有力,市县乡三级公共文化设施覆盖达标率达到100％,城乡一体"15分钟品质文化生活圈"覆盖率达到100％。《方案》在"布局城乡公共文化空间"中提到,要根据城乡风貌建设总体规划,建设提升一批具有鲜明标识度的文化综合体、历史文化街区、传统村落和古村落;推进综合文化站和农村文化礼堂、文化公园等创意性改造;在未来社区(乡村)有机引入"城市书房""文化驿站"等新业态。

3. 温岭市公共文化服务现代化新提升

温岭市凭借自身优势,以浙江省公共文化服务现代化先行县创建为抓手,全面提升公共文化服务水平,实施新时代文化温岭"576工程",即围绕打造思想理论、精神力量、文明和谐、文化惠民、文化产业等"五个高地"目标,推进深化理论武装、讲好温岭故事、突出素质养成、加大激励保障、探索精准供给、实施综合治理、推进跨界融合等"七项文化提升举措",实施文化传承研究、文化设施建设、文化惠民活动、文化名片打造、文化产业开发、文化人才引育等"六类重大文化项目"建设。在《温岭市加快推进浙江省公共文化服务现代化先行县创建行动方案(2022—2023年)的通知》中明确提出:深化公共文化服务先行理论体系研究,坚持"城乡服务不平衡"的问题导向,推动公共文化服务与旅游、科技、教育等融合发展,全省首创"乡村文化客厅",并将此作为创建主攻方向,开展理论成果驱动的制度设计与创新。立足推进中国特色社会主义共同富裕先行和省域现代化先行的大场景,以"品质化提升、数字化改革、精准化供给、融合化发展、多元化驱动"五化联动促进温岭文化和旅游发展模式创新和品质提升。

基于上述研究背景,本研究将重点围绕温岭市乡村文化客厅建设的现实基础、运行机制、建设模式、面临困境及突破路径等进行理论创新和探讨。

二、乡村文化客厅内涵和功能定位

(一)基本内涵

乡村文化客厅从本质上来讲属于一种新型的乡村公共文化空间,其兼具公共文化空间和乡村社会的特性。当前,国内外学者已对其进行过相对完整的定义和阐述。曹海林认为公共空间是指社会内部已存在的一些具有某种共性且以特定空间相对固定下来的社会关联形式和人际交往结构形式,并将乡村公共空间定义为"乡村变迁场景中社会秩序生成的重要场域"。朱海龙认为乡村文化公共空间并不单是一个拥有固定边界的实体空间,它同时也是一个被附加了许多外在属性的文化范畴。马永强则提出乡村公共文化空间是"乡村人际交往的主要空间和乡村文化传承的主要载体",因此培育和拓展乡村文化空间是建设乡村文化的重要途径,乡村公共空间和公共生活的发达程度与乡村文化发展密切相关,可以通过利用传统公共文化空间载体,培育和构建新的公共文化空间,实现重构乡村公共文化空间的目的。孟祥林则认为乡村公共文化空间是村民可以自由进入并进行文化生活的空间,具有本土性、主动性、参与性、聚集性等特点。

总结上述专家和学者们对于乡村公共文化空间的研究成果可看出,乡村公共文化空间主要包含三大要素:物理空间——建筑场所;精神空间——场所内的活动;空间主体——人。同时,也有专家总结我国乡村公共文化空间发展所经历的不同发展阶段:1949年以前村民自治下的活力空间,1949—1978年权利渗入下的空间僵化,1978—2002年改革开放下的空间沉寂,2002年至今的空间再生。而针对乡村公共文化空间的再生问题,以芝加哥大学社会学系特里·克拉克教授为代表的城市研究者提出的场景理论提供了重要研究启示。

"场景"一词来源于英文 scene,直观解释为现实生活中的各种场所、场所中的人以及人的活动,三者组合而成的不同情境,具体来讲,场景是由各种消费实践所形成的具有符号意义的空间。场景理论重点在于能够把单个便利设施纳入城市场景的总体中来。芝加哥学派认为,作为某一场景的组成元素,便利设施不能被"原子化"(Ato-mistically)地去理解,因为它是作为整体体验中的一部分而去被消费的。在消费单个便利设施时,文化价值被镶嵌在不同设施的组合上,即场景。因此,文化场景的魅力,不在于博物馆、美术馆、酒吧等单体设施有多么完善,而在于这些设施以什么样的方式组合来形成特定的场景。而这种组合方式,使生活在其中的个体,滋生出共同的文化价值。因此说,场景理论提供了一个整合性的思维方式,追求"整体大于部分之和"的效果。

"让场景重新书写空间""整合性思维方式追求整体大于部分之和"的思想为乡村文化客厅的建设提供了理论借鉴。本研究中将乡村文化客厅界定为:

是由乡村社会力量为建设运营主体、以具备当地地理风貌特质的乡村建筑为空间载体、集阅读、学习、展示、交流、休闲、娱乐等多种功能为一体、以满足人民日益增长的美好生活需求为根本目标的新型乡村公共文化空间。作为村民参与文化生活的重要场所,乡村公共文化客厅是连接人与人、人与社会、人与文化的重要桥梁。它包括空间的整体文化风格和美学特征,涉及消费、体验、符号、价值观与生活方式等文化意涵,关注以"人"为中心的参与和体验。在乡村文化客厅建设运营中,乡村的社会力量(企业家、个体经营者或普通村民)发挥了主体运营作用,很大程度上是一种自下而上公共文化建设,这使得乡村公共文化供给更"温和"、更"细化"、更"深刻",更能精准对接基层群众所需。

（二）功能定位

基于乡村文化客厅建设的背景以及基本内涵,温岭市打造建设乡村文化客厅的功能定位主要表现为其是乡村生活的憩息地、乡愁记忆保护区、乡土文化展示区和文旅融合拓展窗。

乡村生活憩息地。乡村文化客厅旨在通过提升空间的开放性、景观的舒适性、设施的便捷性、功能的社交性,营造友好和谐的生活氛围。

乡愁记忆保护区。乡村文化客厅立足存量公共空间,通过微更新、微改造,实现乡愁记忆空间生命的延续、新旧载体的共生,唤醒消失中的乡愁记忆,不断增强人们文化的认同感和自信心。

乡土文化展示区。乡村文化客厅重点通过历史遗存展览展示、非遗活化利用,提升乡土文化魅力,推动"精神富有型"社会建设。

文旅融合拓展窗。乡村文化客厅通过激发社会参与活力,挖掘培育融合发展新空间,拓展旅游服务功能,成为"有温度""有故事""有品位""有体验"的文旅融合拓展窗口。

三、国内外文化客厅建设典型案例

（一）大型艺术综合体展现城市客厅形象"印记"

法国波尔多的新阿基坦创意经济与文化之家 MÉCA 位于加隆河和圣约翰火车站之间,总面积为 18000 平方米。整体建筑主要由 3 个体块连接而成,其中包含 3 个艺术机构,即致力于当代艺术的当代艺术博物馆（Fonds Régional d'Art Contemporain,简称 FRAC),致力于电影、文化和视听艺术的 ALCA,以及致力于表演艺术的 OARA。

图 8-1　法国波尔多 MÉCA 文化经济创意中心

MÉCA 的建成为当地海滨与城市之间提供了一个全新的、充满当代艺术气息的公共活动场所。在艺术中心的餐厅和电梯厅设有巨大的"潜望镜",游客可以通过"潜望镜"看到户外"城市客厅"发生的活动,为室内外建立了对话,同时游客可买票进入 OARA 剧场观看演出,剧场能同时容纳 250 人,并配有灵活的座椅,由混凝土、木材和穿孔金属板构成的全黑色墙面使剧场内的声学系统得到优化。

基于艺术综合体打造城市文化客厅是当前展现城市形象,提升城市整体文化内涵的重要形式之一。通过激发游客沉浸式、参与式的艺术体验和感受,打造城市对外宣传的形象窗口,同时兼具服务本地居民的重要功能,创造可交流互动、可灵活运用的公共空间,丰富城市生活、提升城市活力。

(二)城市公共图书馆激发"功能拓展"新空间

图书馆作为社会公共建筑中最有代表性的类型建筑,它所具有的场所精神亘古至今都显示着强大的力量。时间推移、世事经变,图书馆并没有在信息大爆炸的时代走向衰亡。事实上,它在持续不断地于世界各处发生着各异的作用。图书馆已经从一个单一的借阅空间转化为了人们社会活动的中心,不断丰富和拓展的功能类型,使得其担当着一个传播文化的角色,让不同年龄、背景的人都可以在其中进行交流,并逐渐转变为城市中无须预约的"城市起居室""城市文化客厅",满足公众不同空间类型的需求,成为人们探索城市文脉肌理的重要途径。

图8-2 西雅图公共图书馆的"虚拟现实互动空间"

（三）打造"微艺术客厅空间"提升城市文化品位

"微艺术客厅空间"是上海在商圈、地铁、机场等进行新型公共空间打造的"文化＋"创新做法,形成了独具特色的上海城市文化客厅建设体系,提升城市整体文化品位。在"上海艺术商圈""地铁音乐角""机场美术馆"等城市文化客厅里,外来游客和本地居民均可零距离地感受艺术的魅力。在挖掘城市"微艺术"空间资源的同时配套供给高品质的公共文化服务内容。"艺术进商圈"活动,100多个商场全年推出1000多台节目,包括受欢迎的亲子类节目、浸入式戏剧展演、京剧、沪剧、昆曲等传统艺术表演,此外还推出艺术展览、相声、手工活动以及学生喜爱的二次元展、电竞展吸引更多年轻一族前来"打卡",诸如音乐剧《芝加哥》、浸入式戏剧《不眠之夜》上海版等,还将以showcase的形式将商场变身为临时剧场,让市民在商圈感受剧院的魅力。

（四）个体书店延伸出的文化客厅"情结"

在我国台湾地区,个体书店"书房味道"里面卖书、卖杂货、卖茶叶、卖器物,成了一个小型的社区文化中心。台湾的个体书店一般规模很小,营业额也不高,但它们已经成为街头巷尾、田园村庄中最具创意与人文关怀的书香角落,是城乡的"文化客厅"。它们所完成的不只是买卖,更是一种文化与生活的对话,也彰显了书店的美好价值。

社会主体参与的台湾个体书店,其在基本服务功能的基础上,逐渐延伸成为代表本地区域的重要"文化符号",代表本地人的生活方式,兼具一定的公共服务功能,同时成为吸引外来游客的重要"旅游体验点",展现文旅融合的魅力。

图 8-3　台湾个体书店展现独特的文化客厅气质

四、温岭乡村文化客厅建设现实意义

当前,国家层面充分重视文化软实力的建设和发展,伴随乡村振兴战略的深入推进,乡村公共文化服务体系迎来了更多机遇。与此同时,推进传统村落的保护和开发、非遗文化传承的大力倡导、建设"美丽乡村"等项目实施,进一步繁荣了当前乡村公共文化空间的类型和形式,如农村文化礼堂,乡村艺校、家庭图书分馆等成为当前温岭市"乡村文化客厅"建设的重要基础。

(一)服务内容升维,提升文化获得感

相较于温岭市现有的基层公共文化空间(乡村艺校、家庭图书分馆),乡村文化客厅的建设是针对公共文化供给侧的创新,其提供给基层群众的公共文化服务将不再局限于某一单一类型。乡村文化客厅是多种文化场景的复合体,在同一空间里,可以享受阅读这类普惠型的公共文化服务,同时也有机会享受手工、花艺、茶艺、话剧、舞台剧等精品型文化服务,让群众对公共文化服务从被动接受到积极参与,增强人们的文化体验感和获得感,进一步丰富人民群众文化生活。

(二)主体意识升维,激发文化自觉性

群众不仅是乡村振兴的主体,还是乡村文化客厅重塑的主体,通过构建让村民产生归属感、认同感、获得感的乡村文化客厅,可以有效激发群众对公共文化活动的参与意识和创作热情,增强群众的文化自信和文化自觉。继而通过文化活动的形式串联本土文化与居民、乡村文化客厅与周边环境之间产生的紧密关系,提高居民参与公共事务的积极性,实现文化传承与基层自主管理双赢。以温岭镇坭横村的乡村文化客厅为例,草编帽工艺是坭横村的民俗文化代表之一,对坭横村的经济文化发展都有很大贡献,乡村文化客厅将该文化进行发扬传承,让更多当地群众、外来游客参与进来,很大程度上提升群众的文化自信,激发群众的主体意识。

(三)空间品质升维,体现乡村美学内涵

乡村文化客厅具有涵养村民美感、抚慰游客心灵的重要作用,精神性和审美性是公共文化服务体系应该坚持的现代维度,因此,外观设计、内在展陈上首先要注重审美性,体现出一方乡土的美学追求和美学实践,通过空间美的影响带动,进而让大家对人美、家美、村美有更深层次的理解和感悟。当然,也要因地制宜,避免大拆大建。不管从保护民风民俗的角度,还是从文旅融合的角度,乡村文化客厅的建设都应因地制宜、因势利导,通过微改造、精提升、可还原,保留建筑原有的肌理风貌,达到"望得见山,看得见水,记得住乡愁"的效果。温岭致力于打造全域乡村游,故而在乡村文化客厅建设过程中尤其重视对乡村美学意义的表达。

(四)空间价值升维,实现社会经济效益统一

提升乡村基本生活水平是构建乡村公共文化发展的前提。乡村公共文化

服务由于具有显著的公益性与公共性（如农村文化礼堂、家庭图书分馆等），这使得政府在提供公共文化服务的过程中更加注重文化事业性质，而忽视了文化产业性质，导致乡村公共文化服务缺少了根据市场变化和公共需求变动而及时进行调整变化的动力，造成服务效率与质量的低下，这与公共文化服务建设的初衷有悖。而乡村文化客厅坚持社会效益优先，也坚持社会效益和经济效益相统一。目前由主题空间型家庭图书分馆提升而来的乡村文化客厅在社会效益和经济效益统一这一点上，已经达到较为理想的效果。

（五）联动价值升维，带动区域协调发展

在乡村文化客厅建设运营过程中，其建设运营主体通过积极梳理周边的地理风貌、民俗文化等特征，盘活区域公共文化资源，从多角度协调乡村文化客厅和周边区域之间的关系，使其与周边节点或场所建立起形成如经济、文化等方面的联系，从而融入周边环境，并带动周边区域各方面的发展，满足人民对美好生活的向往，在区域范围内，起到物质富裕、精神富有的示范作用。民宿型的乡村文化客厅在这一点上起到了非常好的榜样作用，如石塘镇的海山生活民宿乡村文化客厅、栖衡石舍民宿乡村文化客厅，作为地域范围内的典型空间，对周边经济、文化、旅游的带动作用都是显而易见的。

五、"五大优势"奠定温岭乡村文化客厅建设基础

温岭市创新建设乡村文化客厅有着坚实的现实基础和理论创新条件。多年来，温岭市委市政府致力于经济、政治、文化等形态领域的创新求变，取得了丰富的实践经验和理论成果，也成为新时期推进温岭市公共文化现代化先行县建设的重要力量。

（一）民营经济的先发优势提供经济基础

温岭民营经济发达、文化底蕴深厚，被誉为"曙光首照地、东海好望角"。1983年，全国首家股份合作制企业在温岭诞生，引领全国风潮，温岭成为股份合作制经济的摇篮。此后，温岭依靠一系列改革创新，不断催生民营经济的发展活力，引领地方民营经济实现一个又一个飞跃。民营经济是温岭最大的发展底牌，活力是温岭经济最亮的发展特色。温岭靠工业起家，以实体经

济见长,创造了许多全国第一,包括全国最早的个体工商户、全国首家股份合作制企业等,一系列的创新奠定了民营经济先发地的历史地位,开启了温岭的崛起之路。

1999年,温岭市创设了"民主恳谈会"制度,其发端于松门镇采取干部群众平等对话形式的"农业与农村现代化教育论坛",2000年开始统称"民主恳谈会",并在全市各乡镇、村(社区)得到推广。从2001年开始,民主恳谈会全面转型为一种基层民主制度,陆续扩散到城镇居民社区、基层事业单位、党政机关、群团组织等领域。2008年制度创设阶段基本完成,基本格局已经确定,议题的不断拓展,范围的不断扩大,方法的不断创新,重大公共事务决策经过民主恳谈,已成为当地的一个"规定动作"和"前置条件"。

民营经济的先发优势和"民主恳谈会"的基层民主制度,分别从经济和政治两方面推动了温岭基层公共文化的繁荣发展,在政策引领下,温岭很多民营企业家将业务范围从实体经济拓展到公共文化领域,民间文化的活力在温岭各地竞相迸发,文化软实力持续攀升。温岭市民营经济的先发优势以及温岭人创业创新的内生激情,都为温岭市建设共同富裕先行县提供了充足的条件和优势,温岭人紧扣"干最好、当标杆、争第一"的发展要求,自觉以排头兵的高标准自我加压,在县域层面先行示范,为全省探索共同富裕文化先行之路提供经验、作出样板。乡村文化客厅建设就是在这样的大背景下创新提出的。

(二)完善的公共文化服务体系提供支撑

温岭市的公共文化服务现代化建设一直走在浙江省前列,公共文化空间建设、设施配备相对充分。截至2022年,温岭市文化设施总量达704个,设施总面积达484054平方米。公共文化场馆主要由图书馆、文化馆、博物馆三大系统组成。2023年,温岭市新的文化中心将建成投用,项目位于九龙大道与横湖北路交叉口东北角,美国DLR设计公司设计时利用优越的用地环境,注重建筑与周围环境的协调统一的设计原则,创新采用"三馆合一"(剧院、图书馆、文化馆)形式建设。作为一个综合性、现代化的公共文化设施,该项目按"城市画卷"理念设计,用地面积27984平方米,总建筑面积67848.04平方米(地上建筑面积42972.26平方米,地下建筑面积24875.78平方米)。项目落成后各功能分区之间相互联系又互不干扰,富有自然亲和力及文化气息的公共交往空间使得整个建筑成为集文化、休闲、娱乐、交往等多功能于一体的"城市文化客厅",后续将启动市非遗馆等重点文化设施建设工作。

温岭以创建文化强镇(街道)、文化示范村(社区)为抓手,基本完成辖区16个镇(街道)文化站改造提升工程。一级及以上文化站实现全覆盖,镇(街道)文化分馆、图书分馆全覆盖;建成农村文化礼堂529家,社区文化家园30家;建成村级文化广场179个,家庭图书馆400多家,乡村艺校52家。

2021年7月,温岭高标准创建省级公共文化服务体系示范区,并首批完成了全省"五个百分百"达标县(市、区)和基本公共文化服务标准(2015—2020)创建;《基层公共文化服务动态评估系统》和《社会力量参与的文化馆图书馆总分馆体系建设》先后获评省公共文化服务领域体制机制改革创新项目;全国首创家庭图书分馆建设模式,成功建成家庭图书分馆近500家;制定出台台州市地方标准《家庭图书分馆建设与服务规范》,项目获评全国公共图书馆创新创意征集推广活动"最佳创新奖"。多次承办国家公共文化服务体系示范区创建工作现场推进会等省、市级活动。2021年,被评为省"戏曲之乡"。2022年,又入选首批省公共文化服务现代化先行县创建名单。健全的公共文化设施、良好的公共文化服务,必将为温岭先行建设乡村文化客厅提供充足的文化资源支持。

图8-4 温岭市文化中心鸟瞰图

（三）乡村全域游打造外部生态环境优势

2018 年 9 月,中共中央、国务院出台了《乡村振兴战略规划(2018—2022年)》,在涉及乡村文化旅游方面明确指出要通过推动乡村文化旅游融合,重塑乡村文化生态,发展乡村特色文化产业,繁荣发展乡村文化。温岭旅游资源全面而丰富,兼具山窟雄奇、滨海风情、田园牧歌,山海呼应,文旅融合的潜力巨大。"十三五"以来,温岭市围绕"一心一带两区三湾"发展框架,因地制宜,整合资源,把几处景变成处处景,积极培育乡村旅游业态,基本形成山海风情兼具、自然人文互融、可憩可游可居的乡村旅游发展格局。

七彩小镇景区

百丈岩摩崖景区

千年曙光园景区

长屿硐天景区

图 8-5　温岭市部分旅游景点

温岭积极梳理当地文化、旅游和产业资源,通过深入提炼石塘半岛海洋文化、曙光文化、闽南文化要素,挖掘出城南田园风光、坞根红色资源,整合滨海、箬横板块生态农业观光带等重点乡村游线。截至 2021 年,温岭连续 3 年上榜全国县域旅游综合实力百强县,获评"中国最美乡村旅游目的地"。同时,策划组织特色乡村节庆活动,拓展乡村旅游综合消费,如"坞根乡村旅游文化节""温峤温岭街旅游文化节""新河麦田音乐节"等。此外,温岭市以文化基因解码工程为切口,利用农村文化礼堂、乡村文化广场等载体开展研学、展览、学术研讨活动。在石塘镇里箬村,设有3个非遗专题展示厅和大奏鼓传习所,定期举办大奏鼓表演,将该地打造成为乡土文化的传承和展示基地。

乡村全域游为温岭建设乡村文化客厅提供了良好的外部生态环境,乡村文化客厅既满足了当地人民日益增长的美好生活需求,同时也是向外展示当地旅游资源的一个窗口,"让近者悦,远者来"是温岭市乡村文化客厅建设的使命担当。

（四）家庭图书分馆建设运行提供实践优势

近年来,温岭市委市政府以国家、省(市)公共文化服务体系示范区创建为载体,不断完善文化设施、强化队伍培育、丰富文化供给、创新文化机制,持续为群众提供更高质量、更有效率、更加公平、更可持续的公共文化服务,创新建立家庭图书馆的新型服务品牌。

家庭图书馆是指志愿者在自己的家里或机构设立图书分馆,以"公共资源＋社会力量"的方式为邻里和社会开展阅读服务,是按照"推动全民阅读进家庭、进社区、进校园、进农村、进企业、进机关"的工作思路指引而创建。2016年,温岭市在全国首创了家庭图书分馆建设模式。2018年,温岭家庭图书馆分馆项目从全国各级图书馆311个创新项目中脱颖而出,荣获中国图书馆学会第一届公共图书馆创意征集推广活动最佳创新奖。2019年,制定出台台州市地方标准《家庭图书分馆建设与服务规范》。

目前,温岭市已成功建成家庭图书馆400多家,在温岭遍地开花,星罗棋布地分布在农村、社区、家庭、学校、机关、企业……其中农村占了七成,且都是由社会力量自愿申请参与建设的,构建市、镇、村、家庭四级图书馆总分馆体系,实现总分馆之间资源统一调配、人员统一培训、服务统一规范、绩效统一考评,成功打通阅读"最后一公里"。

家庭图书馆以"公共资源＋社会力量"的方式为广大群众开展图书借阅、阅读推广等活动,不仅让公共图书馆的资源"走出来、用起来、活起来",而且还充分利用社会资源来弥补公共资源的不足,大大提升了群众的文化获得感。温岭市家庭图书馆经过这几年的运营,为乡村文化客厅的建设运营提供了一定的实践经验,目前,温岭市首批乡村文化客厅很大一部分是在原先家庭图书馆的基础上提升发展而来的。

图8-6　老淋川镇中心何荣福家庭图书馆

（五）"15分钟品质文化生活圈"建设强化功能辐射

打造高水平城乡一体"15分钟品质文化生活圈"是浙江省探索高质量文化供给、高水平公共文化共享的重要内容。作为公共文化服务一直走在前列的城市,温岭积极作为,为提高基层"15分钟品质文化生活圈"覆盖率,温岭市科学布局,建成农村文化礼堂529家,行政村覆盖率88.8%;文化指导员进驻文化站,开展"教、学、帮、带"活动;家庭图书馆遍布温岭各镇街;同时,各镇（街道）建立文联组织,组建文化大使团队开展志愿文化服务,并广泛实施"四千工程",带动专业协会进社区、进礼堂、进学校开展送文化、种文化活动。温岭市还大力发展文艺群团组织和文化志愿者队伍。目前温岭市拥有文艺团体3983家,文化志愿者14000余人。

随着"15分钟品质文化生活圈"的建设推进,温岭市现代化公共文化服务体系不断建设和提升。一个个文化惠民项目正润物无声地改变着广大群众的生活方式,公共文化空间处处可去、公共文化服务人人可及,成为温岭人民日常生活的一种常态,这也为乡村文化客厅的建设营造了一个整体良好的文化氛围。与此同时,"乡村文化客厅"的建成又将进一步完善"15分钟品质文化生活圈",两者相辅相成,融合推动。

六、乡村文化客厅建设运行的"书香温岭模式"

温岭的发展优势决定了其乡村文化客厅的建设有着自身特色和历史渊源,其主要依托现有家庭图书分馆的建设基础,通过要素融合、功能融合、档次提升等方式整合建设而成,既有着统一的基础要素内容,又兼具各自的独特气质。这种基础与特色的完美融合,构成了乡村文化客厅的"书香温岭模式"。

(一)乡村文化客厅建设运行现状

截至 2022 年底,温岭市 16 个镇街已部分建成乡村文化客厅,其中太平街道、城西街道、横峰街道、泽国镇、大溪镇、温峤镇、坞根镇、城南镇、城东街道、城北街道、新河镇、滨海镇、箬横镇、松门镇、石桥头镇等各建有 1 家乡村文化客厅,石塘镇建有 3 家乡村文化客厅,具体见下表 8-1。

表 8-1   温岭市乡村文化客厅建设现状

来源分类	所在乡镇(街道)	空间名称	空间特色	具体地点	面积(m²)
个人力量型家庭图书分馆	温峤镇	张宝祥家庭图书分馆	阅读推广	/	/
	城东街道	林辉家庭图书分馆	少儿阅读推广	东湖社区瓦林	100
民宿力量型家庭图书分馆	石塘镇	海山生活民宿型乡村文化客厅	文旅融合	石塘镇五岙村	/
	石塘镇	栖衡石舍民宿型乡村文化客厅	文旅融合	石塘镇车关村	/
主题空间型家庭图书分馆	太平街道	同人书院	书法	同人书院	60
	城西街道	温岭市榕凯钟表科普基地	钟表科普基地	浙江省温岭市学院路 8 号	67.6
	横峰街道	横峰街道乡村文化客厅	/	横峰祝家洋童鞋园区西南	180

续　表

来源分类	所在乡镇（街道）	空间名称	空间特色	具体地点	面积（m²）
主题空间型家庭图书分馆	泽国镇	海派盆景艺术体验馆	盆景艺术体验	联树村盆原基地	500
	大溪镇	活字印刷	活字印刷	桃溪书院大溪镇方山村	200
	坞根镇	寄雨茶室	茶文化	花溪村	150
	城南镇	天堂雅苑	/	城南镇天堂村雅苑	50
	城北街道	/	古筝文化	山头赵村	50
	新河镇	授智书院	/	新合镇披云山授智书院	120
	滨海镇	红领巾研学基地	红领巾研学	靖海村	50
	箬横镇	高龙帽苑	草编手工体验	箬横镇坭城村	1000
	石塘镇	半山书屋	音乐	曙光村半山腰	200
	石桥头	草木染	扎染	下宅吴村	300
	松门镇	/		/	/

在18家建成的乡村文化客厅中，有2家是由个人力量型家庭图书分馆提升而来，分别是温峤镇的张宝祥乡村文化客厅和城东街道的林辉乡村文化客厅；有2家是由民宿型家庭图书分馆提升而来，分别是石塘镇的海山生活民宿乡村文化客厅和栖衡石舍民宿乡村文化客厅；其余14家是由主题型家庭图书分馆提升而来，分别是太平街道的以书法为主题的乡村文化客厅、城西街道以钟表科普为主题的乡村文化客厅、泽国镇以海派盆景艺术体验为主题的乡村文化客厅、大溪镇以活字印刷为主题的乡村文化客厅、坞根镇以茶艺为主题的乡村文化客厅、城北街道以古筝为主题的乡村文化客厅、新河镇以书院为主题的乡村文化客厅、滨海镇以红领巾研学为主题的乡村文化客厅、箬横镇以草编为

主题的乡村文化客厅,石塘镇以音乐为主题的乡村文化客厅等。

温岭市乡村文化客厅建设在选址要求、用地面积、文化设施、标志标识、服务内容等均设定了统一的标准要求,通过标准化的手段规范推进乡村文化客厅的建设。① 立足"15分钟品质文化生活圈"要求,考虑人口密度、交通便利、环境氛围、区政配套、消防安全等因素,因地制宜确定区域内乡村文化客厅建设的数量、规模和分布。② 乡村文化客厅宜选择交通便利、环境良好的区域进行建设。③ 乡村文化客厅可根据乡村道路网、自然地形地貌、现状居住点、人口分布、文化需求等要素条件合理确定馆舍面积,原则上馆舍内使用面积不应小于50平方米,同时需配备一定面积的户外场地。④ 乡村文化客厅应统一标志标识,应在适当位置设置乡村文化客厅导向牌,公告服务项目和开放时间。⑤ 乡村文化客厅应实现无线网络全覆盖,并根据服务特色、服务主体,配备影音、多媒体等专业设备。针对特殊服务群体还需配备无障碍设施。⑥ 乡村文化客厅在人员设置方面,原则上不得少于1人。⑦ 乡村文化客厅应根据群众需求提供图书阅读、展览展示、文艺演出、影音视听、讲座培训等公益性服务。

与此同时,乡村文化客厅建设在统一标准的基础上仍然兼顾特色,鼓励各地根据文化资源库打造特色各异的乡村文化客厅,进行特色文化服务输出,如草木染、草编、钟表展示、盆景制作体验等服务,让大众在享受普惠型公共文化服务的同时更能享受优质的精品文化服务内容,成为具有温岭"辨识度"的创新文化品牌。

(二) 乡村文化客厅建设模式凝练

温岭乡村文化客厅建设运行基于现实条件及理论探讨,构建基于"建设理念—空间布局—空间优选—服务运行"全流程的建设运行模式。

1. 建设理念:打通公共文化服务"最后"和"最美"一公里

温岭在建设乡村文化客厅过程中充分关注阅读均等化,并加强对本地历史文化和现代化时尚元素的挖掘,积极探索建设功能复合型空间,在"空间+""融合+"做新文章,秉持"书香是基础,乡愁是核心,融合是归宿"的建设理念,将公共文化服务植入居民日常生活,打通公共文化服务的"最后"和"最美"一公里。

2. 空间布局:"嵌入式"塑造乡村文化节点地标

乡村文化客厅的建设充分契合"15分钟品质文化生活圈"的打造,通过"嵌入式"的空间整合将乡村文化客厅打造成具有地方特色小而美的"群众身边的公共文化服务品牌",具有便利化、多样化、多元化、小型化的特点。如滨海镇靖海村的红领巾研学基地、坞根镇花溪村的寄雨茶室、太平街道的同人书院、温峤镇的张宝祥家庭图书分馆、城东街道的林辉家庭图书分馆等,都是将这些群众身边的文化空间迭代升级为乡村文化客厅,塑造乡村文化节点地标,加强场景深刻记忆,方便群众就近文化体验和文化获得,满足群众"15分钟品质文化生活圈"的强烈需求,并使得乡村公共文化空间品质得到整体提升。

3. 空间优选:多类型家庭图书分馆的提档升级

多功能的复合提升是乡村文化客厅建设的重要理念,在建设空间优选上主要基于已有多类型家庭图书分馆进行提档升级或资源整合,目前主要包括三大类:运营状况良好的个人力量申办的家庭图书分馆;民宿申办的家庭图书分馆;有特色的文化空间申办的家庭图书分馆。

(1)升级个人申办的家庭图书分馆。

个人申办的家庭图书馆即在自己家里完全依靠个人力量申请创建的家庭图书馆。温岭近500家的家庭图书分馆中有70%分布在乡村,其中个人力量

图8-7　城东街道的林辉家庭图书分馆升级为乡村文化客厅

图 8-8   温岭市城南镇升级后的乡村文化客厅

图 8-9   石塘镇的半山书屋升级为乡村文化客厅

申办的家庭图书分馆比例较高。像老淋川镇的何荣福家庭图书分馆、城东街道瓦林村的林辉家庭图书分馆、箬横镇下金村的毛新兰家庭图书分馆等，这些分布在乡村各地的家庭图书分馆为当地群众的公共阅读提供了很多便利之处，真正打通了"阅读最后一公里",深受群众欢迎。在摸排调研时,将这部分个人申办的家庭图书分馆按照建筑有特色、空间面积大、周边辐射力强、对外服务良好的标准,遴选出部分家庭图书分馆进行微改造、精提升,将原来单纯的阅读空间进行功能拓展,打造成乡村文化客厅,其中以温峤镇的张宝祥家庭图书分馆、城东街道的林辉家庭图书分馆为代表。

（2）升级民宿申办的家庭图书分馆。

民宿申办的家庭图书分馆即由民宿经营者申请在民宿场地中嵌入式地建设家庭图书分馆,并纳入温岭市图书馆的分馆体系,实现统一服务、统一管理。乡村文化客厅作为美丽乡村建设重要内容,是乡村文化建设的新地标,并发挥着对外形象展示的重要窗口作用。而民宿作为外来游客的集中落脚点,恰好也是当地文化的一个宣传窗口。在这个维度上民宿与乡村文化客厅可以完美地实现功能融合,将文化客厅嵌入进民宿,这跟图书馆分馆进景区具有"异曲同工"之妙,都是文旅融合大背景下的大势所趋。

民宿与乡村文化客厅的结合,为文化展示搭起了新平台。民宿本身在建筑设计、审美理念上就自带优势,再加上书香氛围的加持,这种空间形态中建成的乡村文化客厅,真正将诗和远方有机融合在一起。目前,石塘镇的温岭海山生活民宿图书馆和栖衡石社民宿内的"澜山蓝"概念书屋都是非常成功的案例。

图 8‑10　海山生活民宿图书馆升级为乡村文化客厅

图 8-11　"澜山蓝"概念书屋升级为乡村文化客厅

（3）升级主题类家庭图书分馆。

主题类家庭图书分馆通常开在较有特色的文化空间内，如花艺店、茶艺店、手工坊、非遗传习所等。这些有特色的文化空间通过与图书馆、文化馆的对接，在特色的基础上加入大众阅读、艺术普及、文化活动开展，丰富了空间的运营内容，提升了原有空间的文化氛围，又使新形成的文化空间有其独特气质，有效实现公共文化的差异化供给，这种类型的家庭图书分馆在升级为乡村文化客厅时具备一定优势。如石塘镇的半山书屋升级成以音乐为主题的乡村文化客厅，箬横镇的高龙帽苑升级成以草编为主题的乡村文化客厅，坞根镇的寄雨茶室升级成以茶文化为主题的乡村文化客厅，城北街道的山头赵村升级成以古筝为主题的乡村文化客厅。

除了提升目前有条件的家庭图书分馆外，在今后的乡村文化客厅建设中，温岭市也会鼓励更多类型的文化空间加入乡村文化客厅这一文化品牌体系中来，如大师工作室、创客空间等，更好地为社会各界提供分享、互动、交流、创业、交友、学习等多元化服务。

图 8-12 坞根镇花溪村茶艺主题的乡村文化客厅

图 8-13 箬横镇坭城村草编主题的乡村文化客厅

4. 服务运行:"1+N"普惠加文化精品供给提升

家庭图书分馆为"书香温岭"建设提供了有力支撑,与此同时其也存在一定的局限,如功能比较单一、服务公共性比较弱、服务能力有限、对外展示性不强、文旅融合功能差等。乡村文化客厅正是基于此而推动建设,将单纯的阅读空间或单一主题文化空间拓展到更广范围的公共文化空间。通过对分布在各镇街村社的家庭图书分馆加以考察遴选和自荐,根据场景理论,通过整合性思维考察,对建筑有特色、空间面积大、周边辐射力强、对外服务良好的家庭图书分馆加以提升改造、功能叠加,使原先的家庭图书分馆升级成为集图书馆分馆和文化馆、博物馆分馆等多种身份于一体的乡村文化客厅。同时整合街道社区资源,将功能定位从单纯的借阅延伸到更多方面,按照"1+N"的运营方式,以阅读为基础,结合不同类型乡村文化客厅的主题特色,开展艺术普及、文化活动等,定期组织"读书沙龙""编织沙龙""厨艺沙龙""合唱沙龙"等,打造"一厅一品"特色品牌。

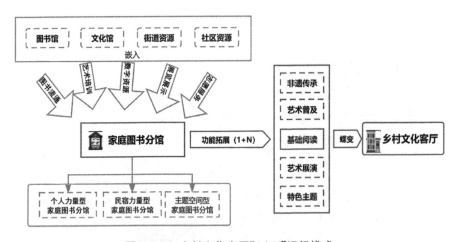

图 8-14　乡村文化客厅"1+N"运行模式

目前温岭市已建成首批特色型乡村文化客厅,如太平街道乡村文化客厅以书法为特色,泽国镇的乡村文化客厅以盆景艺术体验为特色,石桥头的乡村文化客厅以草木染为特色,大溪镇的乡村文化客厅以活字印刷为特色,城西街道的乡村文化客厅以钟表科普为特色……根据整体大于部分之和的原理,升级后的乡村文化客厅较原先的家庭图书馆更有文化场景感、更具人文精神,更能吸引周边居民的参与,提高居民的文化获得感和满足感。

图 8~15 大溪镇的乡村文化客厅

七、温岭乡村文化客厅建设运行存在问题

自 2021 年起,温岭市在已有的 400 多家家庭图书分馆、86 家乡村图书馆(书院)、8 家特色主题图书馆分馆基础上迭代升级,重点依托文化志愿者、乡村文化能人、文化示范户等主体推进乡村文化客厅建设工作。截至目前,温岭市辖区内 16 个镇(街道)已基本完成 1—3 家乡村文化客厅建设目标,成为展示当地文化特色、丰富"15 分钟品质文化生活圈"、助推文旅融合、主客共享的重要窗口,为当地民众和外地游客提供分享、互动、交流、创业、交友、学习等多元服务。与此同时,在乡村文化客厅建设试点工作推进过程中,由于现有基础类型差异较大,包括参与主体、规模大小、特色内容等,所以,目前存在的一些问题也比较明显。

(一)少资源,内容输出待丰富

温岭乡村文化客厅一部分是由原先的个人力量申请的家庭图书分馆提升发展起来的,这部分乡村文化客厅在发展之初,会因为运营人员不足,运营能力有限,对外开放的公共性不强,导致如县级文化馆、镇街资源等在内的外部公共文化资源不能及时下沉到乡村文化客厅,外部资源得不到有效利用,对外的辐射力也非常有限。另外,一些参与管理运营的社会人员因为文化服务专业能力较弱,不具备阅读推广、文化活动组织策划等专业性强的文化服务能力,导致很多文化活动难以开展。另外,部分乡村文化客厅建设倾向于"小而美"空间的融合打造,故而也使其无法承担过多过大的服务项目和内容。在一段时间内,该类型的乡村文化客厅会面临公共文化内容输出不够丰富的问题。

(二)少宣传,文旅融合待加强

由个人力量型家庭图书分馆升级成的乡村文化客厅面临少宣传、文旅融合不充分的问题。主要表现在:① 功能定位狭隘,缺少融合意识。升级之前作为家庭图书分馆,其功能定位仅限于大众阅读、图书流通,以及"打通阅读最后一公里"的图书流通节点,缺少旅游元素的打造和展示,乡村旅游没有被纳入功能定位范围;② 媒体宣传缺位,社会知晓度低。升级乡村文化客厅之前作为家庭图书分馆,其辐射范围仅限于周边群众,基本不用考虑媒体宣传,所以宣传渠道积累运用的经验值较低,没有传统媒体的大力支持,也缺少新媒体的运用,不利于扩大社会影响面。这部分乡村文化客厅在文旅融合的道路上还需要一段时间的探索。

(三)少保障,文化队伍待成长

文化活动的有效开展,离不开高素质的文化志愿队伍。乡村文化客厅作为一种新型文化空间,从整体志愿人员配备来看,还有许多不足之处。一是文化专干队伍力量不足。温岭市志愿者队伍庞大,有 14000 余人,但基层普遍缺少专业的文化人才,即便有人也是身兼数职,"不专业、不专干、在编不在岗"的问题较为普遍,且岗位调整比较频繁,流动性大,不利于文化服务工作的开展。二是文化人才结构不够理想,队伍老龄化,后备力量明显不足,特别是文艺带头人、组织者、城乡基层文化人才缺乏。三是对现有文化人才资源的重视与激励、开发与利用的程度不高,传帮带作用发挥不到位。四是基层文艺创作、展演、管理、培训等方面的专业人才缺乏,文艺专业人才和文化活动带头人较少,影响和制约了群众文化活动的深入开展。因此,在一段时间内,部分缺乏高水平志愿队伍的乡村文化客厅在运营过程中难有突破。

（四）少创新，空间品质待提升

从家庭图书分馆提升到乡村文化客厅，最重要的改变就是文化空间的品质提升。一方面表现在空间环境的品质提升，通过微改造、精提升，在文化氛围中体现乡村美学，在这方面，除少数几家需要稍加整改，大部分乡村文化客厅都已做得比较到位。另一方面，空间品质提升更重要的在于文化活动品类的丰富和质量的提高。前面提到部分乡村文化客厅因为运营力量薄弱，短时间内很难输出品类丰富的文化活动，造成文化空间场景单一，文化服务大打折扣。还存在部分乡村文化客厅运营者对当地文化资源的凝练度和融合度不够的问题，在满足群众基本阅读需求的基础上，尚不能做到有针对性地、因地制宜地打造受身边百姓欢迎、外地游客喜爱的特色文化活动，在彰显资源特色化和空间品质化方面，缺少创新，缺少对当地公共文化的引领。

八、温岭市乡村文化客厅建设优化路径

（一）加快标准出台，做到规范建设

当前，温岭市乡村文化客厅建设还未形成标准化，存在建设水平参差不齐、考核缺乏标准依据等问题，因此，温岭市文化和广电旅游体育局联合质量技术监督部门，加快地方标准《乡村文化客厅建设与管理规范》的制定，通过标准编制，按照"托底不限高"的原则，对乡村文化客厅的选址要求、用地规模、服务要求、功能设置、标志标识、活动开展、评价机制等要素予以明确，在实践中形成可复制和参考的经验模式，让乡村文化客厅建设有据可依。标准的制定，也能让有意向参与公共文化服务的文化志愿者、文化能人、文化示范户等主动对标乡村文化客厅建设标准与服务内容，为当地民众提供更加规范的服务，达到城乡共富的目标。标准在制定时，也要建立动态调整机制，为标准修订留足空间。未来各地可根据标准实施效果、经济社会发展状况和人民群众精神文化需求等因素，适时调整相关标准，让经济社会发展成果及时惠及公共文化领域，不断提升群众文化权益的保障水平，进一步推进乡村文化客厅的高质量发展。

（二）加强扶持力度，鼓励多元力量参与

温岭市乡村文化客厅的申办主体均为社会力量，一部分是个人家庭，一部分是民宿经营者，一部分是主题文化空间的经营者。今后，温岭市也会通过相关政策，吸引更多社会力量、更多类型的文化空间嵌入到乡村文化客厅体系建设中来。多元化的社会力量建设主体加入公共文化服务现代化建设中来，很大程度上缓解了政府的压力，丰富了公共文化供给类型。但是，也需要意识到，部分申办力量，特别是个人家庭为主的申办力量，由于人员配备不足，在面对功能多元化的新型文化空间建设时，如何输出专业化服务等方面可能会存在困难。针对这种情况，政府应加强扶持力度，统筹管理盘活各类资源，进行个性化菜单定制，推进"菜单式"点选、"订单式"配送服务模式，做好"建文化""送文化"的服务供给保障工作，加大各类文化资源下沉到各乡村文化客厅的便捷性，从而鼓励、激发更多社会力量加入乡村文化客厅的建设中来，切实打通乡村公共文化服务"最后一公里"。

（三）加大保障力度，促进文化队伍建设

文化人才队伍是文化事业的主体，推动文化大发展大繁荣，离不开一支业务强、素质高的文化人才队伍。为实现温岭市文化志愿者队伍数量不少于常住人口3%的目标，政府部门还应着力培养文化志愿服务队伍，创新文化志愿服务品牌，提升文化志愿服务水平，构建"参与广泛、形式多样、机制健全、灵活高效的文化志愿服务体系"，完善文化志愿者注册招募、服务记录、管理评价、激励保障机制和工作链条。还要切实开展文化人才资源普查，制定文化人才资源开发规划，加强民间艺人队伍建设，通过立体分层的人才引进、培养、评价、激励手段和机制，实现文化志愿服务队伍结构的最优化，即年龄、专业、层次、来源结构的最优化，打造一支数量充足、结构合理、全面匹配温岭市乡村文化客厅发展需求的人才队伍。文化和旅游行政部门要制定政策举措，建立有效机制，鼓励各地结合实际，探索实施文化产业特派员制度，建设文化产业赋能乡村振兴人才库。实施文化和旅游创客行动，营造良好创新创业环境，支持文化和旅游从业者、相关院校毕业生、返乡创业人员、乡土人才等创新创业。注重发挥乡村文化和旅游能人、产业带头人、非物质文化遗产代表性传承人、工艺美术师、民间艺人等领头作用，挖掘培养乡土文化人才，培育新型职业农民队伍。鼓励普通高等学校、职业学校、研究机构在乡村设立文化和旅游类实习实践实训基地，从而建立起汇聚各方人才的有效机制。

（四）加强文化凝练，树立品牌意识

乡村文化客厅作为一种新型乡村公共文化空间代表，要自觉树立文化品牌服务意识，强化对地方文旅资源特色的凝练与体现，实现"一厅一品"，让文化成为最富魅力、最吸引人、最具辨识度的标志。当前，温岭市在乡村文化客厅建设中，积极梳理阅读文化、节庆文化、美食文化、手工体验、创意生活等深受现代乡村民众和游客喜爱的公共文化活动类型，依托乡村不同文化资源，如草木染、草编、活字印刷等资源，打造具备自身特质的文化空间，通过彰显资源和服务的特色化，体现乡村文化客厅在丰富公共文化资源供给和文旅融合方面的优越性，实现"打造品质文化生活圈，绘就乡村旅游共富图"的目标。

（五）拓宽宣传渠道，打造新媒体矩阵

拓宽宣传渠道，提高社会影响力是大部分乡村文化客厅面临的一大问题，在升级为乡村文化客厅之前，作为单纯的家庭图书分馆或主题文化空间，其功能定位决定了其对媒体的依赖性不是特别突出。升级之后，作为文旅融合的一个节点空间，乡村文化客厅需要把自身推介出去，把游客引入进来。作为一种基层公共文化空间，乡村文化客厅的宣传推广在门槛较高的传统媒体领域不占优势，面对这种局面，新媒体的优势变得显而易见。新媒体的发展带来了传播方式的改变，随着乡村振兴战略的实施，新媒体的发展持续渗入乡村基层，这对乡村文化客厅的建设运营以及推广都是极为有利的条件，乡村文化客厅"小而美"的特点对接新媒体"短平快"的特点，通过打造低门槛的新媒体矩阵，积极与新媒体平台合作，开设抖音号、B站号、头条号等新媒体账号，让乡村文化客厅更快捷、更原生态、更有冲击力、更加多元化地进入大众视野，加速自身品牌打造，推动文旅融合进程，让近者悦，远者来。

（六）改进评估方式，推动良性运营

公共文化服务的"公共"特性赋予了政府核心主导力量，使政府不仅有义务整合资源，聚集服务力量，也有义务监督管理，正确引导。温岭市乡村文化客厅的承接运营主体是社会力量,为激发其运营积极性,温岭市文化和旅游行政部门要与相关部门紧密配合,做好协调、推进、总结、评估等工作,做到"放手而不甩手",给予社会主体充足发展空间的同时,也要建立起社会化运营绩效评价机制,从人群覆盖、制度建设、服务创新、宣传推广等多维度全面考评运营服务,综合利用绩效评价结果与奖励扶持、退出机制挂钩,引导社会化服务承接主体优胜劣汰、有序竞争,形成更具激励性的长效服务机制。在实践中逐步培育出一批服务水平高、管理规范、有内生活力的乡村文化客厅,使之在基层公共文化服务建设中真正发挥乡村新地标、文化新空间的引领提升作用。

第九章　金华义乌市文旅融合的"城市礼盒"

一、义乌文化馆文旅资源概况

（一）义乌文化馆概况

义乌市文化馆前身是 1950 年成立的义乌县民众教育馆。1988 年 7 月义乌撤县建市，改称义乌市文化馆至今。2017 年 12 月 20 日，文化馆搬迁至目前所在的新科路 2 号文化广场，毗邻义乌万达广场商圈。文化馆的主体建筑是由浙江大学建筑设计研究院设计的义乌市文化广场"城市礼盒"，建筑面积 31133 平方米，拥有 819 座剧院、1000 平方米的艺术展厅、1777 平方米的活态非遗展示馆、320 平方米的大排练厅以及 15 个培训教室、摄影棚，还有一座全开放式的下沉式广场，以及露天电影院、适合开各种派对的花园大露台，是一座集演出、培训、展览、创作、交流、非物质文化遗产保护于一体的设施现代、功能完备、服务多元的公共文化服务中心。该建筑获评第 31 届世界建筑界奖"十佳建成建筑项目"，是该届评选中仅有的三个坐落或设计于中国的建筑项目之一，是义乌市大型地标性城市建筑。

表 9-1　义乌文化馆分馆资源表

名　称	资　源　内　容
广场剧院	共 819 座，属于中型剧场。开放以来，引入国内外经典剧目，获得中国舞蹈"荷花奖"舞剧奖的民族舞剧《大禹》、北京人艺话剧《戏台》、代表苏联顶级芭蕾舞团水平的乌克兰基辅大剧院芭蕾舞团的芭蕾舞剧《胡桃夹子》、中央民族乐团《丝绸之路》、格鲁吉亚版话剧《麦克白》、中国歌剧舞剧院《孔子》等。结合义乌外籍人士集聚、多元文化融合特征，剧院定期开展"丝路音乐节""一带一路"国际艺术节等活动。

名　　称	资　源　内　容
非遗展示馆	占地约1800平方米,投资金额约1980万元。2020年6月正式免费对外开放,展陈了义乌市100多个非遗代表性项目。非遗馆以"生生不息"为主题,通过图片文字、实物展示、历史影像、场景还原、视听播放、手工体验等多元表现方式,全面反映义乌市非物质文化遗产资源。在馆内可以观赏到义乌剪纸、铜雕、泥塑、盔帽等特色非遗物质文化,聆听义乌十八腔的各自特点,了解红糖制作工艺、朱丹溪中医药文化的发展历程等。非遗馆还以乡村非遗馆、民俗文化村为切入点,结合乡村旅游节、民俗文化节,推出蓝草生活节、缸窑村开窑节等具有义乌特色的文化旅游活动,开设亲子游学项目,除参观外,另设"手作＋舞台"的体验活动,例如在红糖馆制作红糖的体验活动等。
七墨美术馆	是以省级文化部门为学术支撑、市主管部门监督管理、本地民营机构落地运营的三方合作模式,在学术、平台、资源等要素间进行优势互补,结合专业化的定位与普及性的公共教育,为老百姓提供获得艺术欣赏、教育和体验的艺术场所。馆内除开设美术培训课程外,还定期举办国内外艺术家的作品展供市民免费参观,如"陆俨少奖"全国中国画获奖作品展、浙江画院研究员·学员作品推荐展等公益类精品展览。众多优秀艺术家的讲座也常常举办于此,如中国美术学院书法博士陈丹《书法公开课》。除此之外,"有凤来仪"体验式表演和传统雅集活动也是七墨美术馆的一大特色。
澄心学堂	位于文化馆四楼,是义乌市文化和广电旅游体育局与社会力量通力合作,面向全义乌,鼎力推出的传统文化教育公益项目,意在进行公益教学和雅文化、雅生活的推广普及,是以中国传统人文精神为核心,以书画、陶瓷、古琴、茶道、香道、花道、围棋、昆曲"八雅"为载体,结合社会发展心理学,实现人格完善的心灵教育机构。学堂开设了一系列中国传统文化课程以及针对外籍人士的传统文化特色体验项目。除了书画、古琴等特色课程,澄心学堂不定期举办雅集,如国内著名香师卓玛《觉香·你所不认识的中国香》等雅集活动。

（二）文化和旅游资源

义乌市文化馆坚持以市民群众对美好生活需要作为园区文化旅游发展的最大公约数,不断满足义乌市民和广大旅游者对美好生活的新期待。积极整合社会力量,探索与公共文化场馆功能融合的组合方式,协同发展;为提升文化馆场馆运营活力和服务效能,开辟非遗＋、旅游＋、美学＋、互联网＋的城市生活美学体验地,探索文化的输出新模式;积极拓展艺术节、文旅主题场馆深度体验、志愿服务等融合发展思路。

表 9 - 2　义乌非遗资源表

名　　称	资　源　内　容
义乌十八腔	义乌各类方言总称为义乌十八腔。因为义乌方言十分复杂,内部差异较大,所以有"义乌十八腔,隔溪不一样"的说法。十八腔具有几千年的历史,是义乌历史发展的见证。在非遗馆内,通过交互体验设备,戴上耳机即可领略义乌十八腔的韵味。
木雕	义乌木雕始于南朝梁代,师宗鲁班。义乌木雕自有资料记载,距今已有1400多年的历史。木雕形式独特、雕刻技法高超、题材广泛、装饰性强、收藏性高。义乌木雕最具代表性的是黄山八面厅内的展现,工艺堪称一绝。所有的门、窗、天花板、梁、斗拱均布满了雕刻。图案以人物、动物、花卉为主,多取材于历史古典小说。在非遗馆内可通过数字技术360度欣赏黄山八面厅独特的雕刻艺术。
剪纸	义乌剪纸早在元朝已盛行,从最早的传统祭祀用品到后来的节庆、婚嫁时的装饰品,它一步步地向大众展示了当地生活的变化,以及成功地记录了与义乌名人相关的故事,同时它也代表了义乌当地的文化传承,以精巧的剪纸艺术向大家展示了义乌的风景与文化。非遗馆内存放着大量以义乌风情为主的剪纸作品,生动反映了义乌的地方特色和风土民情。
百子灯制作技艺	作为佛堂田心村的传统艺术,至今已有600多年的历史。百子灯寓意着"百业兴旺,子孙满堂"。百子灯做工精细,制灯工艺考究,分打版、放样、裁板、针刺图案、拼版成灯、引线串灯等六个步骤。通过非遗馆内展示的百子灯制作工艺,可以深刻体验到百子灯的珍贵:从一张什么图案都没有的纸到一盏精巧的灯,每一个步骤都经历了千锤百炼。
泥塑	盛行于唐宋时期,泥塑工艺随时局而不断发生着变化。义乌的民间泥塑题材原先大多以庙宇、纪念祠、庵堂为主,以塑造宗教(佛教)人物为多,现在逐渐改为以塑造人物头像为主。非遗馆内泥塑作品众多,诸多非遗物质文化的呈现都依赖于泥塑。
麦秆扇制作技艺	麦秆扇历史悠久,又称麦秸扇、麦草扇,原是义乌乡间的寻常之物。制作流程分为挑拣、曝晒、染色、编制等几个部分。不仅是夏季乘凉之物,还蕴含着义乌特有的民俗文化。相传姑娘出嫁后"担端午"回娘家,会馈赠其娘家及邻居一把麦秆扇,以示亲情的温馨缠绵。随着现代生活水平的提高,麦秆扇渐渐淡出视野,而在非遗馆内人们可以重新体验麦秆扇的制作技艺。
传统喜庆挂件制作	作为义乌民间的老手艺,它极大地满足了旧时人们对传统婚礼习俗的需求。如今,在一些传统节日时人们也会使用这些挂件。在春节、元宵等喜庆节日,非遗馆会开展传统喜庆挂件制作活动,供游客亲手实践、体验。

续　表

名　　称	资　源　内　容
木活字印刷术	中国古代四大发明之一"活字印刷"的现实遗存。从北宋布衣毕昇发明活字印刷术至今,已近千年。"木活字"模采用老宋体,工具有雕刀、雕盘、棕刷、麻皮纸、宣纸等,整个工序流程繁杂。义乌木活字印刷为祖传,已历经四代传承,完整地保留了古代"木活字印刷术"的传统工艺,具有较高的历史人文价值。非遗馆内木活字元素展示墙生动展现了这一古老印刷术的延续。
罗汉班	又称叠罗汉,是义乌一项集民间体育、武术、舞蹈、杂技、器乐为一体的大型传统民间表演艺术,道具独特且阵容庞大。据考证罗汉班源于明朝嘉靖年间,是戚继光组建的义乌营在练兵之余,根据武术套路、战时阵法和杂耍技艺演练成的一种练武取乐的游戏。表演形式有:走阵、滚叉、拳术、刀棍术、叠罗汉等。罗汉班在每年的重阳节都会举行赛事,类似戏班斗台,并世代相传,延续不绝。通过非遗馆内各个栩栩如生的泥塑小人,不难想象出罗汉班演出之盛。
高粱烧制作工艺	据史料记载,高粱烧至今已有 200 多年历史,色清如蒸馏水,香味扑鼻纯正,饮后口不干,不刺喉,储藏多年不变质,被誉为"义乌小茅台"。以本地高粱作原料,加入清泉水,采取独特的传统工艺,酿造出晶莹醇厚、香气悠久的高粱烧。非遗馆内专门开辟了高粱烧的特色小展厅,供人们体味义乌的特色酒酿文化。
义乌红糖制作工艺	义乌红糖又名"义乌青",是义乌著名的三大土特产之一,距今已近 400 多年的历史。色泽嫩黄而略带青色,质地松软,散似细沙,纯洁无渣,甘甜味鲜,清香可口。通过非遗馆内的电子交互模式可以清楚看到义乌红糖以竹蔗(青皮糖梗)为原料,用木车牛力绞取蔗水,铁锅煎熬的制作过程。
捏面人	捏面人也被称作"面塑",是中国一种制作简单但艺术性颇高的传统民间工艺品,早在汉代就已有文字记载,经过几千年的传承和经营,早已是中国文化和民间艺术的一部分。面人的体积小、便于携带,颜色丰富且经久不褪色。现今,制作捏面人的手艺人已寥寥无几,而在非遗馆内可以欣赏到非遗捏面人技艺传承大师的捏面过程。
铜雕	以铜料为胚,运用雕刻、铸塑等手法制作的一种雕塑。铜雕的艺术之美主要表现在造型、质感、纹饰三方面,需要切割、打磨、雕刻三个独立步骤的完美配合、层层推进。作为伴随着华夏文明一路传承的老手艺,进入新时代,在工业文明、信息技术的冲击下,铜雕也难以摆脱被更替的命运,非遗馆则收集、保存了大量优秀的手工铜雕作品。

续　表

名　称	资　源　内　容
婺剧	俗称"金华戏",成形于清代,是浙江省地方戏曲剧种之一,流行于江浙一带。融合了高腔、昆腔、乱弹、徽戏、滩簧、时调六种声腔,唱腔独特、行当众多、妆容鲜艳。具有蛇步蛇行、飘若纸人、大眼小眼、蜻蜓点水等绝活绝技,深受海内外的好评。非遗馆内戏服、盔帽、脸谱的展示,生动展现了这一戏曲文化的精美。
义乌道情	起源于明朝万历年间,是浙江省古老的说唱艺术之一。作为浙江省群众喜闻乐见的民间艺术形式,义乌道情与众不同,它没有固定的曲调,常常由演艺者自行根据嗓音特点和说唱曲调随意发挥,以好听入耳为目标,流派纷呈,在曲艺界独树一帜。在非遗馆内可以深切体味此民族艺术活化石的魅力。

(三)义乌文化馆文旅融合的优势

1. 文旅资源的支撑力

文化资源是文旅产业融合的基础,地域文化资源是义乌文化馆助力当地文旅产业发展的重要因素。义乌商业文化发达,有"世界小商品之都"的美誉,从宋代义乌的"货郎担"到现代的"鸡毛换糖"都体现了义乌的商业文化传统。历史上有著名的佛学大家傅大士、文学大家骆宾王、兵学大家宗泽和医学大家朱丹溪,他们并称"义乌四大家"。此外还有陈望道、冯雪峰、吴晗、惠约、黄潘、王祎、吴百朋、倪仁吉、朱之锡和朱一新等一大批历史文化名人。据 2019 义乌市政府《义乌市非物质文化遗产项目名录目录》,义乌市非物质文化遗产项目名录已达 143 项,国家级 2 项,省级 14 项,金华市级 51 项,义乌市级 105 项。这些为义乌文化馆提供了丰富了文化资源,为义乌文化馆实现文旅融合提供了资源支撑。

2. 文化价值的引领力

党的十九届五中全会强调:"坚定文化自信,坚持以社会主义核心价值观引领文化建设,加强社会主义精神文明建设,围绕举旗帜、聚民心、育新人、兴文化、展形象的使命任务,促进满足人民文化需求和增强人民精神力量相统一,推进社会主义文化强国建设。"义乌文化中的诸如群乌衔土的孝道文化、戚家军抗倭的爱国主义文化、数车子的劳动文化、鸡毛换糖的实干精神等都是中华优秀文化的重要组成,为义乌文化馆提供了精神引领。

以社会主义核心价值观为引领,弘扬中华优秀传统文化为抓手,开展艺术普及活动。澄心学堂推广普及以书画、陶瓷、古琴、茶道、香道、花道、围棋、戏曲等"八雅"为载体的雅文化、雅生活。非遗馆以"义乌精神"为主线,以"生生不息"为主题,分设"序厅""一人义乌之源""一街生息之所""一心关怀之力""一坊传承之里""尾厅"六大单元,让观众沉浸义乌历史与文化的同时,也感受到了义乌精神洗礼。

在文旅融合中,以旅游彰显文化创造的价值,把更多的文创项目打造成旅游目标地、打卡地,凸显义乌精神,形成引领义乌城市精神文明建设的合力。近年来,文化馆的"蒲公英群文课堂"免费培训、澄心学堂低价公益培训、剧院公益演出、七墨美术馆艺术展览已经陆续开花结果。国家级、省级、市级各艺术门类文化赛事相继落地。文化下基层服务、非遗六进、非遗小分队、送展览文化礼堂、文化馆分馆广受好评,践行了"文化为民"的价值导向。

3. 文旅产业的竞争力

近年来,义乌的文旅产业异军突起,成为义乌经济发展的有力推手。据义乌市统计局《2019年义乌市国民经济和社会发展统计公报》,义乌市2019年全年共接待游客2698.9万人次,增长26.7%,其中入境游客74.8万人次,国内游客2624.0万人次,增长27.0%。实现旅游总收入335.6亿元,增长26.4%,创旅游外汇45657.2万美元,国内旅游收入305亿元,增长26.9%。详见表9-3文化旅游产业日益成为义乌重要的支柱产业。

表9-3　义乌市统计局统计数据2019义乌市旅游情况表

2019义乌市旅游情况表(义乌市统计局统计数据)		
指 标 名 称	合 计	同比(%)
总旅游(万人次)	2698.86	26.7
其中:国内游客(万人次)	2624.04	27
入境游客(万人次)	74.82	/
旅游总收入(亿元)	335.63	26.4

续　表

指　标　名　称	合　计	同比(%)
其中：国内旅游收入(亿元)	3.05	26.9
外汇收入(万美元)	45657.2	/
星级酒店客房入住率%	59.61	2.9
组织出境游客(人次)	18749	−35.1

根据义乌市统计局 2019 年统计数据，义乌市文化馆近年来，文化活动数量和参与人数显著增加。这一方面说明群众对文化的需求持续增加，另一方面也能从侧面反映出义乌文化相关文化服务质量和数量的提升。为义乌文化馆将文化需求转化为文旅产业提供了竞争力优势。

表 9 - 4　义乌市主要年份文化艺术基本情况表

义乌市主要年份文化艺术基本情况(义乌市统计局统计数据)						
指　标	单位	2015 年	2016 年	2017 年	2018 年	2019 年
文化馆	个	1	1	1	1	1
举办展览次数	次	14	7	18	39	50
组织文艺活动次数	次	194	243	264	802	1278
举办训练班次数	次	218	325	332	3578	345
训练班结业人数	人次	6455	11923	15320	28000	43628

4. 文旅市场的融合力

统一有序、供给有效、富有活力的市场是文化和旅游融合发展的重要基础。在市场决定资源配置的社会体制机制下，市场融合实际上位于文化和旅游融合的前端，在一定程度上引领文化和旅游的融合方式、融合内容，决定着文化和旅游融合的深度和广度。只有准确把握市场融合的着力点，把握市场融合发展的正确方向，才能推动文化和旅游全面融合。

义乌文化馆积极探索社会力量参与文旅运营的融合模式,做到文化产品与文旅市场的匹配衔接,引导文化资源合理配置。开启"正社合作"的新篇章,引入社会力量,实现多元化协作,探索新型公共文化服务模式,实现文化馆效益的最大化。馆内通过引入私人企业推动剧院、美术馆、文化广场等的建设,大力开展演艺活动、沙龙活动,进一步打开旅游市场;同时结合文化内涵进驻文创产品市场,实现文化馆的深度市民化。

以文艺为纽带,融合省地文化和世界文化,与浙江越剧研究院(越剧团)合作开展12＋N戏剧谷项目,包含越剧精品演出12场,"雏鹰计划万里行"优秀儿童剧——《快乐课堂》演出50场。此外,将义乌设为剧团定点送戏下乡地,优先在义乌开展送戏下乡演出,让市民享受文化艺术更加便利。结合义乌外籍人士集聚、多元文化融合特征,义乌文化馆联合各部门开展"丝路音乐节""一带一路"国际艺术节等活动。

二、义乌文化馆文旅功能融合现状

文化是旅游的灵魂,旅游是文化的载体,文化和旅游具有共同的目的,即满足人民群众精神文化需求。文旅融合是指将文化的影响力内化于旅游产业,利用旅游的吸引力彰显文化的价值,进而使旅游在文化的扶持下变得更为丰富,文化在旅游活动中也能够更好地传承。2019年浙江省文化和旅游厅印发《关于加快推进文旅融合IP工程建设的实施意见》指出,我省推进文化和旅游发展的总体思路即文化和旅游部提出的"宜融则融、能融尽融,以文促旅、以旅彰文"。义乌文化馆立足自身文化资源不断探索"文化＋旅游"发展路径。

(一)义乌文化馆公共文化发展现状

1. 公共文化基础设施

公共文化基础配套设施是义乌文化馆开展文化活动的基础,是其为群众提供良好文化服务的保障,现已经完善剧院、美术馆、非遗馆、摄影棚、培训室、排练室、下沉广场等大区块建设。设施设置突出人性化,强化文化场馆演艺、展示、休闲、休憩、社交、教化等功能,文化馆下沉式广场、美术馆、剧院大厅、培训教室、排练厅等公共设施常年免费开放。馆内设施充分考虑老年人、残疾人、未成年人、孕妇等特殊群体需求，例如"蒲公英"群文公益培训班中专门开设聋哑人国画培训班等。

项目组针对义乌文化馆公共文化基础设施的问卷评测结果显示，有96.92%的人对义乌市文化馆设施的种类较为满意，说明义乌市文化馆的设施种类较为齐全，总体符合大部分来馆群众的期望值。在细节建设上，有92.31%的人对文化馆的细节建设感到满意，说明义乌市文化馆的配套设施如卫生间、垃圾桶、随廊座椅等配备情况较好。但仍有7.69%的人觉得一般，说明在配套设施上尚有待完善之处。例如，针对如婴儿、孕妇、残疾人、老人等特定人群的辅助设施仍需完善，如无障碍通道、母婴室、宝宝座椅、老人扶手、人工智能导览助手、一次性坐便垫、消毒洗手液等。

2. 文化馆数字化建设

随着数字化信息技术的发展，义乌文化馆充分利用数字媒体优势，采用线上和线下相互结合的管理模式推动数字文化馆的长久发展。

建立数字化和网络化访问平台。充分利用微信、微博、抖音、小红书等线上软件平台开展数字文化馆服务体验，方便群众进行网络课程、活动预约、场馆预订、文化配送、非遗体验、作品征集、志愿服务等服务需求；开设数字资源库，展示包含舞台、摄影、书画、非遗文化、网上慕课等多类艺术项目，实现人们享受公共文化的普遍性与均等性。

完善数字化服务功能。改版公众号，增加服务大厅界面，方便群众在一级目录里找到所需服务窗口；在原有预约报名栏增加志愿汇通道，方便申领路径畅通及服务数据的采集；增加了推广票线上申领功能；在完善预约报名等前端服务的同时，开发后端的学员打卡、出勤管理等实时监管功能，争取做到能够形成闭环的"全流程"培训应用场景；增加"图片（视频）上传"功能，实现视觉艺术赛事一键式报名功能；开发"积分制"的站内联通机制，激发老百姓主动参与公共文化活动的热情；采集到达场馆人员的分析数据，实现精准提供后续服务产品。

进行资源整合利用。购买直播平台，把群众喜闻乐见的公共文化赛事、活动通过直播平台进行直播，近年来共有11个活动进行了直播，为人们观看以及学习提供较大便利。购买超星文化一体机，在文化馆大厅、七墨美术馆、澄心堂等多处投放，内置精选280集优质文化视频讲座、100种大众期刊，每月更新，方便群众扫码下载。

打造文化互动体验空间。2020年义乌文化馆开设"云端艺术课堂",通过"宅家攻略""30分钟一本书""每日一课"等板块在疫情期间开展艺术普及;原创"掌上微课堂"线上教学课程共23个艺术门类,小视频269个,总时长达194.72小时;"网上展厅"开展线上展览5场、"云比赛"2场、"隔空献艺""围炉剧场""礼献英雄"等线上活动12场,全年开展线上活动的点击量达512万次。通过建成数字文化体验的形式来引导并带动人们广泛参与文化活动,形成交流互动,提升文化生活质量,使文化生活丰富多彩。

3. 公共文化服务队伍

文化人才队伍是文化事业的主体力量,推动文化大发展大繁荣离不开一支业务强、素质高的文化人才队伍。义乌市文化馆是政府为向广大群众进行宣传教育,组织辅导群众开展文化活动而设立的群众文化事业机构,是群众文化艺术活动的中心。文化馆以文艺创作、组织活动、文艺培训、基层辅导、组建业余团队为主要功能。人才队伍中有正式编制21名,雇员54名(其中文化辅导员42名),正式党员26名。

义乌市文化馆积极进行文化辅导员建设,严格按照面试、体检、考察、公示到录用的环节对人员进行聘用,同时建立储备人才库,对于面试合格未被聘用的人才,在下一次组织招聘前,缺额人员可从储备库中从高分到低分依次选补。

同时义乌市文化馆还建立了科学高效的文化志愿服务运作体系,文化馆志愿者目前在册人员500人,来自社会各行业、各系统,常年活跃在全市公共文化服务领域,参与艺术辅导、公益展演、文化服务等活动。年开展志愿服务活动300余场,在"蒲公英群文课堂"等公益文化培训活动中,建立了相对成熟的"志愿者指导师"模式;连续7年组织"送温暖送祝福"——文化志愿者在行动的公益活动,重点为在义乌的外来建设者提供公益文化服务;"群文艺术团"是义乌市文化馆文化志愿者工作的亮点,承担着送戏下乡、文化艺术节、文化走亲等公益文化艺术服务。

根据项目组满意度测评,群众对文化馆公共文化服务队伍业务水平评价度较高,满意度达到97.94%,对义乌市文化馆工作服务队伍的服务态度和服务效率上的认可度也较高,都超过了97%。

4. 公共文化活动开展

义乌文化馆始终坚持文化为民、文化惠民、文化乐民,大力发展公益性文化事业,积极开展文化活动,更好地满足群众的基本文化需要,让群众成为文化舞台的主角,共享文化发展成果。

近年来,文化馆开展的"蒲公英群文课堂"免费培训已完成 15 项课程 45 期 1010 课时 9898 人次;澄心学堂低价公益培训已完成共 8 项传统课程 56150 课时 67261 人次;剧院开展演出 128 场,其中引进精品演出 62 场,受益群众达 10.2 万人次;七墨美术馆(浙江创研中心)引进高规格艺术展览 8 场,受益群众 8300 人次;承接国家级、省级活动赛事(全国鼓书展演、省美术干部技能比赛、全国手机摄影比赛)5 场,组织市级各艺术门类文化赛事 10 场;已完成文化艺术节、"江滨之夜"市民大舞台、主题教育巡演、"建国 70 周年"系列快闪活动等演出 35 场,受众 32.5 余万人次;开展公益活动(讲座、雅集、沙龙等)34 场,受众 1600 人次。文化下基层服务已完成流动书场演出 1126 场服务 20.3 万人次;"非遗六进"、非遗小分队巡演共计 34 场,受众 2.8 万人次;送展览进文化礼堂、文化馆分馆 76 场(全年 80 场),受众 1.52 万人次。获省级以上各类文艺赛事奖项 34 项,金华市级 7 项。

同时义乌市文化艺术节、"江滨之夜"文化广场活动等老品牌活动在加入了"美术馆神奇之夜""哆来西"非遗交流会、"广场电影周"等新元素后初具品牌效应,向打造一个具有一定专业水平的演艺公共平台、一个以汇演、展演、文创交流等形式多元的文化活动品牌、一个义乌乃至浙中的群众性文化窗口的目标迈进。

据项目组问卷数据,有 95.90% 的人对义乌市文化馆开展的活动质量感到满意,有 95.38% 的人认为义乌市文化馆开展的活动能够满足需求,说明义乌市文化馆开展的活动整体质量较好。

5. 公共文化特色创新

突破文化馆地理空间限制,彰显"城市文化休闲客厅"特色。义乌市文化馆对现有的物理空间进行合理提升,融入更多的亲民元素,重在拓展服务功能、延长服务时间,提升公共设施的可达性、趣味性和人文性。如"江滨之夜"除了计划演出场次外,还会根据社会文艺团队、培训机构等需求进行表演,每到周末,文化广场人头攒动,热闹非凡。除"江滨之夜""幸福书柜""市民音乐会"等品牌外,还陆续推出"夜游美术馆""哆来西"非遗交流会、"致敬经典"主题电影展等品牌文化活动,打造"没有围墙"的文化共享空间,让市民可看、可玩、可学、可演。此外,全方位提供人性化服务。突出文化场馆演艺、展示、休闲、休憩、社交、教化等功能,文化馆下沉式广场、美术馆、剧院大厅、培训教室、排练厅等公共设施常年免费开放。

凸出亮点,赋能文化创新活力。艺术创研有序进行,文艺创作大幅增长。通过借智借力,激发艺术人才创作积极性,2020年疫情期间原创作品达40余件,歌曲《因为有你》在浙江新闻客户端突破200万点击率。打造"12H艺享空间",场馆功能进一步有效融合,打造非遗体验、展览演出、研学阅读、传统美学教育、雅集讲座等研学游项目,开辟"非遗+"、"旅游+"、"美学+"、"互联网+"的亲子研学游线路。乡村"文化+旅游"转型发展,助力美丽乡村建设。以乡村非遗馆、民俗文化村为切入点,结合乡村旅游节、民俗文化节,陆续推出"蓝草生活节"、"缸窑村开窑节"等具有义乌特色的文化旅游品牌活动。建设红糖馆、义亭非遗馆等一批有义乌地方建筑特色的非遗活动场所,构成美丽乡村独具特色的文化风景线。

文化品牌升级,特色凸显。义乌市文化馆原有文化品牌"义乌市文化节"、"江滨之夜"等活动均进行了品质升级,加入了更多新的元素,还规划了"向春天出发"群文艺术盛典、"我们成长在阳光下"六一文艺晚会、七墨美术馆"有凤来仪"传统雅集、"市民音乐节"等新的特色文化品牌,为义乌市文化馆的发展提供了源源不断的内生动力。

6. 公共文化服务社会化

义乌文化馆积极推进公共文化服务社会化步伐,进一步发挥市场在文化资源配置中的基础性作用,充分调动各种市场主体和社会力量的积极性,开展多维度探索。

馆内设施充分考虑老年人、残疾人、未成年人、孕妇等特殊群体需求,计划采购可移动母婴室。义乌市文化馆还采取了总分馆"六联机制",打通馆际界限,整合总分馆活动、人才和空间资源,进一步扩展文化馆的服务空间。

活动社会化方面,义乌市文化馆积极履行公共文化服务职能,开展了一系列公共文化活动、群众文化体验活动及公益活动,如"蒲公英"群文公益培训班中专门开设聋哑人国画培训班等,体现了"文化为民"的价值导向,义乌市文化馆还积极实施了"全民艺术普及三年行动计划",以全民艺术普及为基本目标,把全民艺术普及工作落实落小落细,努力做到全城覆盖,全民参与。① 全民艺术知识普及。深化"蒲公英培训课堂"品牌,开展"澄心学堂"艺术普及、"千名文艺骨干"培训、"八雅之花"——高雅艺术进校园等项目;② 全民艺术欣赏普及。每年举办各类高质量不少于 60 场的演出、展览、讲座,将讲展结合、讲演结合,采取展览、演出和赏析并重的形式,引导人们欣赏经典艺术和优秀艺术;③ 全民艺术精品普及。打造"江滨之夜""江滨悦读吧""文化创意集市""温暖文化"系列活动,深化各类主题文艺赛事;④ 全民艺术活动普及。结合传统节日和重大节日,组织开展群众性节日民俗活动、非物质文化遗产展示活动。

7. 公共文化制度保障

完善总分馆"六联机制"。扎实推进文化馆总分馆制度体系建设。打通馆际界限,整合总分馆活动、人才和空间资源,以统筹协调的机制、体系化的运行,建立以"会议联席、人员联动、活动联办、培训联做、平台联建、场地联用"为主要内容的"六联"工作机制。目前 11 个分馆运行正常,总馆的文化资源逐渐下沉,各分馆培训、活动开展得有声有色。

探索"政社合作"制度。义乌文化馆积极探索既立足于保障普及性的基本公共文化服务,又能兼顾对其进行补充的提升百姓文化层次的精品文化服务两大板块;明确政府和社会机构的各自职责,双轮驱动,建立合作共赢的"政社合作"制度。文化馆自新馆筹建之时,就对其运营模式进行探索与思考,不断摸索适应新时代发展要求的公共文化服务设施管理模式和经验。努力实现精品项目活起来、文化阵地用起来、文艺工作者动起来。目前引进的三家单位社会化运营模式已逐渐进入轨道,也取得了良好的社会效益。

强化人员信息管理制度。强化社会化运营的科学管理制度,推进民主决策、动态监督和定期的协调管理。落实组织决策和监督管理机制,成立艺委会,讨论决定各季度的剧目。在人员和信息管理上,突出了管理制度的便捷高效,落实每周一次的沟通会、信息报送制度、重大举措的备案机制。在完善编内工作人员的管理制度的同时,出台了针对编外专家的管理办法。

建立多层次的绩效评估体系。通过问卷、内审的形式对社会机构的管理、活动、财务等情况进行评估,注重服务质量考核和用户满意度,将评估结果和合同签订挂钩。建立"设施建设标准化、服务派遣制度化、服务活动均等化、数字平台一体化、考核评估社会化"的运作模式。

根据项目组测评,有 96.41% 的人认为义乌市文化馆的文旅管理制度比较健全,有 96.41% 的人对义乌市文化馆文旅方面的执行力表示满意。

(二) 义乌文化馆旅游发展现状

1. 旅游品牌打造

旅游景区营销的主要目的是在潜在旅游者心目中构建景区形象,以激发旅游欲望。旅游品牌是景区形象的重要内容。义乌市文化馆围绕文化旅游举办了系列旅游活动品牌。目前,"江滨之夜"已初具品牌效应,除了已计划的部门、街道的演出场次外,也有社会文艺团队、培训机构等提出了需求,且每到周末,文化广场人头攒动,热闹非凡。此外,"蒲公英"群文课堂课程受老百姓的关注,课程量供不应求。同时积极促进数字文旅发展,整合线下品牌资源,培育一批线上品牌,目前,"掌上微课堂""隔空献艺""围炉剧场"等几个品牌初具成效。利用邻近商圈资源打造地标性夜间旅游品牌,培育文化消费多形态夜间经济活动区,拓展"夜购、夜游、夜娱"等文化活动主题品牌。详见下表。

表 9-5　义乌文化馆近年文化活动表

活动名称	活动介绍
义乌市文化艺术节	从 1992 年始,义乌市文化艺术节每年举办一届,第一届至第九届(2000 年)命名为"义乌市乡镇文化节"。为适应城市行政区域调整,从第十届(2001 年)始改称"义乌市农村文化节"。2012 年,第 21 届,更名为义乌市文化艺术节。每届文化节由市委宣传部、市文化广电新闻出版局与申办的乡镇或街道联合主办(各镇、街道轮流举办),市文化馆等有关单位具体操作实施,上述单位联合建立文化节组委会或领导小组。每届各有特色,常办常新。是义乌市持续年份最久、规模最大、影响最广、参与面最多的群众文化活动。
曲苑书场	"曲苑书场",2008 年 9 月成立,坐落在绣湖广场的黄大宗祠内,黄大宗祠是明末清初的建筑,是义乌市文物保护单位,开辟"曲苑书场"是专门用于非物质文化遗产保护项目的宣传、传承、培训、展示和展演。尤其是金华(义乌)道情被列入国家级保护名录后,"曲苑书场"就以道情传承为主题,开展了一系列的活动。

续　表

活　动　名　称	活　动　介　绍
义乌市青年歌手大赛	义乌市青年歌手演唱大赛起始于1992年,原名是义乌市新春新秀卡拉OK比赛,举办时间为元宵节前后。2008年,更名为义乌市青年歌手演唱大赛,举办时间改在中国(义乌)文化产品交易会广场文化周期间,为文交会的重要配套活动。至2014年,已经连续举办了23届。义乌市青年歌手演唱大赛的举办,为培养和发现音乐人才,推广优秀歌曲、丰富和活跃群众业余文化生活,发挥了积极的作用。已成为义乌市音乐界的一大盛事,也培育成了义乌市文化馆最具社会影响力的品牌文化活动之一。
"送温暖送祝福"——文化志愿者在行动暨"欢乐春节"关爱春运返乡外来建设者公益活动	"送温暖送祝福"——文化志愿者在行动暨"欢乐春节"关爱春运返乡外来建设者公益活动,是义乌市文化馆的文化活动品牌之一,是一项以"爱"为底色的活动。本活动自2014年启动,活动时间为每年春运的第一天,地点设在火车站或汽车站,活动内容由文艺快闪和现场送春联、送"温暖"两个部分组成,每次活动有200多名文化志愿者、多家社会爱心机构和企业参与,每年送出爱心物资有年画30000余张、帽子7000余个、围巾800余条、书法家现场书写春联1000余张、书刊2000余份,让外来建设者的返乡之路有爱相伴。
广场文化周活动	广场文化周活动从2009年启动,每年两次,在文交会和博览会期间举行,每次活动为期一周,广场文化周是体现义乌多元文化的一个综合平台,活动内容丰富多彩,有异国风情的广场音乐会,也有本土艺术婺剧专场,还有外地县市的文化走亲。作为各种展会的一项常设性活动,不但为展会营造了浓厚的文化氛围,丰富了市民的文化生活,而且也成为向世界展示市内外文艺精品、文化发展成果的一个大舞台。

2. 非遗体验旅游

文化是旅游的灵魂和深层表述,而旅游是实现文化的教化和娱乐功能的良好载体。义乌文化馆十分注重对地方文化资源与内涵的挖掘,依托非遗资源与展馆资源有机结合,展示地方文化、凸显民族特色和地方特色,激发游客对旅游地的兴趣。积极打造"12H艺享空间",融合非遗体验、展览演出、研学阅读、传统美学教育、雅集讲座等研学游项目,开辟"非遗＋""旅游＋""美学＋""互联网＋"的城市生活美学体验地,探索文化输出新模式。打造非遗特色项目"手作空间""哆来西"非遗交流会等。注重非遗的活态传承,让非遗馆真正活起来,让非遗与群众面对面进行"对话",从而实现参与性、文化性、娱乐性的有效统一。

在群众需求结构、需求内容、价值目标及产品接收方式不同的基础上,义乌文化馆追求与游客精神享受和情感上的共鸣,积极推进非遗体验项目。义乌市非遗展示馆每年举办数场非遗相关活动,包括非遗下乡、非遗展示等,尤其是在特定的中国传统节日,非遗展示馆都会开展别开生面的节庆活动,让市民与游客在活动中感受传统节日的氛围与义乌非物质文化遗产的独特魅力。2020年元宵节,非遗展示馆举办"诗情花'遗'"主题的庆元宵活动,除了品元宵、赏花灯、猜灯谜等传统元宵节活动,游客还能欣赏道情、花鼓、小锣书等美轮美奂的非遗展演;在手工坊尝试亲手制作传统喜庆挂件、竹编、风筝和其他传统技艺;观看承载汉族工艺与文化的汉服时装表演;在观展完还可以在尾厅出口一边品尝白糖、梨膏糖、麻糍等义乌本地特色的非遗食物,一边观看师傅们现场制作美食。丰富多彩的非遗活动不但丰富了义乌市人民的文化生活和精神世界,同时成为外地游客前往义乌旅游时的一大亮点。

3. 公益艺术旅游

以学术为支撑的专业类公益美术游。2017年,引进七墨美术馆"浙江画院创研展示中心"项目,该项目以省级文化部门为学术支撑、市主管部门监督管理、本地民营机构落地运营的三方合作模式,成立三年多来,已成功举办第二、三届"陆俨少奖"全国中国画获奖作品展,浙江画院研究员·学员作品推荐展等公益类精品展览30余场,举办青年艺术家曹源老师的讲座、"有凤来仪"体验式表演和传统雅集等各类公益文化活动25余场,全年免费开放时间达300天以上。

以传统美育教育为核心的普及类公益培训游。2018年,通过公开招标方式引进义乌澄心学堂——传统文化公益培训项目,以中国传统人文精神为核心,进行公益教学和雅文化、雅生活的推广普及。以书画、陶瓷、古琴、茶道、香道、花道、围棋、戏曲等"八雅"为载体,低收费(仅收取耗材成本800元/科目)的课程深受老百姓的欢迎。年开展培训6万课时,参与7万人次。此外,每年不定期开展如中国美术学院书法博士陈丹《书法公开课》、国家非物质文化遗产传承人讲座《落纸如漆,匠心存真》,国内著名香师卓玛《觉香·你所不认识的中国香》等公益讲座、雅集，为义乌市民带来雅文化、雅生活。

以专业管理服务为支撑的城市惠民演出项目。2019年，引进与杭州大丰文化传媒有限公司合作运营管理的义乌文化广场剧院，年开展演出128场以上，其中有获得中国舞蹈"荷花奖"舞剧奖的民族舞剧《大禹》、北京人艺话剧《戏台》、代表苏联顶级芭蕾舞团水平的乌克兰基辅大剧院芭蕾舞团的芭蕾舞剧《胡桃夹子》等精品剧目，且政府采购剧目全年平均票价不超过100元，更有针对环卫工人、白衣天使、残障儿童、部队官兵、热心公益事业的志愿者等特定群体开展的免费观演活动。

4. 亲子研学旅游

近年来，亲子研学游受到孩子和家长的欢迎。义乌文化馆积极探索亲子共训的旅游模式，充分利用场馆和文化资源，形成了一批亲子研学游特色融合项目。不仅有同主题研学游，例如"我们的节日"传统节日活动，还分别依托"非遗馆""剧院""美术馆"开展了系列游学活动。

以"非遗馆"为主体研学的场馆融合。主体活动包括：非遗馆体验之旅；学当小小讲解员，涵盖挖掘义乌故事、创编儿童版的讲解稿等；我当小小讲解员。配套活动：依托剧院，我演"戚家军"、婺剧妆容、婺剧扮相、婺剧基本走步与亮相；依托美术馆，涂鸦"戚家军"自画像；依托澄心堂则重点了解和鉴赏非遗项目"古琴""琴曲"。

以"剧院"为主体研学的场馆融合。主体活动：剧院探秘即了解剧院基本结构；小演员体验即童话剧本→角色选择→排练→装扮→表演。配套活动：依托美术馆，立体造型，重现最喜爱的童话角色；依托非遗馆，探秘非遗，了解义乌历史。

以"美术馆"为主体活动的场馆融合。主体活动：如何鉴赏作品；探寻"城市礼盒"美学、小小摄影迷；方圆结合的美学作品创作。配套活动：依托剧院，探秘剧院，了解剧院结构；依托非遗馆，探秘非遗，了解义乌历史。

三、持续深化文旅融合发展路径分析

推进文化旅游融合不仅有助于保护文化遗产、挖掘特色文化资源，丰富和完善文化旅游产品的内涵和价值，还将促进地区文旅产业升级、拓展文旅产业链、带动文化繁荣和相关产业的发展。

1. **内容为王,深度和广度相互融合**

文化旅游融合的趋势之一即在深度和广度上的融合。不仅需要打通文化、旅游、科技、商业、艺术、教育等要素,实现形融意合,更要形成以文化内容为驱动力的文旅产品,继而形成更强的体验性、互动性、延展性。

对于文化馆而言,这种文旅产品,不仅要体现文化上的独特性,内容上的艺术性审美性,操作上的普适性,同时也要趋向于面向家庭型、学习型、休闲型的度假需求,将文化内容和创意设计结合起来,打造"旅游新场景"。比如,戏曲文化、高雅艺术、演艺与旅游结合、非物质文化遗产与旅游结合等新形式,让这些优秀文化在旅游业的引领下得到更好的弘扬。文化节庆也同样是文化与旅游融合的重要内容,地域文化、民族文化等以节庆活动的形式,让游客在参与体验中理解旅游目的地的文化。

2. **互动体验,文化馆与生活相融合**

伴随着国内文化热的兴起,对应的文化旅游也热了起来。这些文化旅游目的地趋向于将历史文化、民俗文化等集体文化记忆转化为场景、故事、体验项目,从而贴近文化旅游者的文化体验需求,引发游客的文化共鸣,从而带来持续性消费与持久性口碑。

文化馆是地方文化建设和文化惠民的重要窗口,不仅文化资源充足,而且服务功能和设施完善、文化艺术活动丰富。文化馆不仅可以满足文化旅游者的文化体验需求,同时因其公益性、文化性、艺术性、大众性等特点正在成为百姓心中文化教育、艺术参观、非遗旅游的标的。带着家人孩子走进文化馆体验实惠的非遗项目、观看高雅艺术展演、感受传统文化的魅力已经成为一种生活方式,成为一种城市人文景观。

3. **雅俗互补,精品与通俗交互融合**

雅俗互补即强调大众文化和高雅艺术相融合。文化馆作为大众文化与高雅艺术交融的阵地,不仅担当着文化惠民的使命,同时也承载着以高雅艺术浸润人心的使命。文化馆承担大众文化服务项目,不仅推动了优秀文化落地,充分彰显高雅艺术与通俗文化共融之美,还让艺术更加贴近生活、贴近大众,为广大市民提供高品质的文化盛宴。

文化馆日趋成为一座城市的文化地标和人文景观,在雅俗共赏、古今融通中,让人们产生紧密的情感连接、文化认同,继而在传播城市形象方面产生巨大的流量效应。近年来,文化旅游市场持续升温,各类文化地标成为热门参观地、网红打卡地。

四、义乌文化馆文旅融合发展的对策

文化发展面临的最主要困境是市场需求问题。文化的生产过程是一个由市场主体运用各种要素提供文化产品和服务的过程。文化产品和服务如果缺少有效的载体,就会造成文化产品的市场需求不足,市场需求不足又会制约文化产品和服务的形成和发展。文化节目需要有人欣赏,文化产品需要有人购买。旅游是文化的最佳传播载体,游客为文化提供了增量需求,旅游扩大了文化市场,为文化资源实现产业价值提供了动力源。

(一)开拓国际视野,推进文旅建设

义乌外籍人士集聚、多元文化融合,为了更好地响应国家"一带一路"倡议,推动义乌在国际文化艺术领域深层次的发展与交流,在义乌文化馆的建设过程中应开拓国际视野,弘扬各国优秀文化,促进中华文化更好地融入国际社会中。在义乌生活的外国友人来自不同的国家,文化差异较大,不仅要从面上了解各国的大致情况,又要从点上熟悉每个国家的具体的、独特的文化特征;既要关注不同民族和国家的文化价值逻辑的巨大差异以及现实利益取舍的不同,又要努力寻找各方共通的情感题材与精神共鸣,从而有针对性地开展国际文化传播与交流合作活动。

定期开展"丝路音乐节""一带一路"国际艺术节等活动。邀请"一带一路"沿线各国的外国友人一起开展艺术交流节、文化交流年、文艺汇展汇演等文化活动,塑造和谐友好的文化生态,促进世界各国青年人之间的文化互动。如在进口商品馆的外国馆举行开馆活动,加强在艺术演出方面的传播,宣传外国友人自己的国家文化,有助于增强义乌市民和游客对"一带一路"沿线各国文化的认识,促进情感认同。

通过与"一带一路"沿线各国人们之间的商贸流通、日常往来、参观旅游、民间文化艺术交流等活动,分享一些共通的生活文化,如儒家文化、节日文化、汉字文化、茶文化等,唤醒"一带一路"沿线各国普通民众对这些共同文化因子的集体记忆,形成民心交融。

对传统文化资源进行深入挖掘与价值整合。一方面,文化产品作为有形载体,在开发时要有意识地融入传统文化资源中所蕴含的历史价值和文化精髓,创新文化产品开发理念,提升文化产品精神气质,彰显文化品位和涵养,满足人们对文化产品精神层次的需求。另一方面,在打造和推广饮食文化、服饰文化、建筑文化等生活文化上下功夫,让各国人们在息息相关的日常生活中提升文化认同。

展现义乌文化知名度和文化影响力。在国家对外传播的话语平台上讲好"义乌故事",需要不断提高政治站位,立足浙江地区丰厚文化资源和巨大的发展成就,创新对外文化传播的内容和形式。要注重用鲜活的载体展现中华文化的核心理念和中华民族的深沉情怀,把其中最具当代价值、世界意义的文化精髓提炼出来、展示出来,进一步推动文明交流互鉴。

让文化走出去,需要大力建设主流媒体的宣传力度,有效利用网络宣传的巨大优势。由于新闻具有时效性、快速性、宣传性等特点,是舆论宣传工作的载体,利用新闻媒体力量,可以将义乌文化准确迅速地传到世界各地。因此,应加大对于主流媒体的资金投放和人才队伍建设,提升媒体宣传工作者的整体素质,逐步形成较为强大的主流媒体力量。

(二) 强化数智赋能,打造数智文旅

在数字化时代背景下,义乌文化馆应当与时俱进,打造"数智文旅＋全域旅游"模式,通过数智与旅游的深度融合,展出的"5G＋智慧文旅"、融媒体影像互动地图系统,进一步释放数智文旅经济能量。

构建婺剧、茶道、义乌红糖等非遗文化的数字课堂,推动非遗文化创新发展。非遗的旅游发展不仅需要民间艺术传承人的努力,也要培养新的戏曲受众人群。义乌文化馆应利用非遗展示馆、澄心学堂等场馆打造多媒体旅游数字教学平台,开设旅游数字课堂,激发市民和游客的兴趣。数字化教学方式具有时间安排灵活、节约学习成本和突破场域限制等优势;数字课堂主要以建立虚拟旅游教学场域,如在婺剧的数字课堂上,以虚拟戏台和游览线路为主,收录婺剧非遗传承人和民间艺术家所擅长戏曲领域的乐谱、音乐、影像、脸谱和剧本等,通过数字动画技术和虚拟展示技术将这些符号象征串联成旅游故事路线,并通过高吸引力的旅游数字动漫、话剧和影视等产品在景区中展现出来,游客通过用户注册可以畅游虚拟旅游数字课堂,达到虚拟旅游和课堂教学目的。

以科技互动为主,改变旅行体验感。打造基于云计算的智慧非遗展示馆;推出"VR 超感体验区"项目等。以科技充实自身,不断用智慧化手段给游客提供一个更舒适便捷的游玩环境。通过建立智慧旅游管理体系、打造智慧旅游营销系统、完善智慧旅游服务内容、创新智慧旅游产品以提升旅游质量。利用浙江省内腾讯、阿里巴巴、携程等互联网企业,移动、联通和电信三大电信运营商,在"旅游+互联网"和智慧旅游领域持续发力,为旅游信息化发展提供数据资源供应服务等。

开发"云旅游"的模式。"云旅游"是以大数据平台作为技术基础,使得人们通过视频、图片等欣赏各地风景的一种业态模式。义乌文化馆要发挥互联网的优势,以直播和复播的形式,让游客感受到旅游产业数字化转型之后的便利。各个场馆依靠云平台,对游客的偏好、消费数据进行处理和分析,开发出符合游客需求的产品,提供满足游客的服务。以义乌文化馆的微信公众号、小程序、直播平台等为载体,采取图文分享、实况直播的方式,为游客提供更加便利和深刻的体验。

开发三维展示平台,形成政府、企业以及游客之间的互动。在平台中,展示嵌入式的景区视频。对游客来说,数字化展示平台可以帮助他们获取更多关于景区的信息及评价,数字化展示平台带来了极大的便利性,进而促进游客传统旅游观念的转变。对旅游企业来说,数字化平台可以有效地补足企业与政府、游客与企业之间互动的短缺。同时,这个平台也是政府了解旅游产业信息、加强监管的重要渠道。

在义乌文化馆宣传过程中创新媒体融合应用,提高传播效果。一方面,要运用现代传媒手段营造良好的网络舆论环境。加强"一带一路"沿线各国媒体交流合作,利用互联网传播平台、现代传媒手段、移动新媒体等工具传播友好互助共赢的正能量,用短小精悍的微电影、短视频等移动互联网传播手段,营造积极的网络舆论环境。另一方面,"一带一路"共建中的国际文化传播与交流合作需要主动运用云计算技术、大数据、VR 技术、4D 技术等,与电视、广播、报纸等传统主流媒体无缝融合,积极利用多语种网站、网络电视台、网络论坛、网络电台、App 新闻终端、微博、微信等新兴网络媒体,形成多语种集合、多媒体融合、视听互动、资源共享的全媒体传播格局。推出文旅视频云,整合义乌文化馆全部场馆的主要出入口,重要景点画面,实现对节假日客流高峰的游客监控。

(三)创新旅游模式,发展红色文旅

红色文化旅游发展的关键在于如何将地域特色和文化记忆有机融入产品设计中,让游客在旅游观赏中真正对地方文化与民俗风情产生更为深入的人文理解与情感认同,即针对各地不同的旅游资源产品类型进行因地制宜的开发,在红色文化旅游资源中展现自身的独特魅力与优势。义乌红色旅游资源开发应当突出历史遗迹、民俗风情、文化艺术、饮食娱乐等人文景观资源,体现浓郁的地域风情,拓展旅游阐释空间。以"红色＋文化旅游"双轮驱动,提高红色文化旅游的规模效应,重新赋予红色文化旅游深厚的人文内涵。

利用义乌的商业环境优势,实现"线上直播引流＋线下实体消费",让红色文化持续焕发生命力,吸引游客关注红色景点。线下品牌管理则主要是创新红色文化的展现形式,优化红色景点的基础设施,不断提升游客全程满意度。创新运用5G、VR等多样化的现代技术,充分发挥传统媒体、网络媒体的综合作用,及时传播信息、分析信息,掌握游客的状态,以图片、文本及视频等形式转化并保存文化资源,从而有针对性地转变旅游营销模式。利用"互联网＋"微博、微信、公众号等宣传载体,以文字和短视频为传播渠道,扩大和增强红色文化旅游效应。线上的项目主要围绕人才、产业、现代服务业等,着力投入影视、书籍、音乐等文化产业代表产品的研发创新,秉持精品优质的生产原则,形成多产业链融合发展的新架构。例如,及时将相关数据上传旅游官网及相关网络媒介,游客通过网络查询便可判断某一时间点内是否适合进入场馆,在手机上就可以直观看到义乌的天气,义乌文化馆来馆的人数、车辆、承载量,这样既可以给游客一种愉快的旅游感,也能较好地缓解文化馆的压力。

做好产品宣传和营销。要根据红色旅游地区域特点,制定科学可行的中长期旅游规划,大力发展红色文化旅游电子政务、电子商务,提供机票、酒店、旅行社、旅游产品的网上查询、预售和结算服务等,创新红色旅游建设工程。完善全景区、多语种、多类型信息等多种形式的智慧导览服务平台,整合红色旅游资

源,积点成线、由线成面。在红色文化旅游的景物、解说乃至线路设计中赋予更多的红色文化内涵,精心设计、推广精品线路,推动红色文化旅游产业链本地化。

推进招商引资和项目建设。在大力挖掘当地特色上下工夫,构建红色文化旅游万亿大企业,全方位保障强有力的市场、技术、资金支持。例如,以地域文化为重点,强化招商引资和项目建设,逐步降低参与政府采购的准入门槛等,推动投资主体、经营主体和服务主体的融合创新。义乌当地政府通过吸引社会资本参与、创新、开发多样化的红色旅游、休闲旅游、研学旅游、古乡村文旅等,满足游客日益增长的旅游需求。持续形成红色文化旅游以政府引导、民间为主的投资新格局,即红色文化旅游项目投资应以民间投资为主、地方投资主导、政府投资辅助、外商投资补充。不断做实做活文化旅游市场,逐步从资源资产开发向资本运营转变,将红色文化旅游之城的建设落到实处,向产业化和效益化转变。立足资源禀赋,深度挖掘红色资源优势。促进红色文化旅游的横向拓展与纵向延伸发展相结合,推动红色文化旅游产业与关联产业相互融合,形成更加丰富多样的红色文化旅游产品,即"红色文化+"的拓展与延伸,充分展现"红色文化+"对红色文化的拉动力、创造力与影响力。

加大红色文化旅游人才的培养。重点加大对高素质红色导游员和解说员的培养、引进和使用;对现有红色导游员和解说员开展基础教育、职业教育和各种层次的技术培训;在红色文化旅游信息沟通、专业人员培训、讲座、旅游精品策划等方面进行全面谋划,提高义乌红色文化旅游从业者的技能,使他们以更生动、自信的方式将义乌红色文化介绍给世界各地的旅游者。例如,将情景剧、演讲、民谣、诗歌、快板、说唱、舞蹈、戏剧、点评式讲解等艺术形式置于讲解词内,让讲解者成为熟悉义乌红色文化的旅游人才,充分挖掘文化遗产和资源的艺术价值、历史价值、教育价值、科学价值与商业价值。

（四）完善服务体系,提升服务水平

1. 区分年龄层次,优化传播结构

义乌文化馆的宣传渠道与来馆游客主体容易接受的传播方式存在偏差。根据对来馆游客的问卷调查,来馆游客年龄集中在18—45岁之间,其中26—35岁的年轻人占比最多,说明来馆游客总体上较为年轻。而义乌文化馆的传播渠道主要以手机 App、口碑相传和学校三种渠道为主,对于年轻人所偏好的短视频形式涉猎较少。同时,不同年龄段游客来馆目的具有明显差异。项目组根据文件中年龄与来馆目的进行交叉分析,其中来馆看展演的占比最高,而旅游占比最低。详见图 9-1。

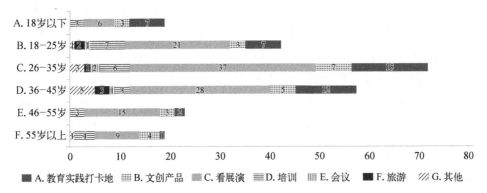

图 9-1　年龄与来馆目的交叉分析结果图

为了进一步增强文化馆在游客群体中的传播力度,可以采取以下措施。

第一,丰富传播手段。利用新媒体平台吸引年轻人,如借助抖音、快手、小红书、B 站、豆瓣等 App,以短视频、直播等方式,增加在年轻人群体中的曝光度。同时,定制义乌市文化馆 App,形成官网、公众号、App、自媒体等渠道配合多元的传播矩阵,建立好连接公众与文化沟通的桥梁,充分发挥各传播手段的传播优势,达到文化传播与文化宣传的效果。

第二,加强传播内容及其呈现方式的吸引力。对于传播内容而言,要凸显义乌市文化馆馆内资源及其衍生文化活动的自身吸引力,如剧院剧目、传统手工制作、非遗项目等精品文化品牌活动要不断创新,贴合年轻人的时尚潮流,努力走文化时尚复古路线。剧院剧目可以在进行调研的基础上引入更多年轻化元素;传统手工制作除传统文化元素外融入更多 DIY 元素,充分给予年轻人自主性和创造性的表现机会,同时借助比赛、展览等形式增强活动趣味性及体验性。内容的呈现形式上要进一步创新,在已有的设备基础上,挖掘互联网资源呈现方式,建立网络资源数据库,用数字技术及高清拍摄技术录制馆内文化资源、展馆设施等,以 3D 立体可视化的方式呈现给网络受众,尝试"足不出户即可见馆"的新型参观模式。同时,基于数据库打造集传统文化、非遗文化等资源的展示、传统教育、社交、体验等项目于一体的网络平台,打通网络传播渠道,提升文化馆信息可达度和游客体验度。针对年轻人的喜好,义乌市文化馆还可将馆内文化资源如义乌十八腔、制糖等,用漫画、动漫形式表现出来,并发行周边产品,延伸文化馆资源的经济价值。

义乌市文化馆同样需要构建多年龄结构的文化传播矩阵,来满足不同年龄群体的需求,除了对于青少年的教育学习功能外,进一步拓展馆内老年服务功能,从基础服务设施到人员服务再到活动的参与性,体现对于老年人的关怀,努力打造文化馆就地辐射养老养生旅游一体化的运营模式。在拓宽传播渠道,实现传播途径多元化的同时,需兼顾文化馆内项目的自身文化特征,以项目为导向,实现"文化＋宣传"一一对应,推动传播结构的立体化。针对以教务实践打卡为目的的群体,应以官方、正式的宣传方式为导向,充分运用官方公众号,在巩固原有访客的基础上扩大流量;文创产品市场的进驻需依托线上线下商店,通过官方媒体、自媒体宣传结合的形式实现市场开拓;文化剧院当前受众相对较广,传统宣传途径吸引的客流量已趋于稳定,因此需进一步通过多途径宣传的方式实现受众的全年龄化,当前以官方媒体宣传为导向,以自媒体为拓展形式,通过小红书、抖音、微博、知乎等贴合年轻群体需求的 App 提升文化影响力。

2. 服务主动出击,客流请君入馆

文化馆目前以义乌本地游客为主。在接受问卷调查的游客中 80％为义乌市常住人口,仅 20％的被调查者非本市常住人口,一定程度上反映了义乌市文化馆对于义乌市以外地区的辐射影响力较低。究其原因,一方面是因为义乌文化馆自身地理位置的局限,另一方面则是由于义乌市文化馆本身的游客黏性不高,游览时间较短,来馆频率略低,难以留住游客。具体游览时间分布见图9－2,文化辐射影响力弱直接导致了文化馆外地来馆游客人数的匮乏,限制了义乌特色文化的传播范围。因此,提升文化馆的辐射影响力是实现文化"走出去"、游客"引进来"的重点工作。

提升义乌市文化馆的辐射影响力首先要打破地域空间的限制,线上线下同步推行。一方面,借助多种传播渠道推动义乌文化馆的活动、文化、品牌、精神等元素"走出去",主动与学校、旅行社、企业、培训机构、酒店、街道、出租车公司对接,以必要的激励方式或合作模式引流入馆。另一方面,继续推行原有的文

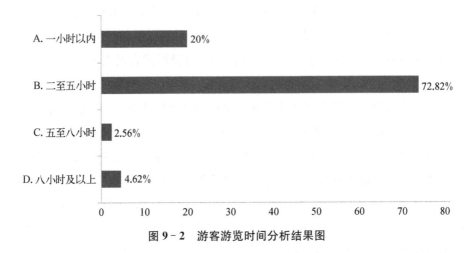

图 9-2　游客游览时间分析结果图

化下乡、文化进社区、文化进校园活动。在原有基础上逐渐扩大范围,逐步向浙江省周边地市推进,开展地方文化馆之间的文化交流活动、与不同地方高校之间的合作、全国文化巡演等活动,将义乌馆的文化品牌推广至全国各地,同时借助"一带一路"国际文化节、杭州的亚运会等国际文化交流活动搭建中外合作交流桥梁,进一步拓展义乌市文化馆的辐射影响力。

　　义乌文化馆的"走出去"为吸引外来游客奠定了基础,游客"引进来"之后,通过与当地旅行社合作推出定制旅游路线服务,以面带线,以线带点,通过定制旅游路线的方式延长义乌市文化馆的旅游延伸服务。其次就是完善馆内基础服务设施,增加朗读亭、唱吧、传统手工艺 DIY 制作场地、文创纪念品摊位等直接增加游客有效旅游时间。充分利用文化广场空间,实行文化旅游与精品活动的结合,合理策划活动时间,例如上午通过文化馆馆内资源留住游客,下午通过文化活动留游客,进一步延长游客滞留时间、增加来馆频率。

　　3. 依据审美需求,优化项目结构

　　义乌文化馆游客职业分布较为均匀,职业层次多样,受众群体广泛。据项目组问卷分析,55.9%的游客为大学学历,占半数以上;其次是高中学历,占24.1%;初中及以下学历人群为 11.28%;硕士学历人群则占 8.72%;受样本数量等主客观因素限制,未抽样到博士及以上学历游客。到馆游客中,公司职员占比 24.62%,自由职业占比 19.49%,公务员、事业单位游客占比 17.44%,学生为 16.92%,退休人员占到 7.69%,4.1%的本馆员工及 9.74%的其他职业群体。

　　鉴于来馆游客文化程度和职业的多样性,文化馆应推出高雅艺术与大众文化相结合的文化项目,建设雅俗共赏、层次分明的多元文化项目体系,以满足不同文化程度及不同职业群体的来馆游览需求。比如,过半游客来馆的主要目的是观看展演,占比高达 59.49%。同时,在游客偏好项目调查中,选择人数最多的三个展馆依次为文化广场剧院、非遗展示馆和七墨美术馆,也说明看展演是来馆游客的主要目的和兴趣点。因此义乌市文化馆在构建雅俗共赏的多层次文化项目体系中,要坚持巩固展演的品牌形象,继续引进精品剧目、展品,同时围绕其他项目展开策划,发挥其功能价值。详见图 9 - 3。

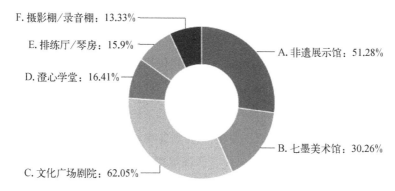

F. 摄影棚/录音棚: 13.33%
E. 排练厅/琴房: 15.9%
D. 澄心学堂: 16.41%
C. 文化广场剧院: 62.05%
A. 非遗展示馆: 51.28%
B. 七墨美术馆: 30.26%

图 9 - 3　游客来馆的主要目的地分析结果图

　　构建雅俗共赏的文化供给体系,提升公众的文化接收能力确有必要。在以受众的文化程度为馆内项目建设导向的同时,考虑受众的年龄具有重要意义。根据交叉分析结果显示,无论哪一年龄段群体来馆目的多为文化剧院,与年龄高低并无明显差异;而七墨美术馆的受众则相对集中于年轻且高学历群体。因此,构建雅俗共赏文化供给体系的意义重大。各馆在针对不同文化程度群体推出文化服务供给的同时,兼顾不同年龄群体的需求。剧院定期开展公众的喜好研究工作,以公众的文化需求为导向,推出不同题材、不同风格的演出剧目,实现剧目的多元化,以满足公众的差异化文化需求。

　　4. 降低投入成本,开发营收项目

　　在满足市民文化需要、保证文化项目的质量和数量的同时,如何充分利用投入去满足更广泛市民的文化需求和审美需要,是文化馆一直面临的问题。调查发现,79.49%的游客愿意以付费的形式体验非遗项目,可见文化馆内非遗项

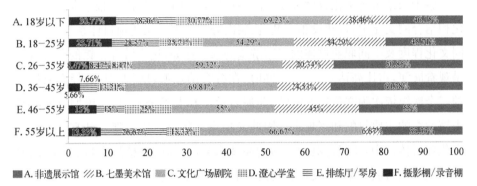

图9-4 游客年龄与来馆频率交叉分析结果图

目建设较为成功,对游客具有较强的吸引力。在选择愿意接受付费体验文化馆非遗活动项目的游客中,41.54%的游客对陶瓷烧制表达出强烈兴趣;对品茶、品香感兴趣的游客次之,为36.41%;选择剪纸与风筝制作项目的人数百分比分别是21.03%和20%;红糖制作也得到了11.79%的游客的支持;除此之外,选择咖啡点心、文创产品和唱吧项目的游客则非常少,分别为2.05%、0.51%和0%;另有2.56%的人选择了其他项目。详见图9-4,游客对体验性较强的付费活动项目表现出更高的兴趣度,例如陶瓷烧制、品茶、剪纸、风筝制作等,因此开发这类的付费体验项目不仅可以拓展文化馆的收入来源,还可以延长游客的滞留时间,提升游客的参与性和体验性,通过亲身动手制作体验的方式也能更好地传播义乌传统非遗文化。这就要求非遗馆进一步完善非遗体验项目的建设,开发更多新形式的体验活动,努力提升游客体验感,做到"价有所值",吸引游客消费,从而降低文化馆的投入成本。

非遗馆的相关体验项目付费接受度在不同年龄、性别之间有很大差异。因此,馆内推进非遗体验项目结构立体化的建设能够合理、有效满足公众的差异化需求,提升文化馆的持续公共服务能力。调查结果显示,女性对传统喜庆挂件制作、麦秆扇制作的感兴趣程度明显高于男性,男性对泥塑与根雕的偏好高于女性,详见图9-5,故馆内应以受众为导向,在推出体验项目时充分考虑受众的审美、兴趣偏好。在打造关于传统喜庆挂件制作、麦秆扇制作体验项目时,充分考虑女性自身特征及其需求,增添柔美、婉约的元素,同时在体验环境布置上注意结合清雅的元素。在开展泥塑、根雕等技艺型体验活动时,增加竞技环节,使得体验项目更具趣味与挑战性。同时考虑访客或以家庭为单位的需求,实现体验项目的结构立体化。如竞技比赛结合风筝制作与泥塑制作,即妈妈与孩子配合完成风筝的制作,爸爸与孩子完成泥塑的制作,这不仅能够有效满足以家庭为单位的受众需求,还能满足公众的多元化需求,切实提高文化馆的体验感。

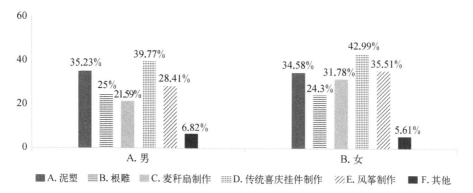

图9-5 性别与非遗项目体验需求交叉分析结果图

5. 丰富产品体系,完善产业链条

购物是旅游的六大要素之一。体验异地消费乐趣,以旅游纪念品留住快乐回忆,是游客的普遍心理。旅游纪念品是游客在旅游过程中购买的精巧便携、具有地域特色和民族特色的工艺品礼品。旅游纪念品自身也是旅游、文化与艺术的融合体。艺术家胡铁生提出旅游纪念品应具有"纪念性、艺术性、实用性,中国风格、民族风格、地方风格"。常见的旅游纪念品种类有日常用品类、礼品类、收藏类、祈福保佑类、文化用品类、观赏类。

义乌市文化馆可以尝试立足特色资源开发文旅纪念品。义乌文化馆文化资源集中而且丰富,但这些资源目前的开发仅停留在展示阶段。可以以自身非遗和艺术项目作为支持,发挥义乌地区开发、设计、生产企业聚集,原料、生产和物流成本低廉的优势,和义乌小商品城渠道分销优势。比如将木雕、剪纸、百子灯、泥塑、麦秆扇、传统喜庆挂、木活字印刷术、高粱烧、义乌红糖等非遗传承项目的产品,针对不同年龄层次和不同消费层次的游客,制作成包装精美体现地方文化特色的农副土特产品、具有地方风情的工艺品、有艺术气息的收藏品、兼实用性和观赏性于一身的文创纪念品、玩具。做到件件商品有故事、有内涵、有品位。

通过挖掘、整理、开发丰富而零散的义乌文化资源,使之进行产业化组合,搭建起大旅游结构体系,拓展市场空间,强化产品差异,形成独特的文化个性和具有壁垒性的吸引力,增强旅游产品的竞争能力,为旅游增添了新的活力。这也延伸了义乌文化馆文化旅游产业链条,通过主业文化服务向相关文旅产品拓展延伸,创造产品的市场附加值。

第十章　嘉兴市秀洲区"四馆融合"
社会化运营

一、秀洲区"四馆融合"社会化运营的实施背景

　　嘉兴市文化艺术中心位于秀湖东侧,总投资 12 亿元,建筑面积 11 万平方米,项目以"文旅融合"为建设理念,整合了区域文化资源,转变了传统公共文化场馆独立征地、独立布局的建设方式,建筑以叠合式空间布局为主,三个单体建筑中涵盖了"六馆一厅",即美术馆、图书馆、农民画艺术馆、文化馆、非遗馆、群团艺术馆和音乐厅,通过这"六馆一厅"有机融合、贯连畅通,实现"三省"(省资源、省空间、省投入)"三共"(共建、共享、共用)建设初衷。

　　本研究涉及秀洲区图书馆(11650 平方米)、农民画艺术馆(3900 平方米)、秀洲区非遗馆(800 平方米)、秀洲区文化馆(4000 平方米),四馆总面积 2.05 万平方米,占整个艺术中心总体量的 1/3,与其他县级公共文化场馆不同,秀洲"四馆"采用第三方社会化运营模式,第三方运营单位靠前参与"四馆"筹建工作,从场馆建设规划、装修方案制定、展陈设计施工、商业配套规划到移交运营全流程介入,为提供高品质现代化公共文化服务打下坚实基础,是全国首个整体外包运营的县(市、区)级大型公共文化场馆。

　　(一)现实需要

　　长期以来,如何既能使满足公众高品质公共文化需求的文化场馆达到效益最大化,又能使运维成本保持较低水平是摆在各类文化场馆面前的难题,特别是在"文旅融合"的理念下,对公共文化场馆的运维又提出了新的挑战,主要表现在以下 4 个方面:

1. 观念的制约

"文旅融合"是未来五年乃至较长时期浙江省推进公共文化服务高质量发展的主要抓手。2019年1月秀洲区文化体育局和秀洲区服务业发展局(旅游局)合并为"秀洲区文化和旅游局",完成了文化和旅游机构的融合。但由于公共文化公益性定位和旅游市场性定位冲突,使得公共文化与旅游的职能和管理体制融合进程相对滞后,同时,虽然文旅实现了初步融合,但遗留在原有体制中的旧有观念没有彻底扭转,公共文化场馆的工作仍然停留在被动接受上级文化管理部门下达的任务,被动完成工作的模式中,在主动融入旅游方面缺乏积极性、创新性和主动性。同时,在文化事业和旅游业的管理和引导方面,仍然采用分而治之的模式,公共文化聚焦于为本地市民服务,旅游则聚焦于各类游客,而随着人们精神文化需求的多样化,以景观为核心的旅游业已经无法满足和适应本地游客和外地游客的需求,而公共文化场馆也因缺乏对旅游服务的思考而难以留住游客,公共文化服务和旅游服务面临着"结构性"的缺失。此外,嘉兴市现有文旅型融合的场馆建设主要以"公共文化场馆+景区""+民宿""+酒店"为主,仅仅完成了空间功能的拓展,但是对于公共文化服务各类资源在如何融入旅游目的地的创新设计以及如何为游客提供优质的公共服务方面缺乏必要的探索,公共文化服务与旅游"相互融合,相互彰显"的作用并没有完全实现。

2. 管理水平能力不足和运行机制不完备

为了扭转传统工作观念对文旅融合工作的影响,2017年中宣部等7部委联合印发《关于深入推进公共文化机构法人治理结构改革的实施方案》,要求将文化馆、博物馆、图书馆和美术馆等公共文化场馆纳入法人治理结构的改革范围,以此通过引入社会力量参与,改变公共文化场馆长期依据政府指令开展工作,主观能动性不足的问题。但由于社会力量在理事会占比小,且没有相应的决策权,导致该举措并没有达到理想的效果,公共文化场馆组织的各项活动,仍然由政府及文化部门组织实施,社会力量的参与大多以企业赞助的形式存在,在整个文化活动的组织和宣传方面几乎没有旅游部门和社会力量的参与,这也导致公共文化场馆内过于大众化和单一化的服务供给很难满足多样化的群众需求,在场馆内部时常会出现所提供的服务与游客的需求不匹配的现象。

3. 文旅复合型人才不足

人才是推动和促进公共文化场馆文旅融合的关键要素。随着文化和旅游融合发展概念的不断深入,专业型复合型人才在文旅产品开发、文旅活动创新、文旅服务策划方面发挥的作用越来越明显。而秀洲区在公共文化场馆人员队伍建设方面存在数量和质量上的双重不足。首先,新型场馆建设后,公共文化空间面积明显增加,但公共文化场馆的工作人员及编制并没有增加,同时文旅融合后,意味着公共文化场馆需要在原有公共文化功能的基础上增加旅游功能,无形中增加了有限工作人员的负担。其次,公共文化场馆在推进文旅融合后,人员结构并没有发生改变,仍然以原有工作人员为主,但公共图书馆现有工作人员缺乏文旅融合发展的知识储备和策划宣传等专业性能力,且受限于严格的人员选用机制和偏低的薪资水平,使得公共文化场馆在引进文化和旅游复合型人才方面困难重重,这使得多数公共文化场馆在文旅产品开发、活动举办、服务供给等方面存在着严重的人才不足,出现仅重视文旅融合形式而对能产生实际效果的内容设计较少的困境,从而影响文旅融合效果。此外,从旅游维度看,旅游产业从业人员多关注本行业动态,其能力需求与行业要求相匹配,整体缺乏对文化资源理解、挖掘、利用的能力。加之旅游产业与公共图书馆在文旅融合时内部管理机制未理顺,双方未曾联合培养适合公共图书馆文旅融合发展人才。总体而言,当前文旅复合型人才总量不足,质量也未达标,严重影响了公共图书馆文旅融合效果。

（二）发展机遇

为了解决文化和旅游融合发展过程中公共文化服务发展面临的问题,2015年,中共中央办公厅、国务院办公厅印发了《关于加快构建现代公共文化服务体系的意见》,意见首次提出,要"创新公共文化设施管理模式,有条件的地方可探索开展公共文化设施社会化运营试点,通过委托或招投标等方式吸引有实力的社会组织和企业参与公共文化设施的运营",并提出具体目标任务:"到2020年,在全国基本建立比较完善的政府向社会力量购买公共文化服务体系,形成与经济社会发展水平相适应、与人民群众精神文化和体育健身需求相符合的公共文化资源配置机制和供给机制,社会力量参与和提供公共文化服务的氛围更加浓厚,公共文化服务内容日益丰富,公共文化服务质量和效率显著提高。"这意味着社会力量参与将成为激发公共文化服务内生动力的主要手段。

2017年,《中华人民共和国公共文化服务保障法》实施,其中第二十五条规定"国家鼓励和支持公民、法人和其他组织兴建、捐建或者与政府部门合作建设公共文化设施,鼓励公民、法人和其他组织依法参与公共文化设施的运营和管理"。以法律的形式明确了社会力量参与公共文化场馆设施运营和管理的合法性。

2021年,文化和旅游部、国家发展改革委、财政部联合印发的《关于推动公共文化服务高质量发展的意见》(文旅公共发〔2021〕21号)要求:"进一步强化社会参与。加大政府购买公共文化服务力度。举办全国或区域性公共文化产品和服务采购大会,建设线上线下相结合的交易平台,促进供需对接。鼓励利用多种方式,推动社会力量参与公共文化设施运营、活动项目打造、服务资源配送等。根据实际,稳步推进有条件的地市级以上公共图书馆、文化馆、博物馆、美术馆开展法人治理结构改革。稳妥推动基层文化设施社会化运营。存在人员缺乏等困难的县级特别是乡镇(街道)、村(社区)文化场馆,可根据实际,通过政府委托运营整体场馆或部分项目的形式,引入符合条件的企业和社会组织,提高运营效率和服务水平。创新监管方式,重点做好政治导向和服务绩效等方面的评估。规范推广政府与社会资本合作(PPP)模式,引导社会资本积极参与建设文化项目,兼顾公共文化服务和文化产业发展,为稳定投资回报、吸引社会投资创造条件。"该意见的提出,明确了加大政府购买公共文化服务力度,推动基层公共文化设施社会化运营、引导社会资本参与公共文化项目建设等重要路径,为推动公共文化高质量发展提供了重要参考。

2021年,浙江省发布《高质量建设公共文化服务现代化先行省的实施意见》,要求"推广政府与社会资本合作模式,引导社会资本参与文化建设。加大政府购买公共文化服务力度。推广'文化管家'等模式,支持人员配备不足的基层文化场馆通过政府委托运营等方式引入专业团队参与管理和运行。认定培育一批文化类社会组织(企业)。"该意见的发布,再一次明确了社会力量参与对于公共文化服务发展的重要性。

二、"四馆融合"社会化运营的定位及内容

在"文旅融合""社会化运营"的双重发展契机下,2020年,秀洲区文旅局通过公开招投标,与第三方公司达成合作协议,开始"三馆"(秀洲区图书馆、秀洲区农民画艺术馆、秀洲区非遗馆)文旅融合的社会化运营,在嘉兴市艺术中心项

目建设中,第三方公司又整体参与区文化馆的建设、设计、装修,故整体为"四馆"融合,拓展服务内涵和服务半径,充实服务项目,让更多的人民群众享受到内容更丰富、形式更时尚、需求更契合的公共文化服务。

（一）社会化运营定位

（1）项目创建目标。结合浙江省文化和旅游厅关于文旅融合的总体要求,充分发挥"四馆"的区位优势、资源优势、功能优势,集中发挥嘉兴市文化艺术中心的区位和功能优势,将该中心作为文旅融合样板、城市文化地标,以城市开放窗口的目标定位来建设县级现代化国际化公共图书馆、主题型情景体验式非遗馆、展陈融合现代开放的农民画艺术馆,保障公共文化场馆融合又独具特色,最终打造文旅复合式公共文化服务样本。

（2）项目运营思路。将文旅融合理念贯穿场馆建设及管理运行全过程。在建设中,对场馆和产品的打造,实现古今融合、传统与时尚融合、文化与商业融合,达到"馆即是景、景在馆中""你中有我,我中有你"的效果;在运行中,运用旅游服务的理念做好公共文化,将市场机制融入文化事业管理运行中,以文化元素带动休闲消费,把文化故事融入文化传播和旅游营销中。

① 注重建设融合。在环境建设中,按照打造旅游景区的标准建设相关配套。在软件方面,以景区管理、旅游服务的理念组织管理运行,打造融合四馆内容的品牌活动及产品,体现品牌及活动推广理念。

② 注重体验融合。不管是文化还是旅游,大众都日益注重参与性与体验性,因此场馆设计时把握这个特点,不局限于传统的公共文化场所的功能设置,让四馆成为广大市民的公共活动空间。

③ 注重内容融合。书籍是人类进步的阶梯;农民画作为秀洲文化的金名片,结合"一带一路"文化交流活动,正致力于打造为国际民间绘画交流中心;非物质文化遗产的传播和传承需要活态化。在方式上创新突破,结合"图书馆＋"的理念,结合四馆内容,跨界融合,打造亮点。

④ 注重管理融合。鉴于目前人员编制等实际情况,四馆融合运营将采取扁平化管理,打通四馆人力资源,减少行政管理层次,增加管理幅度,真正提供以读者及用户需求为核心目的的服务。

　　（二）社会化运营内容

　　（1）工作人员服务。"四馆"社会化融合运营不少于 55 名工作人员。

　　（2）公益性活动开展。面向社会，开展形式多样的公共文化服务活动。在图书馆，以国家一级图书馆考核为指标，全年免费开放，完成讲座、培训、展览、阅读推广与指导不少于 350 场次，其中培训讲座不少于 18 次，展览不少于 5 次，阅读推广活动不少于 50 次，每万人参加读者活动不少于 3 人次。在农民画艺术馆，全年免费开放，完成各类主题展览、培训、奖赛不少于 4 场次（大型）；在非遗馆，开展非遗传承活动、技艺教学、展览展示等主题活动不少于 4 场次（大型）。四馆融合特色活动不少于 18 场次（中型及以上）。

　　（3）品牌建设。充分彰显文旅融合，开发设计文创产品，通过微信公众号、视频网站等多种形式加强推广宣传。打造融合场景，提供优质服务。

三、"四馆融合"社会化运营的举措

　　（1）以场馆建设融合奠定文旅融合基础。时任浙江省文旅厅党组书记、厅长褚子育在考察嘉兴市文化艺术中心时指出，要集中发挥中心的区位和功能优势，围绕文旅融合的样板、城市文化的地标、城市开放的窗口三大目标定位来建设区县级现代化公共图书馆和文化馆、展陈融合现代开放的农民画艺术馆、主题型情景体验式非遗馆，保障"四馆"融合又独具特色，最终打造文旅复合式公共文化服务样本。秀洲区在建设阶段提前将文旅融合理念、秀洲元素植入"四馆"场馆设计建设中，在建设理念上将图书馆、文化馆、非遗馆、农民画艺术馆等文化场馆有机融合、贯连畅通，并按照旅游景区的标准建设标识标牌系统及其他相关配套设施，打造一站式文旅综合体。设计上以"长虹桥""农民画""网船会"为灵感，充分汲取秀洲特色元素。将非遗的"过去"、图书馆的"现在"和农民画的"未来"，在建筑布局、展陈布置和游览流程上进行了文旅融合的全新探索。

　　秀洲区图书馆场馆设计上以世界文化遗产点"长虹桥"为创作灵感，汲取秀洲水乡千桥元素，呈现书山、书海、书桥景象，结合多媒体影像技术，呈现"书海架长虹"的视觉盛宴，全新开放式服务空间，配合"日出长虹"开馆仪式，让阅读从此有了秀洲的姿态。秀洲农民画艺术馆打破传统静态展示方式，结合"秀洲八景"，通过新技术互动体验等新颖的艺术呈现方式，动态、活态和多维地呈现秀洲农民画，将公共文化场馆打造成"人在画中游"的新景点。秀洲区非物质文化遗产馆首创了"以演代展"的展陈方式,参观者可通过沉浸式体验非遗剧《嘉禾万事兴》,认知、了解、感受秀洲非遗并产生共鸣和探究意愿。

（2）以运营管理融合提供文旅融合保障。基于公共文化场馆文旅融合的现实需求和人员编制不足的客观困境,秀洲区开辟融合改革创新的路径,"四馆"不再作为四个完全独立的场馆管理,而是构建一个互相融合、互相协作、互相提升,集阅读学习、文化交流、旅游休闲、文创购物等功能于一体的高度生活化的文旅综合体。充分利用社会化运营的资源优势和管理体制优势,组建专业运营团队,创新建立"一办三中心"组织架构,配合完善的培训考核机制与灵活的岗位聘用制度,为实现"四馆"文旅融合运营提供了组织保障和人力资源保障。

（3）以共享资源融合推动文旅融合发展。单纯的公共文化场馆,群众可看、可感、可玩的内容有限。"四馆"则通过多样化的功能,在场馆、设施、馆藏、人流等方面实现资源共享,让群众的体验大大增加。此外,"四馆"以文化为核心要素,通过文化体验、文化休闲、文化商业等多元化形态,推动文旅融合走向特色化、品质化,为秀洲旅游发展插上文化的翅膀。通过引进杭州特色网红文化餐饮品牌——李白图书馆餐厅,合作建立李白图书馆餐厅竹垞书房,拓展公共文化场馆服务边界,为旅游注入文化元素,推动文化与旅游融合发展。

（4）以推广活动融合提升文旅融合效能。秀洲区整合"四馆"资源,针对不同的受众群体提供多样化的高品质活动,形成常态化的阅读推广活动、文化沙龙、文化展演等各类文化服务和消费活动,将"四馆"打造成青少年儿童阅读体验中心、全民学习创新中心、多元化文化艺术服务中心和交流中心、非遗展示和体验传承中心,推动秀洲地方文旅融合走向特色化、品质化、国际化。"四馆"逐渐成为集阅读学习、旅游休闲、文创购物、文化艺术交流等功能于一体的高度生活化的文旅复合式公共文化服务样本,成为市民的公共书房、城市的艺术客厅、游客的打卡胜地。

（5）以文创开发融合促进文旅融合创新。"四馆"以文创产品为切入点,以秀洲非遗、秀洲农民画、图书馆文创、艺术培训等实现开发融合,以自身馆藏资源甚至行业资源为落脚点,通过探索、整理、挖掘,以文化创新为依托,推动更多资源转化为文化创意产品,使"四馆"不仅具有图书馆功能与内涵,同时兼具旅游属性。同时,引进国家图书馆文创产品,融合"四馆"文创服务,充分整合了资源,又扩大了文创产品开发矩阵。通过"秀洲礼遇"文创中心,实现了文创产品的展示与流通，丰富艺术中心的文化创意产品，为社会和读者提供了便利的文化服务。

四、秀洲区深化"四馆融合"社会化运营的路径

秀洲区图书馆、秀洲区文化馆、秀洲农民画艺术馆与秀洲区非物质文化遗产馆通过社会化运营促进文旅融合发展，自开放以来，取得了明显成效。在短短数月时间内荣获浙江省第二批"满意图书馆"称号、入选首批浙江省公共文化服务现代化领航项目创建名单、获得 2021 年长三角及全国部分城市最美公共文化空间大赛最美公共文化空间奖与百佳公共文化空间奖、荣获嘉兴市公共文化服务创新奖，成为公共文化场馆文旅融合发展的"秀洲样本"。

（一）建立一支文旅融合专业化人才队伍

社会化运营单位面向全国吸纳优秀人才打造专家团队和高素质管理团队，强化组织机构的专业性，突破人员配置的局限性，增强用人机制的灵活性。多形式聘用工作人员，通过系统专业的培训实践进行标准化工作流程的输出，结合科学合理的绩效考核方式，评定员工的工作任务完成情况，确立了馆长办公室＋保障中心、运营中心、服务中心的"一办三中心"组织架构，实现人力资源最优化配置。

例如，运营单位聘请省级公共图书馆原副馆长、文化部公共文化服务体系建设专家委员会委员担任总馆长；聘请大学教授、文旅融合专家、公共文化艺术专家组建专家队伍，提供"四馆"融合运营的顶层设计及专业指导。馆长办公室在实践运营的同时，进行专业化研究，积淀社会化运营的经验和成果；面向全省（以杭州、嘉兴两地为主）招纳文旅融合运营人才组建管理团队，利用公司市场化的绩效考核制度，突破公共文化场馆传统的用人机制，优胜劣汰，建设秀洲"四馆"文旅融合运营的地方性人才梯队。通过常态化、系统化的培训，制定标准化工作流程，确保基础业务工作的有序开展。

（二）编制一批基础业务标准化流程

第三方运营过程融入了景区管理、旅游服务的理念，将市场机制融入文化事业管理运行中，以服务规范和标准化流程提升管理。同时，秀洲区图书馆针

对基础业务及读者服务，从读者自助、馆员服务、业务管理、活动组织四大维度编写标准化流程，基本建立秀洲"四馆"基础业务标准化流程体系。截至 2021 年底，共编写完成 26 项读者自助设备使用流程、27 项馆员服务流程、38 项业务管理流程、12 项活动组织流程。社会化运营可以解决秀洲区图书馆人员编制缺少的实际问题，因此，秀洲区图书馆面向社会招聘多层次人才，加强综合业务能力培训，2021 年共计培训馆员 1229 人次、320 课时，并以此为基础编写新馆员培训教材。

（三）打造秀洲"四馆"网红旅游点

自开馆以来，秀洲"四馆"吸引了大量的市民朋友前来打卡和享受公共文化服务。开放七个月，秀洲区图书馆接待读者 22 万人次，读者证办理近 3 万张，文献借阅量 16 万册次；秀洲农民画艺术馆接待观众 2 万余人次；秀洲区非物质文化遗产馆接待观影观展市民 2.3 万人次。作为一个新开放的公共文化场馆，提交了一份漂亮的运营数据，也充分体现了文旅融合在公共文化场馆服务效益中的巨大叠加效应。

（四）以活动促融合，全力打造三大品牌活动

"四馆"融合运营以文旅融合手段打造四馆跨界悠游线路，以四馆融媒体互动"最美的一天——时间脸书"记录用户四馆轨迹，留存用户四馆体验记忆，提供多元化人性化服务，运用旅游服务的理念做好公共文化服务。着力打造竹垞有约、秀图课堂和大运通衢三大品牌公益活动。其中，"竹垞有约"文化品牌包含"书香秀洲""国潮非遗""秀水寻踪""艺起创艺""童乐汇"五大主题；"秀图课堂"针对不同年龄人群开展不同讲座，例如家庭教育讲座、中小学生 STEAM 课程、成年人咨询服务讲座、老年人手机电脑培训等；"大运通衢"包括"点读名家""大运同乐""大运乐读"三大主题，开展名家对谈、名家导读、名家论坛、有意思电台等活动。截至 2021 年底，共开展各类推广活动 200 余场次，2000 多人次参与其中（不含线上）。

通过引进优质文化资源，结合多样化的活动理念，针对不同人群组织开展多种主题活动，在充分注重公众的参与性与体验性的同时，满足各类人群多元化、个性化的精神文化需求，在将图书、农民画、非遗作为活动主题及元素串联

的同时,将"四馆"活动与文旅融合进行有机结合。其中,"秀洲寻踪"就是文旅融合活动的有效尝试——从公共文化场馆出发,结合秀洲旅游景点打卡,既能增加文化传播与文化活动的创造性和趣味性,塑造区域文化认同,激励群体文化自信,也有利于深化文化产业和旅游产业的融合发展和创新探索。同时,在运营过程中,加强 AR/VR、交互投影等技术运用,在秀洲区图书馆专门设置视听体验阅览室,十余个视听体验设备打造沉浸式影音体验空间;在农民画艺术馆展陈区结合"秀洲八景",通过新技术互动体验等艺术呈现方式活态呈现秀洲农民画;在非遗馆,首创"以演代展"展陈方式,参观者可沉浸式体验非遗剧《嘉禾万事兴》。

（五）建设数字化平台,提升融合管理智慧化水平

"四馆"建立跨部门的信息化融合服务管理平台,并结合数字化改革的要求,进一步实现跨行业、多级协同的数字化平台,采用创新型的整体信息化架构,基于智慧大脑统一管理多馆资源、用户等数据,搭建数据中台,统一开放接口、数据交互共享,实现多馆的统一融合协同服务。基于多馆融合为基础的信息化架构体系,不仅仅把各场馆进行统一管理,更可以将各场馆的内容统一服务于广大市民群众,提升公共文化服务效能。在提升公共文化服务效能的基础上,通过整体信息化架构设计,保障了服务的扩展性、安全性、稳定性。同时,秀洲"四馆"充分利用场馆特色共享空间,加强横向联动,目前已与秀洲区纪委、秀洲区民政局、秀洲区司法局、秀洲民盟、秀洲侨联、秀洲残联、新安国际医院、社会心理指导中心、爱尔眼科医院、嘉兴广电音乐频率、中英文绘本馆等部门、企业跨界合作,建立社会力量联盟,以开放包容的姿态开展各类公益活动,为社会公众提供更多个性化精准的可持续服务,提升群众满意度与幸福感。

第十一章 台州市天台县公共文化场馆功能拓展

在中国特色社会主义文化建设体系中,公共文化场馆是社会主义公共文化服务的主阵地。加大公共文化场馆的服务功能供给,拓展服务范围和边界,延伸服务半径,优化服务效能,是实现基本公共服务均等化的基础支撑。习近平总书记强调,我国现代化是物质文明和精神文明相协调的现代化,共同富裕是人民群众物质生活和精神生活都富裕,浙江要大力实施文化建设"八项工程",实现建设文化强省的目标。浙江省十五次党代会号召全省要坚决扛起高质量发展建设共同富裕示范区政治责任,物质富裕和精神富有两手抓,牢牢把握促进人民精神生活共同富裕的要求,在高质量发展中促进共同富裕。在大力推进乡村振兴、共同富裕以及公共文化服务优质均衡发展的新时代背景下,天台县文旅融合成效明显,入选省级公共文化场馆服务功能拓展先行先试综合试点单位和省文旅融合试验区培育名单,塔后村文化礼堂、张思村文化礼堂、后岸村文化礼堂、龙黄堂村文化礼堂入选省级文化礼堂试点名单,这既是对过去工作的肯定和支持,也是对未来工作的激励和鞭策。自 2021 年 5 月正式启动试点工作以来,天台县按照《浙江省文化和旅游厅关于开展公共文化场馆服务功能拓展先行先试工作的通知》要求,初心不改,系统联动,方案和清单引领,发挥场馆阵地优势,资源深度整合,空间深度延展,方式深度转换,在公共文化场馆服务功能拓展的主体、方向、类型、成效、经验等方面均取得了较为明显的成绩,紧紧围绕公共文化场馆的"走出去""沉下去"和"引进来"三维度做文章,深化探索出"三换三连"的"三三制"天台模式。

一、天台县公共文化场馆服务功能分析

公共文化场馆是开展公共文化服务的空间、媒介、队伍和活动保障,是艺

创作、图书出版、文化交流等领域孵化器,同时也具有带动相邻的文化和旅游产业的相关公共服务、基础环境建设、人员素质提升、媒体传播推介等显著功能,还能在更广阔的其他社会领域发挥重要作用。

（一）天台县公共文化场馆基本情况

天台县的公共文化场馆主要由图书馆、文化馆、博物馆和非遗中心四个系统组成,这几个系统构成了天台公共文化服务的基石。

1. 图书馆

天台县图书馆为公益一类事业单位,截至 2022 年 7 月,天台县有各类公共图书馆 40 家,其中县级总馆 1 家,直属馆区分馆 1 家,城市书房 13 家,乡镇分馆 15 家,合作分馆 10 家,村级服务点 258 个,全馆共有员工 23 人,各类馆舍面积 6448 平方米,其中总馆建筑面积 1658.2 平方米。全馆藏书约 61 万册（件）,人均 1.28 册,年均纸质购书经费约 83 万元。年均接待读者总量约 100 万人次,年均总外借图书 46.8 万册次,周平均开放时间约 80 小时。阅览座位 400个,数字资源总量 6 TB,年均举办阅读推广活动约 100 场次（含线上）。工人西路分馆获得浙江省"发现图书馆阅读推广特色人文空间"三等奖、2021 年台州市首批最美公共文化空间。

图 11 - 1　天台图书馆工人西路阅读空间内景

2. 文化馆

天台县文化馆为公益一类事业单位,成立于 1914 年,前身是天台民众教育馆,1952 年更名为天台县文化馆。天台县文化馆地处天台县城中心,新老馆舍合计占地面积为 1922 平方米,总建筑面积为 3049 平方米,设有音乐戏曲排练室、舞蹈排练厅、美术书法摄影展览厅、多媒体教室四个对外开放功能室,另有室外宣传橱窗二十多米,每个功能室平均 150 多平方米,设计规范按照国家有关行业建设设计标准,与文化馆的职能和任务相符合。馆内有信息网络传输设备、现代化技术设备、艺术展览和文艺演出设备。现有编制共 23 人,实际在编17 人,其中专业技术岗 12 人,管理岗 5 人,本科以上学历占业务人员总数的100%,专业技术职称人员占业务人员的 83%,业务人员占职工总数的 71%,各类人员配备齐全,业务人员每年平均获县级以上表演奖、创作奖、辅导奖、组织奖 15 次以上。

3. 博物馆

天台县博物馆是一个集教育、研究、收藏、保护并向公众展示人类活动和自然环境见证物的国有综合性博物馆。国家 3A 级旅游景区、浙江省生态环境教育示范基地、台州市社会科学教育优秀示范基地、台州市科普教育基地、台州市爱国主义教育基地、台州市青少年校外活动场所。天台县博物馆坐落在国家级风景名胜区"国赤景区"内,占地 15501 平方米,建筑面积 5392 平方米。分展览区、办公区、学术研讨区、室外游览空间几大部分。展览区面积 3500 平方米,展区分成六个区域,分别是:神秀天台、名城天台、家在天台、天台雅集、回到白垩纪和临时展区。展览内容以"一座山:天台山;一座城:天台城;一方人:天台人"为主线,全方位、多角度、系统地讲述天台山源远流长的名山文化、名城文化、名人文化、民俗文化。展品有陶瓷、青铜、书画、杂项、民俗、化石等各类藏品6000 多件,其中文物藏品 4000 多件,珍贵文物 200 多件,一、二、三级珍贵文物颇多,能较全面地反映天台山的历史文化特征,具有极高的历史、文化、艺术等科学价值。管理区设文物库、办公室、资料室、会议室、文物修复室、视听室和专家楼。按职能分为考古、文保、群工、保管、陈列设计、文物修复、安全保卫等工作。馆内共设事业编制 12 人,目前实际在岗 8 人,聘用 9 人。

4. 非遗中心

天台县非物质文化遗产保护中心成立于 2008 年,已建立完备的四级非遗

图 11 - 2　天台博物馆

名录体系。全县有国家级非遗名录 4 项,省级名录 15 项,市级名录 57 项,县级名录 144 项,国家级非遗代表性传承人 1 人,省级 13 人,市级 38 人,县级 124 人。其数量在全省县级比较中名列前茅,位居台州市第一。非遗中心编制数 7 个,目前在编 5 人,拥有高级职称 1 人。

(二) 天台县公共文化场馆服务功能概况

公共图书馆、博物馆、文化馆、非遗中心及其陈列场馆是浙江省县域城市公共文化服务和乡村公共文化发展体系的重要组成部分。文化和旅游产业是涵括极其广泛的产业族群,本身就具备打造成战略性支柱产业的潜质,能够广泛带动城市建设、乡村振兴、交通运输、生态保护、环境改造等产业领域。所以,在全面深化文旅融合的现阶段,开展公共文化场馆功能拓展试点,首先要在“文旅融合”上下功夫。公共文化服务功能拓展的意义和价值,在带动文化和旅游产业方面显得更为直接、更为迫切。公共文化服务带动文旅产业,对于公共文化服务自身并不是消极的,客观上极为有利于公共文化服务改革创新发展,与公共文化紧密联系的相关文化和旅游产业发展,不仅能够有效丰富公共文化产品供给,还能在服务范围和对象的扩展中、在服务载体和手段的丰富中,实质性地推动公共文化服务效能提升。

就服务功能拓展前的传统维度而言,天台县四馆在统筹推进文化和旅游基本公共服务标准化、均等化，指导、协调全县文物保护利用工作，统筹规划全县文化事业、文化产业发展，打造文化高地，推动文化和旅游产业高质量发展等方面担负着重要使命。

第一，天台县图书馆系统服务功能主要集中在文献资料进行保存、整理研究和教育的基础性工作，囊括教育、文化、信息、扫盲四个方面，包含保存各种人类历史文化遗产，开展社会文化教育，文献搜集传递科学情报，开发智力文化资源等。在有效保障人民基本文化权益实现的同时，也承担着弘扬中华民族历史优秀文化，保护珍贵文化遗产和让天台公众接受良好社会教育的重要使命。

第二，博物馆系统服务功能主要包括：对历史文物的收藏、展览、陈列和教育等基础性功能，是天台文脉的载体，承担着传承天台优秀传统文化和保护非物质文化遗产的使命。

第三，天台县文化馆系统的主要服务功能包括推动全民艺术普及，文学创作（调研）和戏剧、曲艺、美术、书法、摄影、音乐、舞蹈、民间艺术等门类的创作辅导，举办各类展览、讲座、培训。传承优秀传统文化，送戏下乡、演出展览，保护非物质文化遗产等基础性工程。

第四，非遗中心的主要服务功能是指导全县非物质文化遗产保护与传承，承担全县非物质文化遗产项目的挖掘、抢救、研究、保护工作，整理县级以上非遗项目、代表性传承人和传承基地申报和评审等事务性工作，负责非物质文化遗产的展示展演、传承传播以及提供非物质文化遗产馆的对外开放服务。

二、天台县文化场馆服务功能拓展维度和绩效

天台县公共文化场馆以"走出去、沉下去、引进来"的方式，加强与风景名胜区、景区镇、景区村、民宿的协作与合作，把旅游景区和非传统场馆服务功能和手段引入场馆，同时把场馆传统服务功能延伸到外部，形成一种共融共荣的文化共同体。开展公共文化场馆服务功能拓展先行先试工作后，四馆的服务功能有了明显的延展，主要体现在文化媒介服务功能、文化空间服务功能和文化活动服务功能三方面：

（一）走出去：场馆服务功能向外拓展

1．"集约＋分散"：媒介的转运和渗透

图书文字资料和档案媒介是图书馆的物态资产，也是图书馆的立馆之基。从公共图书馆的发展史来看，公共图书馆的使命注解一直都不是既定或一成不变的。图书馆人在不同时代场景下为寻求图书馆的定位和使命进行了不断的探索，公共图书馆的使命也从最初的教育教化发展为多重使命，包括教育、文化传播、信息服务等内容。在文旅融合的时代背景下，公共图书馆通过承担文化评估、举办会展等职责，积极深度参与到旅游生态的重构之中，提高社会的包容度以及促进文化传播，这也是一种职业使命驱动。图书媒介这一物态的转运，成为天台图书馆服务功能延展的首要维度。

首先，物质媒介转运：图书的物态向景区、民宿、酒店、基层文化礼堂流通。第一，用文化流动车送书到景区，改造提升文旅驿站3个。采用四个一模式，一台车、一名司机、一个工作人员加一个志愿者，将书送到景区，主动办阅。第二，图书馆总馆根据图书流通实际情况，将图书送达和合书吧、民宿和驿站，实现图书在景区的动态流动。第三，加强馆际互借服务，全省范围内的图书馆借书均可在天台大小图书馆归还。图书馆书籍资料实现了从集约化到分散化的过渡，拓展了服务内涵和服务半径，根据群众需求优化服务模式，充实服务项目，让更多的人民群众享受到内容更丰富、形式更时尚、需求更契合的公共文化服务。

其次，非物质媒介渗透：非物质文化遗产和文学遗产走出场馆。在媒介的渗透方面，天台力推将非物质文化遗产活化载体和文化标识打造为景区的文化基因，让非物质文化遗产和文学遗产走出非遗馆，走出图书馆，成为景区的文化灵魂。依托天台得天独厚的自然本底和厚重文化，在旅游景区和文化产业园中植入和合文化基因和唐诗元素，突出和合文化和唐诗文化在全域范围内的物化、活态化。大琼台核心景区深入挖掘唐代高道司马承祯、"诗仙"李白等唐诗文化，重现"赤城霞起而建标，瀑布飞流以界道"的天台山大瀑布宏伟盛景。石梁唐诗小镇依托丰富的唐诗文化遗产，进一步打响"浙东唐诗之路目的地"品牌。大石华景区建设通过刻石立碑、建馆塑像、景观复原、影视拍摄等方式，使诗路文化在景区再现。华顶景区深入挖掘华顶云锦杜鹃在唐诗中的表现形式，将云锦杜鹃打造成全国之最的旅游"金名片"。在景区村创建中，天台支持有条件的地区试点建设非遗文化特色景区。塔后村将康养文化作为景区村创建的抓手,引入中医、艾草等非物质文化遗产进驻村文化礼堂集群。

图 11-3 非遗进景区：塔后村天台山艾草文化体验中心

2.“核心＋全域”：空间的交互和延展

在社会机制系统整合的基础上,社会系统跨越时空的延展是社会体系的联合与协同手段,这种手段可以使得诸如麦当劳、星巴克这样的跨国公司(全球化商业体)能够在分散的空间里实现行动者协同运作。图书馆、博物馆和文化馆等公共文化场馆也可以实现协同运作。公共文化场馆之所以称之为“场馆”,其“场”的意义首先在于营造一种物理空间,其次是心理和文化空间。图书馆、博物馆、文化馆等固态场馆就是为了提供这种公共文化空间而修建的。但是固态的场馆是无法移动的,在交互性和流动性愈加频繁的现代社会,体量巨大的场馆空间是社会主义公共文化空间的优越性体现,但在一定程度上无法摆脱城市化进程的制约,对公共文化服务均等化造成一定挑战。对此,天台公共文化场馆的功能拓展试点,着重从空间的交互和延展上下功夫。

第一，分馆进景区。长期以来，由于行政体制的障碍，公共文化设施的布局和建设很少考虑旅游需求，旅游景点、服务点建设也很少考虑公共文化服务，文旅融合发展为打通这一阻滞创造了条件。天台图书馆总馆坐落于城区内，这不利于充分发挥图书馆的旅游服务供给。公共图书馆积极参与文旅融合的一条捷径就是在旅游景点、游客集散中心等重点区域建设特色图书馆，让更多的游客成为图书馆的读者。公共文化设施"嵌入"，不是简单地把城市的设施搬进旅游景区就算了事，而是需要从形式到内容进行有针对性的改造。将图书馆（分馆）建到旅游景区，赋予景区更深厚的文化底蕴才是公共图书馆与旅游融合的正确做法。优质的图书馆资源与专业的图书馆服务，为游客们提供了舒适的文化旅游体验，不仅提升景区的文化品质和品牌影响力，也激发游客的阅读热情，延伸公共图书馆的服务边际，让公共图书馆的服务体系建设覆盖旅游景区等区域，助力全民阅读推广。天台县图书馆在空间布局上做足文章，在 A 级景区村开辟公共文化空间，增加阅读推广、文艺演出、非遗展示服务功能，想方设法"占

图 11-4　天台图书馆送图书到 3A 景区村后岸村

领"景区空间,升级改造主要景点周边闲置房屋,依托景区客流量合理布局创意书吧、文创室等消费新场景,成功打造囍德咖啡馆、又见民宿、和合咖啡吧等一批全新网红打卡点。在驿站、民宿、办事中心、游客中心设置书吧、阅读区,延展图书馆的空间布局,以"嵌入式"服务让游客享受休闲阅读体验。在文旅融合的大趋势下,天台博物馆改变服务、经营、管理理念,努力做到以文促旅、以旅彰文,两条腿走路,努力把博物馆建设成为天台的文化窗口、旅游窗口、宣传窗口、教育窗口。总馆指导,个人或政府部门参与建设了 5 个乡村博物馆,文物下基层,提升文化发展的公平性、全面性。

第二,分馆进社区和文化礼堂。天台还大力推动城市书房(和合书吧)、文化驿站、乡村博物馆等新型公共文化空间建设,开设分馆,在城市增设"和合书吧"空间,推进综合文化站、农村文化礼堂和文化公园等创意性改造。与民宿、宾馆、旅游集团合作建立 5 家分馆,每年送展览和讲座进文化礼堂,开展汽车图书馆流动服务,不断完善公共图书馆服务体系。面积 150—200 平方米,小而精致的和合书吧遍布城区,正在往乡镇覆盖。在和合书吧的选址问题上精雕细琢,一般选在医院、政府、商超和大型综合体附近,认真调研阅读受众密度,不会

图 11-5　和合书吧天元广场分馆

图 11-6　缸凤村和合书屋

为了完成每年两座和合书吧的指标而任意选址。和合书吧成为图书馆空间延伸的典型案例,这些书吧选址优越,人流量有保证,把关严格,管理人员专业,极大拓展了中心图书馆的阅读空间。鼓励机关、学校和企事业单位建设公共文化场所。非遗中心对区域内非遗项目开展整体性保护,坚持"见人见物见生活"的保护理念,建设一批非遗主题小镇,重点建设打造特色民俗文化村。建设以天台山文化展示馆、和合人间文化园、天台山民俗馆等为样本,具有天台文化特色和独特个性的十大民间博物馆。

第三,"图书＋非遗＋民宿"模式打造的天台"文宿样板"。天台出台《关于加快打造民宿 3.0(文宿)的工作实施方案》等文件,并发布文化主题民宿县级标准,将阅读注入民宿,让民宿有文化温度,鼓励利用天台山文化打造隐逸、和合、诗词、康养等主题民宿,以"家·天台"旅游服务标准化试点工作为抓手开展服务培训,着力打造"天台和合山居"民宿品牌,逐渐形成一批诗画浙江、共同富裕的天台民宿鲜活样本,推动民宿产业优化升级。民宿图书馆是图书馆空间服务发展的增长点。物理空间服务是图书馆服务的主要着力点,民宿图书馆不仅让图书馆的服务得到了延伸,也让图书馆的空间具有了增长点,让处于乡野之地的民宿游客有了走进图书馆享受图书馆均等专业服务的机会。

第四,打破县域空间视阈。天台文化场馆功能的拓展不仅聚焦县域内,还把眼光辐射到邻县、长三角乃至全球更广阔的空间。由天台发展成立了浙东唐诗之路沿线营销联盟,联盟已联合新昌、嵊州等"浙东唐诗之路"沿线八地的旅

图 11-7　塔后村的"文宿"，天台图书馆将图书配送到此

游部门共打"诗路"牌，成功承办浙江省第十五届山水旅游节暨台州市第三届唐诗之路文化旅游节。天台积极融入长三角公共文化一体化，加强和长三角城市的战略合作和项目互动，以社保卡为载体，实现和长三角地区公共图书馆、文化馆阅读一卡通、服务一网通、联展一站通、培训一体化，公共图书馆社保卡一卡通实现率达到 100%。投放了浙东唐诗之路目的地天台山主题广告(天台山号地铁)，运用"景区美图＋诗句"，打造了一条浓缩版的"唐诗之路"。天台加强公共文化国际化传播，文旅广告登陆纽约时代广场，日本东京成立了天台山文化旅游宣传推广中心。以和合文化全球论坛永久会址落户天台为契机，推动和合文化全球论坛机制化，搭建中国优秀传统文化走向世界和中西文化互鉴的交流平台。

　　3."静态＋动态"：活动的统筹和延伸

　　评价一个公共文化场馆的实力，除了完善的硬件设施之外，更重要的是看活动服务功能的发挥。要提高公共文化服务效能，推动文旅深度融合，必须要建好、用好、用活场馆内的人力资源和服务对象群体。

第一，图书馆量身定做三大阅读活动和研学线路。天台图书馆拓展活动功能，打造"阅行天台"活动品牌，让"读万卷书"与"行万里路"结合起来，以书为本，行在书中，思在路上。根据三类人群量身定做三类阅读活动推动全民阅读，中小学生共读一本书（小读者荐书），机关工委读书会，阅读达人阅行天台，开辟国清寺、霞客古道两条线，邀请专著的作者和专家带队讲解。图书馆助推研学游、图书馆拓展旅游服务等类型活动，深化贝贝课堂、天台山人文大讲堂、共读一本书等全民阅读品牌活动，每年举办全民阅读活动12场次以上。图书馆经常性地举办不同主题的讲座、知识竞赛、提供一些旅游业方面的展览书籍，向不同的读者提供更丰富的旅游景点和游览线路。引入具有专业旅游知识的导游员或者讲解员，以及更好地为读者提供服务。

第二，博物馆"馆长日"、文博工坊和名家工作室。天台博物馆选取大众出游意愿相对较为强烈的周六作为"馆长日"，通过线上预约的方式报名，由馆长进行详细解说，带动博物馆成为更多游客的首选目的地，让"去博物馆听馆长讲文物"成为一个热门打卡方式。博物馆引入社会力量开展文博工坊，活动产品供不应求。文博工坊每周六报名非常踊跃，每次接受30人左右参与，手工冰墩墩、手工香包、茶道、制陶等工坊对接馆内展陈进行讲解，企业、场馆和观众三方受益。博物馆还引进工艺美术大师梁绍基入驻天台县博物馆，并为博物馆创作了大型艺术浮雕"脉"，通过艺术家的视角和手法，向大众展现了天台山文化的传承。引进刘存昶面塑造像技艺工作室，创作近百件面塑工艺品，丰富博物馆藏品。引进郑龙旅游名家工作室，为博物馆提供多版本讲解词，组织游客文博主题游，培训博物馆讲解员，招募志愿者在节假日为博物馆游客服务，打造良好的文博服务形象。

第三，非遗中心变遗产为活动。非遗中心挖掘"浙东唐诗之路"沿线的历史传说、神话故事、唐诗典故等文化资源，通过名人展厅、小品雕塑、现场演绎等多种形式，展示石雕、木雕、刺绣等工艺文化和抬阁、十番、舞龙等民俗文化，以及顾欢授徒、行僧学算、寒山题诗等天台文化名人事迹。大力发展非遗文化实景表演，包括易筋经表演、皇都南拳为代表的传统体育表演、刘阮遇仙等精品文化实景演出。非遗中心成功举办首届传统工艺大赛、2021年"文化和自然遗产日"非遗宣传展示活动暨灵溪古村文化节、天台县第三届"少年非遗说"传说故事讲述大赛。组织天台山易筋经、灵溪奚家拳省级非遗传承人参加"诗路传薪"等活动。举行非遗优秀节目展演，长狮子、天台词调、天台山易筋经、皇都南拳、天台道情、左溪花鼓、灵溪奚家拳、三州吹打等竞相登台。首届传统工艺大赛和首届非遗文创及衍生品大赛也应运而生。

（二）沉下去：人员和媒介下沉到基层

天台县不仅极力促进公共文化服务延伸到场馆之外，更想方设法确保人员、媒介和各种资源下沉到基层和最细小的文化单位。

1. 图书物态的下沉

图书馆嵌入旅游景区，或者送书到景区和民宿，在旅游各个环节全面注入图书馆元素，加强和旅游在宣传营销方面的融合，积极参与到新型文化旅游生态的培育与建设。图书馆将图书送达景区、社区、民宿和农家书屋等最基层文化单位，指导 A 级旅游村图书室改造建设，设置 168 个农村图书服务点，打通

图 11-8　峇溪村农家书屋"逢祥书屋"书架摆放的天台图书馆藏书

阅读的"最后一公里"。图书馆还指导符合条件的各村文化礼堂创建"学习型"文化礼堂,礼堂图书不少于3000册。其他类型的农村文化礼堂必须有农家书屋,县图书馆为其配备图书。图书馆送书到酒店,对县内各文旅企业开展服务,指导禾酒店、森然梧桐酒店创建文化主题酒店和品质饭店。

2. 非物态文化资源的下沉

非物质文化遗产和文化标识是非物态的文化,天台县对非物态文化下沉到基层做了大量的尝试,其中最重要的做法是从顶层设计入手,打造非遗街区和休闲文化景观集聚区。天台和合人间文化园坐落于浙江天台山和合小镇核心区块,毗邻国清景区与天台山游客中心,占地15000平方米,已建成天台和合博物馆、一根藤艺术馆、满堂红婚俗馆、和合堂、拾得坊等展馆。和合人间文化园以弘扬民族优秀传统文化为己任,是一家以"和合文化"为主题,"和合人间"为品牌,集文化传承、博物旅行、研学培训、民俗婚庆、和合文创开发等业态为一体的文旅融合产业园。湖窦古镇的老街长1154米,宽3米,地面全部用鹅卵石砌

图 11-9   天台非遗中心遗产活化项目: 湖窦古镇

成,昔日是天台通往磐安的重要驿站,古镇老街则是周边村民赶集贸易的重要场所。为了盘活湖窦古镇的古村落文化,天台县非遗中心联合开发机构打造非遗古街,各种非遗项目进驻黄金店面,将非物质文化遗产深深植入基层的日常生活中。

3. 演出活动的下沉

文化馆积极推进各种形式的演出活动到基层,"文艺百师团""文化超市"和文化展演活动进景区、进商业街常态化。文化馆力推展演进景点,艺术下乡到桐柏宫活动等景区巡演。根据天台山古老传说《刘阮遇仙记》改编的舞剧在石梁镇冰雪乐园常态化演出。夏季旅游旺季七、八、九三个月的每周五、六、日在和合商业街举行和合音乐会和天天大舞台等活动,在景区面向旅客举行综艺、音乐会等喜闻乐见的节目。组织开展文化下乡活动,以文艺形式宣传党的路线、方针、政策和国家法律法规,丰富群众文化生活。近年来,年均文艺活动次数达 100 多场次。开展以"浙东唐诗之路"为主题的各类文化活动,利用天天大舞台演出等大型活动融入唐诗之路元素节目,以群众喜闻乐见的形式加深对唐诗之路文化的宣传熏陶。在和合商业街增设演出舞台,不定期举办"唐诗之路"系列演出、文旅集市、非遗展示。天台文化馆"文化超市"公益免费艺术培训分春秋两季开办了舞蹈、摄影、书法、美术、器乐等 25 个公益培训班,培训场次达100 多场,受益 5000 多人。文艺百师团针对基层群众、机关干部、特殊群体,先后推出"文艺百师团美丽乡村行""文艺百师团青春机关行""文艺百师团温暖特教行"等系列活动。公益文化服务在延续往年培训项目外另新推出"花儿课堂"这一品牌,针对山区学校开展送教帮扶活动,艺术服务供给将向"少儿"这一群体进行倾斜,逐渐走访各山区学校,让优质的艺术资源得到充分共享和利用,促进了艺术教育均衡发展。喜迎二十大,同走共富路"天天大舞台"系列活动之天台县 2022 年 7 月"和合嘉年华"全民艺术普及季演出在"和合商业街"(天台山游客中心)举办,演出综艺、音乐、戏曲、舞蹈、民间曲艺等,接地气、贴民心,重点展示天台公共文化服务体系建设的文化成果,焕发全社会爱党爱国的巨大热情,调动了广大群众共创美好生活的强大力量。

(三) 引进来：外部功能引入场馆

除了主动作为,转运物质媒介和非物质媒介、延展空间布局以及下沉活动形式以外，天台还同时尝试将景区元素、数字化媒体技术以及社会力量引入公共文化场馆服务。

1. 连景区：文博场馆景区化

第一，博物馆创 3A 景区。天台县公共文化场馆功能拓展试点的最大亮点之一，是天台博物馆成功创建国家 3A 级旅游景区。投资 1500 万完成县博物馆声光电改造，实施公共文化场馆"微改造、精提升"，朝着"旅游目的地"的方向对县博物馆进行改造。在展厅主题选择上、展品布置和呈现上重点考虑游客的"兴趣点""打卡点"，抓住年轻游客眼球。对照景区创建标准，对基础配套设施进行完善和升级。统一按照景区规范化标准更换了全馆的标牌标识；按照旅游厕所的标准改造了厕所，设立第三卫生间；绘制了详细的展厅导览图，并制作印刷了中英日韩四语种宣传手册，对展厅和部分重要文物进行介绍和导览。景区建设标准推动博物馆从单一的文保场所、文物展出向旅游景点与文化场所相融合的网红打卡点转变，让文博概念生活化，日常化。游客在旅游期望、愉悦经

图 11 - 10　国家 3A 景区天台博物馆游客服务中心

验、旅游感知3个层面均以积极感受为主，在放松身心的同时领略文化之美，满足游客的精神诉求。天台公共文化场馆游览吸引力在整体上已初步形成，博物馆、艺术馆等部分场馆已拥有较强的旅游吸引力，去游览的游客并非随机或一时兴起，而是已经形成了游览前选择、游览中体验、游览后思考的完整旅游感受链，可以体验到从感官到思维的丰富旅游经历，整体游览感受满意度较高，且可以通过游览获得更深层次的精神感受。游客在游览公共文化场馆时最看重的是馆藏资源以及游览后带来的思想升华，因此各场馆在旅游功能的开发中最应该重视的也是自身资源建设，用藏品所蕴含的文化寓意给游客带来更为丰富的精神体验。

第二，文化礼堂景区化。天台在推动博物馆创建旅游景区的同时，推动峇溪村、后岸村等包括文化礼堂在内的公共文化设施矩阵创建3A、4A景区村。为了统筹布局城乡公共文化空间，天台还尝试了基层文化空间和旅游空间的二合一试点，即基层综合性文化服务中心和乡村旅游服务中心融合，实现公共文

图11-11　后岸村文化礼堂和游客中心合二为一

图 11 - 12 作为游客中心的张思村文化礼堂

化设施和旅游公共服务共建共享,推动公共文化与旅游融合发展。近年来不少旅游资源丰富的乡村建设了乡村旅游服务中心,但是对于那些用地紧张、资金不足、内容单薄、人员短缺的基层地区,将乡镇文化站、村文化中心和旅游服务中心融合,是解决问题的有效办法。对于乡村旅游服务中心来说,不需要另起炉灶新建设施,服务空间和内容增加了文化含量;对于乡村文化中心来说,依托旅游人流和服务,一定程度上可以改变"不开门、不见人"的困境。设施、资金、人员、组织体系和服务的全面融合,带来了乡村旅游服务和乡村文化服务双赢的局面。在天台农村,伴随着乡村振兴战略的实施,也出现了一大批设计新颖、乡土气息浓郁的镇街博物馆、宗祠、村史馆、乡贤馆,展现了独具特色的地域文化,见证了乡村经济社会文化变迁。天台将这些具有一定显示度、标志性、特色鲜明的公共文化设施连点成线,组成"文化礼堂矩阵",打造独具魅力的人文旅游路径,成为公共文化与旅游融合的又一有机结合点。

后岸村过去是以采石为主要产业的村庄,后来实行产业转型,主打民宿旅游牌,引入体育赛事,以体促旅,以文强旅,文旅互融,举办全省、全国性质的比赛,村史馆、和合文化馆、文化礼堂、农家书屋免费开放,形成集聚效应,产业遗存实现蝶变,入选省级试点的后岸村创成 4A 级景区村。塔后村文化礼堂、张思村文化礼堂、龙黄堂村文化礼堂创成 3A 级景区村。后岸村将场馆本身的文化功能与旅游产业有机结合,使得本地文化场馆不仅可以向内传播继承本地文化,还能让外来的旅客受到本地文化的熏陶。

图 11‑13　后岸村村史馆成为旅游打卡点

塔后村实现了文化空间和旅游空间交互,建成"旅游型"文化礼堂,礼堂包含家风家训、非遗体验、休闲康养、红色记忆、诗路文化、科普天地等主题。村文化礼堂具有展示性,能提供传统风俗、传统技艺等文化体验性项目,是乡村旅游网红打卡地。村庄已获评浙江省 3A 级景区村,拥有特色餐饮、主题民宿、乡村书吧、茶吧等业态,年均游客接待量不少于 5 万人次。

此外,图书馆也将旅游和社会力量元素引入场馆。公共图书馆一进门最显眼的位置摆放旅游指南,内部设立和合文化专架、唐诗之路专架和天台非遗专架。引入政协委员会客厅,委员定期与会,合理利用有限的空间。

图 11 - 14 3A 级景区村塔后村

图 11 - 15 天台图书馆内的
政协委员工作室

图 11 - 16 塔后村文化礼堂的浙江省
政协委员会客厅

2. 连数字：数智服务达共享

2021年，浙江省文化和旅游厅印发《关于开展公共文化场馆服务功能拓展先行先试工作的通知》要求推动公共文化服务数智化发展，着力开创民生优享的社会发展新局面。这是为满足广大群众的精神文化需求，加快城乡公共文化服务体系一体化建设，推进公共文化服务高质量发展而推出的必要举措。天台在加快构建现代公共文化服务体系的背景下，协同公共文化各相关部门，充分发挥"文化场馆数字化平台"作为公共数字文化服务主阵地的作用，提高公共文化数字化供给能力，创新公共文化数字化服务机制，将信息技术、数字技术、网络技术等现代科学技术和传播手段应用于公共文化服务体系建设，让市民可以通过网络信息化手段使用文化信息资源，在公共文化数字平台建设、数字资源产品优化、新媒体网络传播、推动文化馆行业发展等方面取得联动性的新进展、新成效。

首先，数字科技赋能文博，虚拟仿真技术重现文化标识，实现文化基因可视化、商业化。深入开展文化基因解码，推进地方特色优秀传统文化资源数字化，推动公共文化数字资源转化为旅游资源。融合现代技术推进文博场馆数字化改造，开展公共图书馆数字化升级，推进借阅服务便利化、智慧化、人性化；加快诗路文化博览馆建设，利用VR/AR、3D全息投影等数字手段移植再现唐诗盛景；推进博物馆升级换代，利用数字化导览、多媒体对博物馆进行改造提升，重新开放后参观人数同比增长超50%。研发投用"诗路e站"深度体验服务平台，目前入驻导游58位，共发布导游服务产品91款；入驻文旅企业商户47位，共上架发布产品153款。

其次，积极搭建文旅融合的数字服务阵地，加快基层终端数智平台迭代升级。推动本县公共文化服

图11-17　天台图书馆一站式导引服务平台

务平台接入"浙江智慧文化云"平台,畅通公共文化场馆信息化渠道,搭建文化和旅游融合的一站式服务平台。第一,推行公共文化服务全过程触网。利用网站、微博、微信群、短视频、公众号等平台,拓宽服务渠道,整合平台资源,联通各级文化服务部门的数字资源,尽可能地引进有影响力的优质文化资源,提升线上服务质量。结合不同人群的文化需求特点,以简明扼要、通俗易懂的问卷调查、现场指导等方式,加深群众对数字场馆的认识,了解民众对数字化文化服务的使用感受,收集他们提出的建议,改进数字化文化馆的服务内容,让他们也参与到数字化建设当中。第二,推动公共文化领域整体智治。图书馆引入大数据、VR 和人工智能等科技,优化"诗路驿站""天台图书馆""天台云礼堂""和合天台"等高频应用,面向"未来社区"谋划打造一批受群众欢迎的数字化应用场景。加强公共文化数字服务资源建设,推广公共文化高清网络直播,培育具有高粘性的粉丝社群。建设区域性智慧图书馆体系,重点推进无接触式借书、数字图书馆、馆藏文献智能化管理等一批数字化设施和服务项目。丰富在线公共文化产品,促进公共文化服务精准供给。推动线下公共文化服务的线上化转型,完善公共文化"订单式""菜单式"服务机制。第三,加速基层文化阵地信息化。全面提升乡镇(街道)综合文化站、社区综合文化中心的标准化、品质化、信息化水平。积极推进文化礼堂数字化,在农村文化礼堂中普及免费无线网络,加强对新媒体技术的应用,推进文化礼堂"互联网+",打造数字化网络化文化礼堂,为农民群众提供丰富实用、实时便利的信息文化服务。"数字型"文化礼堂开设文化礼堂直播间,配备直播、录播设备,用统一的抖音平台账号进行直播;用多种形式将本村礼堂特色、自然风光、历史故事、传统文化、旅游资源等呈现出来,创新消费场景。文化礼堂安装由网站、移动客户端、电视客户端组成的总部网络信息管理系统,设立总部和分部视频管控中心,设置村级礼堂电子公告栏。网站设立新闻动态、活动中心、礼堂布局、服务单位等,"天台云礼堂"App 包含总部体系、积分排名、信息动态、服务超市,村电子公告栏展示各礼堂一周内的活动安排,实现"网上系统展礼堂+视频互动督礼堂+实时排名活礼堂"的功能。塔后村将目前流行的民宿、网红直播等元素加入村内发展之中,民宿订房信息化,积极与美团等网络平台合作。

最后,数字化功能嵌入,文化活动从线下到线上。疫情期间,根据浙江省新冠肺炎疫情防控要求,各地基层文化馆、图书馆、城市阅读空间等公共文化场馆

图 11‑18　后岸村文化礼堂的直播间

图 11‑19　峇溪村文化礼堂的村播联盟 e 站

实行闭馆,线下讲座、培训、演出、比赛等人员聚集活动暂停举办。在此背景下,各基层文化馆积极将资源向线上转移突围,在互联网领域进一步"开疆拓土",营造出了"线下关门、线上开花"的崭新局面。数字文化资源是基层文化馆的"智慧"仓库。文化馆采取文化慕课的方式,从全国最大的图书数字化加工中心北京超星集团购入文化胶囊、90分钟艺术课堂、文化讲堂等数字文化资源,与馆内原有的线上培训相结合,依托文化礼堂总分部现有的网络体系,面向群众开展公益艺术普及活动,实现群众与名师"零距离"接触。截至目前,该馆现存的数字文化资源涵盖了音乐、舞蹈、曲艺等8大门类,共2000余个学时,累计学员达2000余名。同时,文化馆搭建群众文化活动线上平台。微信公众号、抖音平台、新浪微博三位一体的新媒体服务矩阵,征集群众的书画、摄影、舞蹈、音乐和曲艺等,并对其中优秀的作品进行二次加工后在平台上一一展示。这一举措为群众提供了自我展示的平台,也营造了浓烈的群众学习氛围。截至目前,三大平台已开展书画、摄影等静态作品展60余场,舞蹈、音乐、曲艺等动态作品展示近30场,搜集并展出群众作品1000余件。

3. 连企业:社会力量供合力

社会力量是当下助推基层公共文化服务高质量发展不可或缺的一股力量。学会整合利用社会资源,能为当下的文化服务提供相当有效的助益。

首先,巧用社会力量杠杆,用空间换活动。文化馆在社会力量助力公共文化服务方面表现得最为出彩。① 文化馆搭台,民间唱戏,用文化空间换文化活动。文化馆在始丰湖、和合商业街等文化旅游休闲地标搭建场地,出招募公告,社会演出团体报名上台演出,已形成天台数年来开展文化演出活动的可持续机制。② 借力培训机构场地和师资。文化馆同培训机构联手,解决公益辅导培训的师资和场地问题。利用培训机构空窗期,在非周末时间利用他们的场地开展公益文化培训。培训师资遇到瓶颈,就雇佣社会专业人员,参与公益辅导。③ 社会力量组建艺术团。为解决基层文化服务"配套失调"的问题,天台县于2018年5月成立文艺百师团,成立之初是一支20人左右的舞蹈艺术团体,旨在提供文化志愿服务,后不断发展壮大,队伍逐渐扩充,门类越趋多元化,现已成长为本土最大的文化公益服务团体,打响了属于自己的文化品牌。天台文艺百师团集结了来自艺术培训中心、退休教师协会、本土剧团和高校大学生等各艺术门类的100余名社会优秀文艺骨干,涉及声乐、舞蹈、器乐等20余种艺术门类,能够轻松应对参演文艺培训以及各种大型、前沿性活动。此外,为保证服务力量生生不息,为百师团听课学员设立晋升考核机制,听课学员结业后,可以参与考核,晋升为百师团导师,变"学"为"教",不断扩充和延续团队力量,形成文化服务"闭环",打造出一支高质量师资队伍。百师团在本土各乡镇(街道)开展文艺展演、文化走亲比赛活动200余场,涉及培训艺术门类20余种;积极参加省市级各类赛事,连续五年蝉联全省排舞大赛金奖;合力打造文艺精品,创作出诸如《心归》《为你而来》《诗路天台》《诗路遐想》等脍炙人口的艺术作品,让老百姓感受到了本土浓厚的艺术氛围,提升县域整体文化自信。

其次,文化站和文化礼堂筑巢引凤,空间换服务,空间换展陈,合力共办文化。乡镇文化站抓好文艺骨干队伍建设,通过"天天大舞台"等农民自编自导的文艺演出挖掘、培育农民艺术团,目前全县有2091支艺术团队,总人数53852人,类别有音乐、舞蹈、戏曲等十大门类。完善文艺百师团点对点文化结对帮扶

图11-20　张思村闲置古建筑空间引入文创企业

图 11 - 21　张思村生命奥秘博物馆展陈(古建筑文化遗产空间引入企业经营)

机制,由专业文艺团队帮扶农村文艺团队,提升群众性文化活动效果,打造聚人气聚人心的百姓家园。发挥文体志愿者作用,开展采风和书法创作辅导、送戏送书送电影下乡、体育项目培训、体育健身宣讲等文体活动,建设老百姓的精神文化家园。村文化礼堂借力打力。塔后村提供场地,与浙江中医药大学等专业院校合作,发展"海艾"等康养绿色特色产业,开发艾草文创产品和非遗药膳,将艾草文化产业化,建立艾元臻妙健康科技有限公司。张思村与民间、个人和企业合作,空间换展陈,开发文物保护单位继善楼为生命奥秘博物馆。

　　再次,促进志愿服务发展。制定《天台县文化和旅游志愿服务章程》,搭建志愿服务平台,健全志愿者招募、培训、激励、保障等制度,积极推动文化志愿服务常态化、规范化、制度化,壮大志愿服务队伍。广泛开展志愿服务活动,培育一批特色项目和服务品牌。建设和合天台志愿服务联盟。该联盟是各类志愿服务团队自愿参与的非营利社会公益组织。通过联盟把天台社会各界志愿服务力量整合起来,成立健康、普法、环保等多支志愿服务小分队,到农村文化礼堂开展扶贫帮困、爱心助学、公益文化宣传等爱心活动,推动天台志愿服务进礼堂工作常态化、网格化。目前,全县有旅游志愿者先锋队、义工分会、天台爱心团队等志愿者队伍 39 支,共 71262 人,共开展各类活动 2000 余次。"志愿型"文化礼堂建有"志愿服务"工作站和工作载体,组建 2 支及以上文化礼堂志愿服务队,与"温暖有约"相衔接,构建线上志愿服务微点位网格,通过老年人约服务,志愿者做服务的模式打通精准帮扶渠道,满足老年人心理疏导、精神关怀、养生保健、文体活动等需求。

图 11 - 22　天台图书馆内的小志愿者

最后,博物馆借力社会力量办展。天台博物馆主打"用空间换服务",研讨区设会议室、文博工坊、非遗展示区、传统工艺工作室、文化驿站、面塑名家工作室等几大功能。与学校、民间博物馆、传统非遗工作室、传统工艺工作室、面塑名家工作室、茶室、咖啡吧共同举办文物工坊、进行特色主题展活动,实现文物进学校、进农村、下基层,将博物馆功能融合进其他领域,丰富群众多方面的文化需求。博物馆室外空间进行景区化建设，拟引进企业团队合作开设茶室、咖啡吧等，丰富博物馆业态，服务群众和游客。

（四）服务功能拓展后的绩效

经过场馆服务功能的拓展和转型试点，天台公共文化场馆建设水平和天台县文旅融合的综合效益显著提升。天台县始终坚持"以文塑旅、以旅彰文"的发展方向，拓展县、乡、村三级公共文化设施的服务功能，加快建设"现代化和合之城"的步伐日益坚实有力，努力开创文旅融合新局面。

第一，文化阵地因服务功能拓展而日趋完善。截至目前，天台县建成省级文化示范乡镇3个（平桥镇、白鹤镇、街头镇）、省级民间艺术之乡3个（白鹤镇、街头镇、三合镇）、省级文化示范村13家、省级文化示范社区1家（桥南社区）、市级文化示范乡镇3家（平桥镇、白鹤镇、街头镇）、图书分馆26家、文化分馆15家、和合书吧（24小时自助图书馆）13家。此外，文化基因解码成果被省文旅厅评为"优秀"等次。2021和合文化全球论坛成功举办，天台成为和合文化全球论坛永久会址。创成国家公共文化服务体系示范区，完成"五个百分百"建设任务，顺利通过浙江省基本公共文化服务标准化认定，全县每千人拥有基层公共文化设施面积为771平方米，实现"一县四馆"（文化馆、图书馆、博物馆、非遗馆）"一乡一站""一村一室一广场"的建设目标；文化馆、图书馆均达到国家一级馆，15个乡镇（街道）综合文化站顺利完成第七次文化站评估定级工作（其中特级4个、一级8个、二级3个）。

第二，文化活动因服务功能拓展而丰富多彩。每年积极开展各类丰富多彩的文化活动，提升文化公众参与度和覆盖面。例如，送戏下乡、文化走亲、送电影、精心策划组织的天天大舞台乡村文艺展演、大型群众快闪活动、阆中天台文化交流走亲、大型歌咏晚会等大型文艺活动、"永远跟党走"天台县庆祝中国共产党成立100周年主题文艺晚会。文艺队伍因服务功能的拓展而日益壮大，全县共有基层文艺队伍两千多支。情景歌舞《唐诗之路》获浙江省音乐新作演唱演奏大赛银奖、获浙江省广场舞大赛金奖。以"唐诗之路"文化为背景的舞蹈《诗路遐想》入围省第十一届音乐舞蹈节决赛。

公共文化场馆服务功能拓展试点一年多来，天台县博物馆成功创建国家3A级旅游景区，上榜浙江省文旅总评榜人气场馆候选单位。入选省级试点的后岸村创成 4A 级景区村,塔后村文化礼堂、张思村文化礼堂、龙黄堂村文化礼堂创成 3A 级景区村。天台文宿工作登上《台州日报》头条。2021 年创银宿 3 家,获评省文化主题(易筋经非遗主题)民宿 1 家,全域旅游建设获评全省 A 档(优秀),连续四年上榜中国县域旅游竞争力百强县、县域旅游综合实力百强县,天台山上榜 5A 级景区品牌 100 强,文化"和"旅游释放"合"能量入选首批全省文旅融合优秀案例,浙东唐诗之路建设入选省争先创优"最佳实践"案例,天台县高质量打造浙东唐诗之路目的地相关经验获时任省长郑栅洁批示肯定。2022 年,天台县获评"浙江文旅助力探索共同富裕新路径十佳县"。这些成绩的取得,既和天台县成熟的旅游产业密切相关,也同公共文化场馆服务功能拓展的试点成效息息相关。

三、"三三制":公共文化场馆功能拓展"天台模式"

(一)抓机遇：战略聚共识

意识支撑行动,天台交出优秀的文旅融合答卷,靠的是数年来全县上下持之以恒的战略坚守。在天台各级领导干部、文旅战线全体同仁以及基层群众心中,做大做强文旅融合,是发展县域经济、实现共同富裕的必由之路。当前,天台步入高铁时代,手握世界级旅游景区、浙东唐诗之路目的地、和合文化国际交流基地等三张金名片,争创省级和合文化传承生态保护区,加快推进省级旅游度假区、国家全域旅游示范区创建,助力建设共同富裕示范区标杆县。新的历史机遇面前,天台人上下齐心,深入领会省委省政府的决策部署,以"天台特色、浙江标杆、全国样板"为目标,以"现代化和合之城""名县美城"和文旅兴县战略引领,铆足干劲,合力开创新篇章。县委县政府对此次公共文化场馆服务功能拓展先行先试工作非常重视,按照浙江省文化和旅游厅的安排部署,成立了天台县公共文化提升建设领导小组和公共文化场馆服务功能拓展先行先试推进小组,专班运作、专人负责、协同推进。高规格保障、高起点谋划、高标准推进。制订《天台县公共文化场馆服务功能拓展先行先试工作方案》《2021 年重点工作清单》《关于高质量建设公共文化服务现代化先行县的工作方案》。对外对标先进案例,对内对标工作指标。为省市两级文化场馆功能拓展先行试点单位举行授牌仪式,挂牌单位将试点工作视为来之不易的荣誉和沉甸甸的责任。各级单位以公共文化场馆服务功能拓展为抓手,推动内容融合、服务融合和创新服务融合,创新服务方式,推进服务数字化发展,不断提高场馆的服务功能,深化文旅融合发展。

图 11-23　张思村文化礼堂的省级"公共文化场馆服务功能拓展试点单位"铭牌

（二）迎时代：文化守阵地

新时代社会主义文化体系面临着各种后现代思潮的挑战，而在进步中失去信仰是导致历史宏大叙事终结的主要因素之一。作为中国特色社会主义文化体系的基本阵地，公共文化场馆服务一定要在"宜融则融，能融尽融，以文促旅，以旅彰文"工作思路中牢牢守住社会主义核心价值体系，在共同富裕中实现精神富有，在现代化先行中实现文化先行。浙江省十五次党代会要求高水平推进文化强省建设，打造新时代文化高地，着力推进全域文化繁荣全民精神富有，推行以精神富有为标志的文化发展模式，增强先进文化凝聚力。天台县公共文化场馆服务功能拓展过程中，始终围绕建设具有强大凝聚力引领力的主流意识形态展开，全面落实意识形态工作责任制，健全党的创新理论研究阐释传播体系，构建浙江红色精神谱系，深化社会主义核心价值观培育践行，注重家庭家教家风建设，深入推进公民道德建设工程，推进全域精神文明建设，加强和改进思想政治工作，深化网络文明建设。天台文化馆以社会主义核心价值观引领公共文化产品的创作生产和传播，重点围绕党的十八大以来改革发展成就，创作生产有力量、有温度的群众文艺精品。打造一批充分彰显天台革命精神、有效助推本地经济社会发展的革命文物保护利用标志性项目，守护红色根脉，传承红色基因。讲好红色故事，制作红色文化地图，建设红色文化体验示范基地。大力发展红色旅游，将欢岙瓦窑历史纪念馆、里石门水库记忆馆等融入红色旅游线路设计、展陈展示、讲解体验。在庆祝建党 100 周年"七个一"红色主题文艺活动中，统筹和动员社会演艺团体和民间文艺工作者自我教育，以"歌、舞、诗、戏、演、展、故事"七个不同的艺术表现形式来展现我党百年的辉煌历程。在争创景区镇和景区村过程中，结合村庄环境、风土人情和历史文化，充分挖掘村庄核心文化元素，打造一批与村庄自然风貌、民俗风情、人文景观相协调的"红色村播""文化直播"，充分凸显礼堂文化综合体的功能。

图 11-24　后岸村的"红色村播"

（三）强投入：基建铸文化

文化是"培"出来的，也是"建"出来的。天台公共文化场馆服务功能拓展的重要经验之一，就是用大视野、大手笔进行大投入，用大项目、大基建构建大生态。省十五次党代会提出全面建设文明浙江,每万人拥有公共文化设施建筑面积达到4400平方米左右,居民综合阅读率达到93.5%。中共浙江省委办公厅、浙江省人民政府办公厅《关于高质量建设公共文化服务现代化先行省的实施意见》的通知对公共文化服务现代化的各项指标做了明确定位。天台县对标上级标准,在省级标准上进一步高标准、高要求,重点打造文化地标。省定一级以上文化站建成率达到100%,社区综合性文化服务中心覆盖率和达标率均达100%。推广图书馆、文化馆总分馆模式和社会化联盟模式,图书馆乡镇分馆、文化馆乡镇分馆建成率达到100%。2021年投入公共文化文物事业费14556万元,发放旅游专项奖补资金约2500万元。借公共文化场馆功能拓展先行先试之机,主动加强与财政、发改等相关部门的统筹协作,明确工作责任,落实工作要求,合力推进先行先试工作取得成效。探索文旅融合高质量发展之路,以点串线,以线铺面,打响浙东唐诗之路目的地品牌。建设一批融文化、旅游等功能为一体的综合文化站和农村文化礼堂。建设提升一批具有鲜明标识度的文化综合体、历史文化街区、传统村落和古村落。推进综合文化站、农村文化礼堂和文化公园等创意性改造。公共文化设施和旅游公共服务共建共享。全面实现"景城一体",实现主客共享,打造集中华和合文化圣地、唐诗之路最美目的

图 11 - 25 投资 8.7 亿元的文化地标天台文化中心即将投入使用

地、佛宗道源最佳体验地于一体的天台山文化高地和全省文旅融合样板区。启动大国赤、大石华景区的"诗路文化"再现工程，委托编制唐诗文化植入方案，结合宋代米芾等名人留下的数十处摩崖石刻，优化文化小品植入和景观节点打造。

天台县投资 8.7 个亿建成文化地标——天台县文化中心，图书馆、文化馆、大剧院、和合非遗馆落户新址。聚焦诗路为重点的文旅项目建设，制定实施《天台县打造"浙东唐诗之路目的地"三年行动计划》《高品质打造"浙东唐诗之路"目的地实施方案》。聚焦"诗画、山水、佛道、名人"四大文化主题，打造诗路遗存保护、诗路文化产业振兴、诗路文化旅游精品等 8 大工程。其中，百里和合唐诗廊、石梁云端唐诗小镇等 6 个项目总投资 95.6 亿元，入选省诗路文化带重点项目。投资 16 亿元开展始丰溪全流域治理，打造"百里和合唐诗廊"；投资 20 亿元建设以"唐风宋韵最美赭溪"为主题的赭溪历史文化街区；投资 20 亿元建设天台山景区提升改造"一馆一心三苑"项目；星野酒店、天台山雪乐园对外运营、博物馆展陈提升开放，投用"诗路 e 站"智慧旅游服务平台，构建"一站式、智能化、个性化"的智慧旅游服务，实现"吃住行游购娱"一机搞定。始丰湖夜游项目启动建设，打造高能级的城市引擎和最具魅力的城市封面。制定出台《天台县文化扶持奖励办法》《关于推进全县农村文化礼堂建设的实施意见（试行）》《天台县实施乡村振兴战略行动计划（2018—2022 年）》等文件对文化项目投资、示范创建、赛事会展、文物文博、场馆建设运营、基层网格建设、非遗传承保护等实施专项奖励，对图书馆进景区，非遗进学校、进课程、进课堂，文化礼堂和游客中心互融的主体单位实施资金扶持，对参与文艺下乡、文化走亲、公益培训的社会组织进行补贴。

（四）换思维：空间换服务

鉴于公共文化场馆所属主题的公益类事业单位性质，天台县图书馆、博物馆和文化馆在引入社会力量加强拓展和延伸服务功能问题上，做了有益的尝试。天台推广政府与社会资本合作模式，引导社会资本参与文化建设，培育和发展一批文化类社会组织和企业，支持和规范民办文化机构建设，促进各类社会文化机构参与公共文化服务。借力大集团、大企业资源优势，引进优质社会资本，建设融合产业、文旅、社区功能的时尚车品小镇、石梁云端养生基地、易筋经康养小镇、霞客文化体验度假区等文化产业发展平台,协助打造以文化旅游业为支柱,以影视传媒业、文化创意业、文化会展业、文化养生业、文化工艺业、文化用品和装备制造业等六大产业为重点的独具天台特色的"1+6"产业体系。天台博物馆与企业合作,以空间换服务和活动,博物馆提供场地,企业提供服务并开展活动,将文物文化作用放大,企业、博物馆和观众三方受益,形成了空间换服务的可持续发展路径。2022 年 3 月联合社会企业推出女性主题活动月,开展了"工艺""技艺""茶艺""花艺"等适合女性参与的主题。天台山云雾茶上市的 4 月,推出"茶文化"主题活动。与非遗工作室合作向民众推广面塑非遗捏冰墩墩活动。与香包公司合作推出做香包活动。张思村用建筑文化遗产空间换常态化展览,村里出场地,企业出展品,建成生命奥秘博物馆,馆内展品标本品质高,设计感和科技感十足,设施先进,射击游戏和 VR 等项目营造沉浸式体验,数字化水平高,大量吸引低龄观众,实现了古建筑群的现代价值,传承并保护本地文物和文化符号,将现代科学知识和历史遗迹有效结合,弥补了天台县没有自然博物馆的不足。

（五）落基层：县域大联动

习近平总书记强调,坚持群众想什么,我们就干什么;让老百姓过上好日子,是我们一切工作的出发点和落脚点。公共文化场馆服务功能拓展工作没做好,推进基本公共服务均等化就难以实现。天台县以此次功能拓展先行先试为契机,对文化设施进行全域提升,深入实施"文体设施提升""文化品牌提升"计划,拓展公共文化场馆服务功能,不断完善"15 分钟品质文化生活圈"。县级四馆率先垂范,图书馆实施送书到景区"四个一"工程,和合书吧、图书驿站、阅行天台、文博工坊、文化走亲、送戏下乡、非遗进校园等工作稳步推进。各乡镇积极创建景区镇,文化站积极行动,打响天天大舞台常态化演出品牌。村文化礼堂争相创建景区村、文化礼堂和游客中心互融、"一村一品""农家书屋"等文旅融合品牌,"诗路 e 站"在基层得到很好的维护和运营。全县上下,各级文旅单位和部门,从四馆到文化站,从文艺百师团到农家书屋,从文化中心到文化礼堂,分级试点,点面结合,以点串线,以线铺面,文旅大融合,县域大联动,县乡村三级公共文化场馆朝着"旅游目的地"方向拓展服务功能,显示出天台文旅系统以人民为中心的初心使命和时代担当。

（六）塑特色：品牌亮名片

浙江省十五次党代会提出，要打造新时代文化艺术标识，深化新时代文艺精品创优工程，提升和合文化等优秀传统文化影响力，做好非物质文化遗产传承保护，打造文博强省。根据省委省政府高质量发展建设共同富裕示范区实施方案，天台将和合文化作为新时代文化高地的基台和梁柱，围绕和合文化、诗路文化做文章，持续不断，久久为功，擦亮天台文旅金名片。首先，按照全省诗画浙江大花园的总体布局，集中精力打造"浙东唐诗之路"目的地这一品牌。不论是产品设计、活动策划、路线推荐等都围绕"唐诗"这个关键词。县文广旅体局紧扣建设"现代化和合之城"战略目标，积极开展"唐诗文化"的研究、保护与利用，牢牢把握"物化、活化、产业化"三个关键点，深入挖掘当地唐诗资源，修复唐诗之路古迹，让唐诗"看得见、摸得着、感受得到"，"浙东唐诗之路"目的地建设成效显现。其次，深入挖掘和合文化"和而不同、和实生物"文化基因，做好内涵提升和实践转化。努力打造天台成为和合文化传播地、标志地、体验地，把文化元素融入"现代化和合之城"建设，赋能文旅融合高质量发展。以和合之源、和合之义、和合之用、和合之路、和合之智、和合之美多个维度，提炼并打造和合文化 IP。打造和合文化研究高地、展示高地和实践高地。推动公共文化服务现代化先行县、文化强镇、文化示范村建设。擦亮"一人一艺""乡村村晚"等文化品牌，打造具有浙江标识的公共文化金名片。

（七）数智化：科技赋新能

浙江省十五次党代会提出，高水平推进数字化改革，打造数字变革高地。数字化和智能化新技术对公共文化场馆服务功能拓展的价值不言而喻：不仅是因为新建场馆和文旅融合设施本身就需要智能化现代设备的加持，更主要的是，对于那些原有的、文旅功能割裂的公共文化设施和旅游目的地而言，数字化服务是促进文旅融合最经济、最便捷、最有效的手段。数字化技术能够在不改变原有场馆主体结构，不破坏原有景区设施和景观布局的前提下，实现公共文化服务功能的嵌入和旅游服务功能的引入。天台的公共文化场馆服务功能拓展试点，就在数字化、智能化上下功夫。首先，景区数字化嵌入公共文化场馆服务功能。"诗路 e 站"入选全省文化和旅游数字化改革试点项目，在天台山、国清寺等景区入口配套建设诗路文化数字博览馆，打造沉浸式潮玩新地标，帮助游客全身心感受"诗和远方"。在基层文化礼堂建筑群里研发投用"诗路e站"深度体验服务平台,融合导游预约、智能服务、产品营销、数字政务等功能,实现一站式、个性化、定制化服务。其次,公共文化场馆数字化嵌入旅游资源。加快图书馆、博物馆、文化馆等公共文化场馆数字化转型升级,畅通公共文化场馆信息化渠道,搭建文化和旅游融合的一站式服务平台。加快建设诗路文化博览馆,利用影像、VR/AR、3D全息投影等数字技术手段再现诗意场景。利用云计算、大数据挖掘、区块链等新技术,积极拓展非物质文化遗产的智慧化展现、图书资料和地方文献的数字化保护管理、文化艺术演出和艺术创作成果的网络化集成,整合三大直播平台优质资源促进天台文化标识塑造等应用场景,实现公共文化服务供给数字化、服务预约电子化、评价智能化。

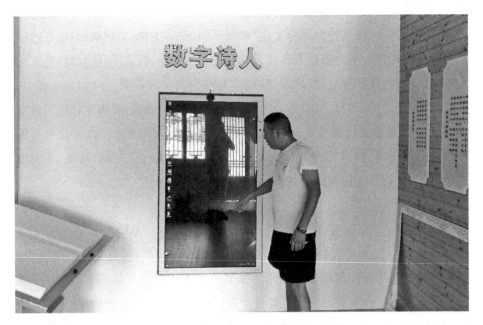

图11-26　安科村诗路e站人机交互设备

（八）重体验：服务增黏性

公共文化服务是面向人的服务,公共文化服务的目的是丰富人民群众的文化生活,提升人民群众的精神文化素养。公共文化以哪种可量化方式把人的知识增长、人格成长、素养提升作为价值追求,人民群众是否因公共文化的服务行为而增长了知识和才干(而不仅仅填补了闲暇时光),获得了精神愉悦(而不仅仅是感官刺激),提升了精神品质(而不仅仅是在轻浅的娱乐中虚度了光阴),这些应当成为评判公共文化服务品质的核心指标。因此,凸显公共文化服务的优质体验,增强受众的消费黏性,就成为各个公共文化场馆衡量工作成效的重要标准。天台各级公共文化场馆不但追求拓展服务功能,更追求拓展功能的质量,不但追求文旅深度融合的范围,更注重游客、观众、读者、研学师生、民宿业主、工坊参与者、旅游从业者和基层普通群众的行走愉悦、阅读体验、艺术审美、研究心得、实操技能和身心获得感。首先,完善服务细节。全县三级公共文化场馆推动内容融合、延伸服务空间、创新服务方式、推进服务数智化发展,依托乡村旅游点、综合文化站、农村文化礼堂等开展旅游产品宣传推广,提高场馆服务效能,完善景区、文图博场馆"预约服务"制度,提升无障碍服务,持续提升群众获得感。其次,服务差别化供给。将文化资源建设的内容与老百姓的文化需求相对接,提高"用户意识",运用"用户思维",从老百姓的文化需求出发,提供更多差别化、有特色、有针对性的文化资源。落实文化服务责任制,对群众提出的相关问题及时关注,定期回访,调研并提升文化服务质量。推进满意图书馆创建,"最多跑一次"改革向公共图书馆延伸覆盖,启动三年行动计划,推进公共图书馆服务便利化、智慧化、人性化、特色化、规范化。根据服务对象的年龄、职业、性别、文化程度、审美趣味,分类开展阅读、演艺和展陈服务,对未成年儿童青少年、残疾人、农民工等特殊群体提供精准的文化产品和服务。第三,扩大服务对象的选择范围,变送文化为选文化。推行"大菜单"制度。依托总部网络信息管理系统,整合全县部门资源,设置涵盖宣讲、文艺、教育、卫生、农技等领域,有 60 个子项目、600 场次的网上服务菜单,设置服务场数,既可让群众在网上自己选、自己点,也便于各服务单位及时下单,同时为了进一步畅通服务渠道,还设置了"群众预约服务"和"动态服务通知"的功能,打通服务群众"最后一公里",如文广新局就有舞蹈、音乐、曲艺、戏剧等服务菜单。通过点单系统,部门配送活动共计 500 余场次,吸引群众 5 万余人次,极大丰富群众精神文化生活。

四、天台县公共文化场馆功能拓展面临的挑战

受制于区位环境、软硬件更新速率、疫情散点突发的不确定性等主客观因

素,天台县文化场馆功能拓展的试点工作也遇到了以下问题。

(一)文旅融合的治理结构仍需优化

首先,公共文化场馆内部人员设置未体现旅游服务功能。从国家文旅部的机构设置来看,原文化部的公共文化司变为了公共服务司,将旅游公共服务的内容合并进来;原文化部的文化产业司更名为产业发展司,指导文化产业、旅游产业以及新型文旅产业的发展规划。通过查阅对比各地文旅部门的官方网站可以发现,虽然文化和旅游相关部门在部门名称上合为一体,但在实际的工作安排和政策制定中依旧是分类进行,没有真正做到"你中有我,我中有你"的互融模式。文旅融合后,天台公共文化场馆均具备了旅游功能,但现阶段公共文化场馆的内部机构设置、业务范围以及人员构成上并没有明显变化,缺乏具备旅游知识的专业人才,这就导致公共文化场馆在面对外来游客时业务能力和服务水平低下,不能充分满足公众的多元需求。现阶段,公共文化场馆发展与旅游融合较为充分,关系较为紧密的依旧是天生具备旅游功能的博物馆,而图书馆服务功能的拓展特色就稍微逊色。即便如此,天台博物馆创建3A景区后,没有因旅游功能的增加而相应更新内部人员架构。换言之,就组织架构而言,公共文化场馆服务功能的拓展是场馆的额外工作。

其次,公共场馆内部的人力资源结构瓶颈日益显现。文旅融合后,面对社会力量参与较少、工作人员积极性不高等问题,公共文化场馆应发挥协调作用。随着逐渐注重高质量发展,公共文化场馆新馆的建成开放,场馆的建筑面积和服务空间明显增加,但是公共文化场馆的工作人员自融合前就呈现出人员短缺的情况,融合发展后,各公共文化场馆的人员编制并没有相应增加,人员构成没有明显变化,再加上原公共文化场馆大部分只有文化功能,对于旅游功能的增加显得"力不从心"。场馆内部缺少文化旅游复合型人才,场馆内工作人员大多为业务型人才,在公共文化场馆的协调管理上能力不足,而且,现有工作人员的平均年龄偏高,逐渐出现老龄化现象,人员学历水平相对较低,在接受新鲜事物顺应时代潮流方面存在滞后现象。

(二)数字化服务的软硬件局限亟待破除

数字赋能是大势所趋,但数字化、智能化的功能迭代日趋频繁。数字化对于天台公共文化场馆而言,还是一个相对较前沿的领域。当前尚未形成规范化、立体化的数字服务体系,需要时间不断摸索与探寻。一方面,公共文化从业者和管理者的互联网思维较弱。天台县文化馆虽多次获评"国家一级文化馆",在线下培训与服务方面拥有充足的经验,但数字化服务并非是将线下的服务生搬硬套成线上服务,而是要根据互联网的特性,开展多元化服务,这就需要各基层文化馆转变工作思路和方式,以更富创造性的思维建立全新的数字化文化服务体系。另一方面,基层文化场馆的数字服务硬件支撑尚显不足。前端用户良好的使用体验需依靠强大的后台赋能,但当前网络状况不稳定、服务平台过载卡顿等情况时有发生,使得"互联网＋文化"服务亟需技术支持;平台客户端网络状况不同,部分农村地区和边远山区、贫困地区无网络或网速慢,导致数字服务无法精准传递。如天台县某山区乡镇文化员反映,一次线上直播培训过程中,画面经常出现卡顿,师生上课积极性受到很大影响。

(三)疫情引发的功能偏离和维护成本猛增

突发的疫情,让部分拓展出的场馆空间开放和活动实施无法实现。遍布城区和基层的和合书吧原本为 24 小时无人值守,疫情管控期间,每一个书吧都需要至少配备两个测温管理员轮班,才能保障原来设计的 24 小时运行。封控最严重的特殊时期,书吧不能开放。达到开放条件后,全天候无人值守的原始功能偏离,每个书吧都需要专门人员管理,图书馆正式编制只有 9 人,这就给图书馆带来了巨大挑战。目前,疫情后的书吧已经偏离了自助功能。和合书吧每天开放 12 小时,每个书吧需要一个管理员,人员经费和日常管理给图书馆造成很大的负担。另外,和合书吧的读者群体大部分是老人和儿童,这部分人群使用智能手机比较困难,或者没有手机,不会或者无法进门扫码,儿童读者需要提供打印的健康码,这就给读者造成了巨大的不便,影响了书吧的流通效率和原始设计功能的实现。此外,文艺百师团、文化走亲、送戏下乡等文艺展演的功能通过最大限度地扩大观众群体而实现,但是疫情对每场观众的数量进行了严格限定,这也给公共文化场馆服务功能的拓展带来不便。

(四)服务均等化与平均化的矛盾

公共文化场馆功能拓展的最终目标是为了实现基本公共服务均等化,但是均等化的衡量指标有时间、空间、受众、频次、便捷度等多重维度,这就给公共文化场馆服务产品的配给提出挑战。在和合书吧、农家书屋的选址以及文化走亲和送戏下乡等活动运营层面,就面临着服务空间和服务受众效能不匹配,服务均等化和平均化之间的矛盾。一般来说,和合书吧和农家书屋的选址应该在人流密集区、住宅聚居区和公共空间集聚区。城市中心的和合书吧一年可能有三万的阅读量,但是一个郊区的书吧一年可能只有三千的流通频次。从空间均等化而言,应该按照地理空间密度和行政划分在城市、郊区和乡村均等设立书吧和书屋,但这种物理空间的平均化和图书流通的均等化效能存在难以调和的矛盾。同理,在始丰湖边上举行的民乐演出、和合商业街文艺展演的观众数量,与文化礼堂的文艺展演相比,也不能同日而语。面对相对有限的场馆服务功能供给,如何解决时间和空间的平均化与服务效能的均等化之间的矛盾,真正做到公共文化场馆服务供给因地制宜、按需分配,是将来很长一段时间的课题。

另一方面,公共文化场馆和民营场馆设施和服务的差异性愈加明显。文化设施的差异化配置受其供给主体变革的驱动,公益性文化设施的供给方式与经营性文化设施的供给方式有明显不同。受市场机制驱动,传统的政府"全盘负责"的文化设施配置模式逐渐弱化,政府、开发商、非营利机构和社会组织等多元主体共同参与的文化设施供给模式逐渐形成。因此,多元主体带来差异化的利益取向和供给机制,使文化设施配置由传统的平均主义向基于社会结构分异的非均衡布局转变。文化设施的分布呈现出人口密集指向和中高档社区密集指向的空间形态。基于此,中高档社区文化设施密集和低档社区文化设施缺乏的空间差异化现象进一步加剧。

(五)公共文化场馆旅游知晓度低

随着现代社会人们对于高层次精神生活水平的追求,来天台旅游的人数越来越多,但是以公共文化场馆为目的地的选择仍在少数,其主要原因在于公共文化场馆旅游功能的开发和宣传工作不到位,致使其知晓度相对较低,没有引起游客和居民的关注。公共文化场馆在与旅游融合之后是面向大众开放的,其中应该包括当地居民和国内外游客。然而,目前天台公共文化场馆日常接待的人群大多为当地退休老年人和有查找资料需求的人们,前往公共文化场馆参观的外地游客较少。这在一定程度上表明公共文化场馆旅游功能的魅力目前还未得到充分展现,没有充分利用抖音、微博、微信公众号等多种传播平台对场馆馆藏及活动进行多元宣传,场馆内的文化创意产品存在文化内涵挖掘不充分,吸引力不足,营销能力较弱,同质化现象严重的问题,甚至有些公共文化场馆还没有开发自身的文创产品。文创产品作为一个文化产品,同时又作为一个旅游纪念品,承载着传播文化的重要历史使命,是文化品位和美学价值有机结合的良好体现。现阶段部分公共文化场馆的文创产品的开发较为简单,流于表面,没有真正利用好当地公共文化场馆所特有的馆藏资源,没有精准把握住当地传统文化元素和流行文化元素的结合点,富有创意的文化元素较少,各个旅游目的地的文创产品千篇一律,购买价值较小,无法担当公共文化场馆的“旅游宣传者”。

五、持续深化文化场馆功能拓展的优化路径

(一)推动公共文化场馆内部管理机制的调整和完善

文旅融合提出后,虽在机构设计上冲破了二者的行业边界,但在实际工作中并未完全融合,仍存在着各自分途发展的迹象。加快公共文化场馆职能调整,各地要通过颁布政策文件的方式在其职能范畴中明确旅游功能的融入,使场馆工作人员明确文旅融合后的工作职责,并且在公共文化场馆的人员配备和机构设置中加配具备旅游相关专业人才,保证公共文化场馆日后文化和旅游工作任务的连贯互通性。各地公共文化场馆因经济差异和自身条件致使发展水平各不相同,各级政府及相关部门应针对不同地区、不同类型、不同发展程度的公共文化场馆,因地制宜地制定具体发展规划,明确各地文化旅游的发展优势,制定各馆所应履行的职能范围,引导工作人员进行实践探索,将各公共文化场馆所规定的各项职能有效落到实处。

希望有关政府部门充分考虑新时期浙江省县域公共文化场馆在各个领域的发展需要,开展定期培训,丰富工作人员的文旅知识,提高工作人员的业务水平和公共服务水平。同时着眼高等学校培养文化和旅游复合型人才。公共文化场馆应建立完善的工作责任奖惩机制和考核结果评估评价机制,充分调动工作人员的劳动积极性,建立并逐步完善公共文化场馆的法人治理结构,使公共文化场馆的经营管理工作更加有序化和专业化。

（二）增强文化场馆的数字化服务功能

最新的数字技术应用场景和公共文化场馆配适度最高的是博物馆。应打造"互联网＋文化场馆"公益性数字化展示平台，从数字展厅、数字场馆等全方位展示各地文化场馆及其承载的公共文化，打破传统场馆的平面显示、静态展现，让市民足不出户即在网络平台上体验身临其境、丰富多彩的文化生活，提升公共文化服务水平，提供全新的文化生活方式。当前数字化展示的成熟技术有三：一是基于 WebGL 的 H5Web3D 引擎，通过输出设备实现的 VR 虚拟现实；二是基于摄像头和屏幕投射，连接虚拟和现实世界的 AR（增强现实）以及 MR（混合现实）；三是基于全景摄影技术的 720 全景展示技术。我们建议智慧天台文旅大平台的构建，必须与负责天台内外宣传和文体旅游管理的政府职能部门紧密合作，以创新设计理念为引导，依托现有人力资源和国内外专家团队脑库资源，建立"文化场馆数字化技术工程实验室"，做好顶层设计和项目运维模式。立足天台本土公共文化挖掘与传播，抢救（非遗）、巩固（数字化）、升华（展示艺术化表现）、展示（公共文化数字集成）一批最有典型性的城市特有文化，服务各级各类文化场馆，让文化创意产业和公共文化插上科技的翅膀。① 技术路线。针对文化场馆普通数字化展陈项目：文化场馆展陈项目数字化标准构建→公益性宣传文化平台开发→各个文化场馆子平台开发→宣传推广、技术培训→日常运营。针对文化场馆重大数字化展陈项目需求，以点带面开展"互联网＋文化场馆"工作：文化场馆项目采集需求报备→实验室技术人员现场数字化采集→数字化加工→信息上传→永久展示。通过这些技术路线的运营，使得花费不少资金建设的文化场馆重要展览展示项目向大众展示，通过技术人员的工作，将常设展和临展的内容精华固化，不因时间空间的原因而被市民忽略。② 系统开发。开发一套由 B/S 模式的数字内容建设和发布的系统。主要用在图书馆、和合书吧、博物馆、文化礼堂展示文化景点、360 度全景案例、基于 WebGL 的 3D 模型。软件包括主网站管理、文化场所管理、展览活动、非遗传承人、用户中心等功能模块。系统面向文化行业，目前已经投入使用。系统用户类型分为游客、文化景点管理员和系统管理员。由各文化场馆机构管理员上传信息内容，结合社会上的专业用户投稿，最后由系统平台管理员审核。③ 基于用户体验的网页前后端开发。系统分为前台和后台，前台主要展示主网站的内容、各文化场所信息、展览信息、文化地图。后台包括主网站管理模块、文化场所管理模块、展览活动管理模块、非遗传承人管理模块,系统各种配置、数据维护由管理员在后台管理子系统操作完成。④ 加大从业人员的技术培训力度。技术与服务的深度融合,需要对各地现有的文化馆上岗人员加强数字化业务培训,不断提高从业人员的素质水平和业务水平。一方面,要选择有趣、生动的培训系统和课程,每天和学员产生互动,课程结束后也有完整的检验和评估标准,这样不仅能清楚地掌握学员的学习情况,也能根据学生情况及时调整课程。另一方面,制定学员的实习期,在技术培训后,让他们回到自己的岗位,观察他们能否学有所用,能否熟练掌握应用新技术、新装备、新系统,能否利用后台数据、平台反馈分析群众的喜好。只有外部系统和内部系统相结合,才能提供更多、更优秀符合大众的公共文化产品,让群众充分享受新型的公共文化服务。

（三）建立文化场馆"内融外拓"创新机制

《关于高质量建设公共文化服务现代化先行省的实施意见》要求到 2025年,公共文化服务不断完善,内容更加优质、供需更加平衡、主体更加多元、保障更加有力,市县乡三级公共文化设施覆盖达标率达到 100％,城乡一体"15 分钟品质文化生活圈"覆盖率达到 100％。这是一项宏大的系统工程,需要一代文旅人为之付出持续不断的努力。天台在开展公共文化服务功能拓展先行先试的工作中,取得了有目共睹的成绩,但是只有把先行先试变为常态化机制,把文化场馆服务功能"内融外拓"的经验和做法形成常态化机制,把拓展服务功能作为持续不断的工作方向,而不是最终的目标,才能真正实现公共文化场馆服务的现代化。

接下来,天台应加大社会参与支持力度,拓展社会参与的广度和深度,形成开放多元、充满活力的公共文化服务供给和运行机制。合理划分公共文化服务事权和支出责任,建立健全公共文化领域全过程预算管理机制,完善财政保障机制,强化绩效评价结果运用,建立与公共文化服务现代化相适应的财政投入增长机制。合理配置公共文化机构人力资源并进行动态调整。适当提高对传统文化保护传承、公益演出、文化走亲交流等政府购买、活动补贴、专项补助经费标准。完善公共文化服务现代化评价指标体系。强化公共文化服务绩效意识,重视群众的多样化、个性化需求和服务的满意度。探索建立基层公共文化服务绩效动态评估制度和实时统计监测制度,完善公共文化服务现代化评价指标体系,综合评价公共文化服务水平。建立信息发布和奖惩机制,完善准入和退出机制,遴选优秀的合作企业和演出团体,用赛马机制淘汰效率低下的文化场馆和文化从业者。

（四）加强文化场馆品质资源的培育和辐射

浙江省十五次党代会指出,我省目前优质公共服务供给不足、文化标识打造有待加强,以文化力量推进社会全面进步的新格局仍需加快构建。目前推行的县域公共文化服务效能测评指标,普遍存在"唯量"特点,对品质资源的追求部分遮蔽了。财政投入增长越快越好,公共文化设施面积越大越好,文化活动场次越多越好,接受或参与人数越多越好。测评指标是实际运行的指挥棒,"好大喜多"的指标导致局部地区盲目追求快速扩张,投入攀比、面积翻番、队伍求大、产品求多。与之相伴而生的是,不少地区投入过多却不见效果,设施大了却远离群众,编制多了却人浮于事,产品多了却难见精品。从辩证唯物主义的观点看,量的积累旨在质的飞跃,如果仅仅停留在量的低层次平面铺展,结果总是低效或无效的。

公共文化服务离不开基础设施、服务资源和人才队伍,但是应当把公共文化服务长期的、一贯的重点放在价值追求和服务内容上。在以往基础条件十分匮乏的情况下,把设施、资源和队伍建设作为阶段性重点任务无可厚非,但是必须及时把工作的中心转移到价值建设、内容建设和服务方式建设上来,要量更要质。要以标准化推动公共文化实现城乡区域间的一体化均衡发展,促进资源整合、互联互通、共建共享。

乡村公共文化建设以"文化惠民"为导向,村民更多作为"服务接受者",直至启动国家公共文化服务体系示范区建设,乡村公共文化服务模式由"政府供给"转变为"志愿供给与自我服务结合",村民逐渐成为文化活动的"主角"和"明星"。文旅融合下,乡村公共文化活动形式及内容均有所升级,村民理应成为旅游发展的核心。但一方面受限于自发性文化活动以休闲娱乐为主、主动参与乡村旅游意识淡漠;另一方面,地方政府疏于组织引导,使得许多团体发展数量与质量不足,总体演出水平不高、节目简单雷同、团队组织松散、人员变动频繁,难以开展高质量、常规性的文化活动。当前面向村民的娱乐活动与面向游客的观赏体验活动处于割裂状态,不利于村民和游客共享文化成果。所以,要进一步明确天台公共文化场馆功能拓展的服务对象,公共文化服务不仅供给游客,更要供给天台市民和村民。只有在本土市民和村民中培育出的文化成果,才能真正具有天台品质,才能支撑未来天台的文旅发展战略。

文化和艺术源于生活,而高于生活。文化品质资源的孕育也是如此,应该从地方、环境中找寻题材,挖掘灵感,进行艺术加工。天台山素来有"佛宗道源,山水神秀"的美称,徐霞客游记在此处开篇,佛教天台宗在这里发扬,古时无数诗者文人在此地留下经典传承百世。天台山独特的地域性,孕育了艺术创作的绝好土壤,天台文艺百师团的不少作品均是立足于此,在塑造、开展、挖掘、保护特色资源的同时,不断创新,打造文化品牌。让广大群众在这些独具一格的文化精品中看到本土资源的缩影,不仅提升当地的文化气质,而且加强了自身的文化自信。

(五) 加大宣传力度和社会力量的参与力度

公共图书馆、博物馆、文化馆和非遗中心都是国家公益文化服务机构,其所倡导的服务都以公益为基础。然而,在文旅融合新时代,在公共文化场馆服务功能拓展的过程中,公益文化服务机构的体制为改革创新带来了很多羁绊。需要在保证公共文化场馆公益性基础上充分展示商业价值,在保证公益性基础上打造以场馆为中心的商业生态链。要胆子大一点,脑子活一点,紧紧把握当前的图书馆、博物馆文创开发机遇,开发种类丰富、富有文化内涵的文创产品,完善以四馆为中心的全旅游商业生态链,最终带动旅游产业与文化产业的融合与发展。文旅融合新时代,四馆需要在保证基本服务的基础上,通过创新服务构建服务触角乡野基层的公共服务体系,打造吸引游客的设施品牌、资源品牌、服务品牌,加大媒体宣传力度,用现代媒体技术吸引受众,让场馆成为天台、台州、浙江乃至长三角的城市名片、旅游名片。

近年来,在公共图书馆所探索的文旅融合路径上,研学旅游、民宿图书馆、网红图书馆是典型实践代表,这些成功的实践探索,助推了文化与旅游事业的双发展,也为我国公共图书馆未来的文旅融合积累了经验。在未来的发展中,公共图书馆需要处理好公共图书馆的公益性与商业性、基本服务与延伸服务等基本关系。文化馆打造文化艺术团队应搞活体制,进一步利用好社会资源。文化馆作为政府性质的官方文化阵地,其文化服务团队主要依托于体制队伍,存在"一人管一线,一人即一线"的业务推进现状,在面临建党周年庆、建国周年活动等大型文艺项目时,人手不足,编制岗位稀缺。文化馆可改变以往通过扩充体制队伍来加强服务力量的手段,转而积极向社会各行各业汲取文艺养分,以"自愿报名为主、推荐加入为辅"的形式,补充队伍力量。同时公共艺术服务要具备双向性,在注重提升"学员"服务体验的同时,需考虑为"教师"也提供充足的展示平台,增加艺术团队中的教师黏性,提升对团队的归属感。

文化是旅游的灵魂,旅游是文化的载体。没有文化的旅游是浅显的、空洞的,没有旅游的文化是难以创造完整价值链的文化。天台县公共文化场馆服务功能拓展先行先试的"三换三连"模式取得了瞩目的成效,既是我省文旅融合发展的典型样板,又是高质量发展中促进共同富裕的有益尝试,其取得的成就和遇到的问题,值得全省文旅系统吸收和借鉴。

参考文献

［1］李国新,李斯.我国新型公共文化空间发展现状与前瞻[J].中国图书馆学报,2023,(6)：4－14.

［2］蒋一平.公共文化空间价值视域下图书馆职业人员空间素养研究：内涵、现状与提升路径[J].国家图书馆学刊,2023,32(05)：32－43.

［3］洪芳林,龚蛟腾.国家新型公共文化空间行动路向[J].国家图书馆学刊,2023,32(05)：60－74.

［4］虞华君.推进乡村振兴 文艺如何赋能[N].光明日报.2022年12月14日第13版.

［5］费俊,吴碧琳.混合现实艺术在公共文化空间的应用——以"虫洞"为例[J].美术研究,2023,(05)：105－108.

［6］冷淞,陈瀚颖.视听艺术赋能文旅融合的创新传播研究[J].当代电视,2023,(10)：23－26＋60.

［7］耿蓓.文旅融合背景下公共图书馆亲子游学阅读推广探究——以天津图书馆"津彩游学季"活动为例[J].图书馆工作与研究,2023,(S1)：120－125.

［8］寿建琪.文旅融合视域下地方品牌信息资源数字化建设现状与策略[J].图书馆工作与研究,2023,(S1)：3－8.

［9］邵明华.文旅融合的内容生产及其三重向度[J].人民论坛,2023,(18)：98－102.

［10］虞华君,陆菁,吴丽.文旅融合的"拱墅模式"研究[M].上海：三联书店出版社,2020.

［11］王少薇,周剑峰,田原.新时代我国图书馆文旅融合研究现状与思考[J].图书馆理论与实践,2023,(6)：44－56.

[12] 谭静.设计驱动乡村文旅融合创新发展策略研究[J].经济问题,2023,(09):98-105.

[13] 王秀伟.博物馆文旅融合的内涵要义、内在张力与优化路径[J].西南民族大学学报(人文社会科学版),2023,44(08):137-144.

[14] 吴昉,蒙沛奕.文旅融合视域下现代书业空间生产及其文化场景构建[J].中国出版,2023,(15):29-34.

[15] 杨馥端,窦银娣,李伯华等.符号消费与场域转换:传统村落文化空间演变与重构[J].地理研究,2023,42(08):2172-2190.

[16] 吴丽,梁皓,虞华君,霍荣棉.中国文化和旅游融合发展空间分异及驱动因素[J].经济地理,2021,41(02):214-221.

[17] 李思琪,李思扬,唐雪梅.文旅融合高质量发展绘就乡村振兴新画卷[J].中国农业资源与区划,2023,44(07):247+258.

[18] 洪芳林,龚蛟腾.图书馆全面参与新型公共文化空间建设研究[J/OL].图书馆建设,1-10.

[19] 肖海清,黄萍,旷芸等.文旅融合视角下图书馆阅读推广融合模式创新与实践探索[J].图书馆,2023,(07):58-67.

[20] 何义珠.新型公共文化空间:概念、生成过程及结构[J].图书馆理论与实践,2023,(04):41-46.

[21] Yu, Z and Yu, HJ, Multicultural Integration of Urban International Communities in the Innovation Ecosystem[J]. Scientific Programming, Vol 2022(05).

[22] 藏思,雒海潮.大数据时代文旅融合人才培养路径研究[J].新闻爱好者,2023,(06):107-109.

[23] 王长松.城市文化空间的概念、研究范式与实践[J].中国社会科学评价,2023,(02):85-94+159.

[24] 申晓娟.文旅融合视域下的公共文化服务标准化[J].图书馆建设,2023,(02):18-29.

[25] 朱媛媛,罗源,王优聪等.城乡要素交互作用下乡村公共文化空间的演变及机制研究——以河南舞阳县柴庄村为例[J].地理科学,2023,43(05):847-859.

［26］洪芳林,龚蛟腾.公共文化空间中城市图书馆角色的三重视野[J].图书情报知识,2023,40(04)：19－31.

［27］徐渤.基于文化记忆理论的禹迹赋能民俗文化空间旅游研究[J].社会科学家,2023,(03)：64－69.

［28］于帆,卢章平,刘桂锋等.我国图书馆文旅融合政策的扩散模式研究[J].图书馆建设,2023,(03)：59－69.

［29］詹岚,杨杰宁,林明水等.基于扎根理论的中国文旅融合发展要素解析[J].资源开发与市场,2023,39(06)：641－645＋717.

［30］牛文涛,贾丽娟,尚雯雯.文旅融合下城市夜间经济治理的理论逻辑、现实困境与规则重建[J].资源开发与市场,2023,39(07)：819－828.

［31］丁莹.文旅融合背景下乡村旅游景观地域文化的融入路径研究[J].农业经济,2023,(03)：143－144.

［32］马岩,郑建明,王翠姣.多学科交叉融合的公共文化人才培养模式探析[J].国家图书馆学刊,2022,31(05)：46－53.

［33］崔烁.城市公共文化空间精细化治理：转向、维度与路径[J].湖北社会科学,2022,(10)：31－39.

［34］傅才武,李俊辰.乡村文化空间营造：中国乡村文化治理的空间转向[J].深圳大学学报(人文社会科学版),2022,39(05)：5－15.

［35］王广振,徐嘉琳,于皓宇.城市特色民居文化空间复兴研究——以青岛里院为例[J].民俗研究,2022,(05)：101－110.

［36］李晓蕾,辛国庆,王祝根.共享城市理念下的文化空间协同规划——以南京为例[J].现代城市研究,2022,(08)：115－121.

［37］徐佳,刘倩.公共图书馆红色文化空间建设与利用研究[J].图书馆,2022,(08)：87－92.

［38］曹立,石以涛.乡村文化振兴内涵及其价值探析[J].南京农业大学学报(社会科学版),2021,21(06)：111－118.

［39］人民论坛杂志社课题组,徐保军,孙墨笛.文旅融合发展的博物学路径探析[J].人民论坛·学术前沿,2021,(14)：136－142.

［40］李响.红色文化和旅游产业：文旅融合的困境与路径[J].学术交流,2021,(07)：119－129.

［41］毛一敬,刘建平.乡村文化建设与村落共同体振兴［J］.云南民族大学学报
　　　（哲学社会科学版）,2021,38(03)：92-99.

［42］金伟,金妮.新时代乡村文化建设中的文化困境及其价值超越［J］.湖北社
　　　会科学,2021,(05)：60-65.

［43］陆和建,崔冉.我国社会力量参与公共文化服务建设的风险控制研究［J］.
　　　图书馆建设,2022,(03)：146-151＋173.

［44］夏小华,雷志佳.乡村文化振兴：现实困境与实践超越［J］.中州学刊,
　　　2021,(02)：73-79.

［45］储节旺,夏莉.图书馆文旅融合现状、问题及对策研究［J］.国家图书馆学
　　　刊,2020,29(05)：40-50.

［46］潘立勇.文旅融合及长三角一体化发展刍议［J］.江苏行政学院学报,2020,
　　　(05)：28-35＋48.

［47］张晓东.乡镇图书馆助力乡村文化振兴研究［J］.图书馆工作与研究,2020,
　　　(09)：45-51.

［48］李超平,杨剑.文旅融合之"融合点"及公共文化服务的原则［J］.图书与情
　　　报,2020,(04)：74-78.

［49］张世定.乡村振兴中乡村文化治理的制度构建［J］.长白学刊,2020,(04)：
　　　147-156.

［50］邓馨悦,陆和建.文化空间规划下我国城市阅读空间布局优化研究［J］.图
　　　书馆学研究,2020,(12)：74-81.

［51］陈波."文化空间获得感"及其发展向度［J］.人民论坛,2020,(17)：
　　　132-133.

［52］柯健,黄文倩,许鑫.文化交响乐：文旅融合背景下的上海文化场馆协同发
　　　展［J］.图书馆论坛,2020,40(10)：42-51.

［53］唐义,徐静.推动社会力量参与公共文化服务的政策法规体系研究［J］.图
　　　书馆理论与实践,2020,(02)：13-18.

［54］彭秋平.基于政策文本分析的我国社会力量参与公共文化服务路径研究
　　　［J］.图书馆学研究,2020,(06)：25-32.

［55］董长春.乡村振兴战略背景下村史文化场馆的价值取向［J］.档案与建设,
　　　2019,(10)：43-46.

［56］尹笑非.非物质文化遗产视角下的城市文化空间建构［J］.河南师范大学学报（哲学社会科学版）,2019,46(05)：116－120.

［57］陈文胜.城镇化进程中乡村文化观念的变迁［J］.湘潭大学学报（哲学社会科学版）,2019,43(04)：109－113.

［58］方永恒,王寒钰.基于灰色关联方法的我国公共文化场馆社会效益评价研究［J］.现代城市研究,2019,(06)：60－68.

［59］《学术前沿》编者.文旅融合的理论与实践［J］.人民论坛·学术前沿,2019,(11)：4－5.

［60］范周.文旅融合的理论与实践［J］.人民论坛·学术前沿,2019,(11)：43－49.

［61］吕宾.乡村振兴视域下乡村文化重塑的必要性、困境与路径［J］.求实,2019,(02)：97－108＋112.

［62］吴理财,解胜利.文化治理视角下的乡村文化振兴：价值耦合与体系建构［J］.华中农业大学学报（社会科学版）,2019,(01)：16－23＋162－163.

［63］何盼盼,陈雅.图书馆公共文化空间建设研究［J］.图书馆建设,2019,(02)：106－111＋118.

［64］冯健.“文旅融合”该从何处着手［J］.人民论坛,2018,(32)：86－87.

［65］常研菲.民办文化场馆：城市文化新风景［J］.图书馆论坛,2018,38(09)：27－28.

［66］徐勇.乡村文化振兴与文化供给侧改革［J］.东南学术,2018,(05)：132－137.

［67］骆太均.社区文化空间设计［J］.美术观察,2018,(08)：160.

［68］吴静.一个为市民乐意流连的“公共文化客厅”［J］.图书馆杂志,2007,(10)：94－96.

［69］陈波.公共文化空间弱化：乡村文化振兴的“软肋”［J］.人民论坛,2018,(21)：125－127.

［70］王欣然.文旅融合视阈下公共文化服务体系建设路径［J］.南京政治学院学报,2018,34(02)：139.

［71］陈庚,崔宛.社会力量参与公共文化服务的实践、困境及因应策略［J］.学习与实践,2017,(11)：133－140.

[72] 陈波,侯雪言.公共文化空间与文化参与：基于文化场景理论的实证研究[J].湖南社会科学,2017,(02)：168-174.

[73] 郑迦文.公共文化空间：城市公共文化服务建设的空间维度[J].华南师范大学学报(社会科学版),2017,(01)：164-167+192.

[74] 赵建军,胡春立.美丽中国视野下的乡村文化重塑[J].中国特色社会主义研究,2016,(06)：49-53.

[75] 秦红增,曹晗.新文化空间的建构与前瞻：从耕读传家到乡村新习[J].广西民族大学学报(哲学社会科学版),2016,38(06)：8-15.

[76] 吴理财,贾晓芬,刘磊.以文化治理理念引导社会力量参与公共文化服务[J].江西师范大学学报(哲学社会科学版),2015,48(06)：85-91.

[77] 杨松.社会力量参与公共文化(图书馆)服务[J].图书馆杂志,2015,34(11)：8.

[78] 王子舟.社会力量参与公共文化服务体系建设是文化发展的理性选择[J].图书馆杂志,2015,34(11)：11-12.

[79] 肖永明,郑明星.礼俗融会的书院文化空间[J].民俗研究,2015,(04)：21-29.

[80] 荆晓燕,赵立波.社会力量参与公共文化服务体系建设研究[J].中共福建省委党校学报,2015,(05)：70-76.

[81] 沈妦.城乡一体化进程中乡村文化的困境与重构[J].理论与改革,2013,(04)：156-159.

[82] 吴理财.乡村文化"公共性消解"加剧[J].人民论坛,2012,(10)：64-65.

[83] 陈如华.生成式 AI 与地方出版文化空间构建[J].编辑学刊,2023,(05)：53-58.

[84] 江凌.城市文化空间的身体消费：以实体书店空间为中心[J].深圳大学学报(人文社会科学版),2023,40(05)：57-66.

[85] 黄敏.文旅融合背景下文创产品跨文化传播路径优化[J].社会科学家,2023,(05)：57-62.

[86] 赵文明.社区文化空间中的城市家具适老化改造设计[J].传媒,2023,(14)：105.

后 记

　　《公共文化服务现代化的浙江探索》是对近几年浙江全省在深入推进公共文化服务现代化先行省建设过程中，部分地区的创新做法和经验总结。本书由中国计量大学课题组撰写，其中，第一章由虞华君、陈清完成，第二章由吴丽完成，第三章由虞华君、霍荣棉完成，第四章由霍荣棉、张良完成，第五章由霍荣棉完成，第六章由虞华君、蒋进国完成，第七章由吴丽、朱蕾蕊完成，第八章由虞华君、王连冬完成，第九章由吴丽完成，第十章由梁皓完成，第十一章由虞华君、蒋进国完成。文中所提到的研究成果是在理论研究的基础上，结合大量一手调研资料，理论联系实际，从品质化新型公共文化空间建设、精准化公共文化供给、场馆专业化社会化运营、立体化融合化体系发展、长效机制的公共文化人才培育等多维度、全方位展示浙江打造"文化高地"，形成的创新发展成果，为各地公共文化服务现代化建设提供借鉴。

　　本书的出版，也得到了浙江省相关县（市、区）公共文化主管部门工作人员的大力支持，包括杭州市临平区、杭州市萧山区、杭州市西湖区、嘉兴市海宁市、湖州市长兴县、绍兴市柯桥区、金华市义乌市、台州市温岭市、嘉兴市秀洲区、台州市天台县，以及温州市相关文化行政主管部门的大力支持，他们在实践中探索，在探索中创新，在创新中破题，真正体现了浙江人民"干在实处、走在前列、勇立潮头"的进取精神，他们对书稿的完成提供了很多素材及支持，一并表示由衷感谢！

　　本书的出版，也得到了上海交通大学出版社的大力支持，感谢出版社各位老师在本书编校及出版过程中的辛苦付出，使得本书能与广大读者见面。